改訂版

初めての建築環境

〈建築のテキスト〉編集委員会 編

学芸出版社

まえがき

　西日本工高建築連盟は、工業高校建築科の生徒が自主的に学習を行い、建築に関する基礎知識の修得のための手引き書となるように建築のテキスト編集委員会を編成し、「建築環境」、「建築一般構造」、「建築構造設計」、「建築積算」、「建築製図」の5巻を発刊することになった。

　内容は、工業高校建築科の生徒はもとより、専門学校、短大、大学の建築関係の学生および若い実務家に至るまでの幅広い読者層を考慮したものとなっている。

　「建築環境」は、建築物をとりまく自然環境と都市環境に関する基本的な要素と、その中で快適な室内環境をつくりだすために必要な方法をわかりやすく解説している。

　「建築一般構造」は、木造、鉄筋コンクリート造、鉄骨造を中心に、建築物の骨組みや仕上げの構成を、多くの図を用いてわかりやすく解説している。

　「建築構造設計」は、安全な建築物を設計するための基本的な考え方を対話形式で解説するとともに、鉄筋コンクリート造と鉄骨造の小規模なオフィスビルの構造計算書を例示して、構造計算の具体的な手順を詳細に解説している。

　「建築積算」は、建築数量積算基準にもとづく土工、躯体、仕上げの数量を、鉄筋コンクリート造、鉄骨造、木造の設計例を用いてわかりやすく解説している。

　「建築製図」は、木造と鉄筋コンクリート造の各種図面の作図順序を色分けをして示し、はじめて建築図面を描く場合の基本事項をわかりやすく解説している。

　最後に、本シリーズは、日頃建築教育にたずさわる本連盟の会員が知恵を出し合い、多くの図版を用いて初学者の皆さんが楽しく学べるように工夫し、編集したものである。皆さんが多少の努力をおしまず根気よく学べば、建築に関する基礎的知識が必ず修得できるものと確信している。

　発刊にあたり、貴重な資料の提供と適切な助言を賜った関係各位に深い謝意を表するとともに、出版を引き受け積極的な援助をいただいた㈱学芸出版社社長をはじめ、編集部の諸氏に厚くお礼申し上げます。

改訂版へのまえがき

　本シリーズも発行から15年を超え、法規、規格等の変更や工法、材料の変化など種々の状況変化に対応する必要がでてきた。従来から増刷等に応じて小規模な改訂は加えてきたが、今回、改めて大きな見直しを行い、ここに改訂版を発行することとした。

建築のテキスト編集委員会

目次

1章　建築環境の概要 ————————————— 6
1・1　自然の中の建築 ————————————— 6
1・2　都市の中の建築 ————————————— 8
1・3　地球の温暖化と建築 ————————————— 10
1・4　建築環境工学の考え方と手法 ————————————— 11

2章　気候 ————————————— 12
2・1　外部気候 ————————————— 12
■1 気候と建築　　13
■2 気温　　16
■3 湿度　　20
■4 風　　24
■5 雨と雪　　27
2・2　室内気候 ————————————— 30
■1 人体の生理と温熱要素　　30
■2 温熱環境の指標　　32

3章　伝熱と結露 ————————————— 36
3・1　伝熱 ————————————— 36
■1 伝熱の基礎　　36
■2 熱貫流　　37
■3 断熱　　42
■4 蓄熱と室温変動　　47
3・2　結露 ————————————— 52
■1 結露の発生と害　　52
■2 結露の防止　　54

4章　換気と通風 ————————————— 56
4・1　室内の空気汚染 ————————————— 56
■1 汚染の原因　　56
■2 汚染物質の種類とその特性　　57
4・2　換気 ————————————— 61
■1 換気の目的　　61
■2 必要換気量　　62
■3 換気の方式　　66
■4 換気に関する法的規制　　75
4・3　通風 ————————————— 76
■1 通風の目的　　76
■2 通風経路　　77

5章　日照と日射 ————————————— 78
5・1　日照と住環境 ————————————— 78
■1 日照の効果　　78
■2 日照と建築計画　　80

- 5・2　太陽の位置 ……………………………………………………………………81
  - 1 地表からみた太陽の動き　81
  - 2 真太陽時　83
  - 3 日影曲線と日ざし曲線　84
- 5・3　日照と日影の検討 ……………………………………………………………85
  - 1 日影曲線による検討　85
  - 2 日照図表による検討　88
  - 3 太陽位置図による検討　90
  - 4 天空率と天空比　92
  - 5 日影の法的規制　94
  - 6 日影検討の留意点　96
- 5・4　日射 ……………………………………………………………………………98
  - 1 直達日射と天空放射　98
  - 2 日射熱の流入　101
  - 3 日照調整　102

6章　採光・照明と色彩 ————————————————— 104

- 6・1　測光量 …………………………………………………………………………104
  - 1 光の量と単位　104
  - 2 光の測定　105
- 6・2　視覚と見やすさ ………………………………………………………………106
  - 1 目のはたらき　106
  - 2 見やすさ　107
- 6・3　採光 ……………………………………………………………………………109
  - 1 昼光率　109
  - 2 採光計画　112
- 6・4　照明 ……………………………………………………………………………116
  - 1 人工光源　116
  - 2 照明の基準　118
  - 3 照明計算　119
  - 4 照明計画　122
- 6・5　色彩 ……………………………………………………………………………124
  - 1 色の表し方　124
  - 2 色彩の心理的・生理的効果　125
  - 3 色彩計画　127

7章　音環境 ————————————————————— 128

- 7・1　音の性質 ………………………………………………………………………128
  - 1 音の発生と伝搬　128
  - 2 音の三要素　129
  - 3 音の量と単位　130
- 7・2　遮音と吸音 ……………………………………………………………………133
  - 1 投射音のゆくえ　133
  - 2 遮音　134
  - 3 吸音　136
  - 4 吸音機構　137
- 7・3　騒音と振動 ……………………………………………………………………138

1 騒音・振動とその影響　138
   2 騒音の測定　140
   3 騒音防止計画の手順　144
   4 騒音の許容値と評価　145
   5 壁による遮音対策　146
   6 床の遮音対策　148
   7 設備騒音対策　151
   8 振動防止計画　152
  7・4　室内音響　……………………………………………………154
   1 室内音場の評価　154
   2 コンサートホールの計画　156
   3 音の特異現象　158
   4 音による効果　159

8章　都市環境 ——————————————————— 160
  8・1　都市の熱環境　……………………………………………………160
   1 ヒートアイランド現象　160
   2 緑地の効果　163
  8・2　都市の空気環境　………………………………………………164
   1 大気汚染と酸性雨　164
   2 高層建築と風害　166
  8・3　都市の光環境　…………………………………………………168
   1 高層建築物による日照阻害　168
   2 光害　170
   3 ライトアップの効果　171
  8・4　都市の音環境　…………………………………………………172
   1 都市の騒音と環境保全の目標　172
   2 音環境の創造　175
  8・5　都市の水環境　…………………………………………………176
   1 都市・建築・人をとりまく水　176
   2 都市の水循環　178
   3 地域における水循環　180
   4 親水空間の創造　181

演習問題解答　184
索引　189
参考文献　191

1章　建築環境の概要

1・1　自然の中の建築

　アフリカのサバンナに住むオオキノコシロアリは高さ5m以上にもなる粘土の巣をつくり、巣内で小さなキノコと共生している。サバンナの気温は1日の間で10℃から40℃に変化するが、巣内の温度は30℃に保たれ、また炭酸ガス濃度も一定に保たれて、シロアリの生活とキノコの生育に最適な環境になっている。その理由は、土中の巣は外気温の影響を受けにくく、数十万匹のシロアリの生活によって発生する熱は巧妙に巣の外へ棄てられているからである。巣内で温まった空気は上昇し、排気管で冷却されるとともに、新鮮な外気と入れ替わりながら巣の底部に還ってくる。また、巣室下部が空洞になっていて、そこに垂れ下がった板状の薄い土から水分蒸発による除熱も行われている（図1・1）。

　トルコ共和国のカッパドキア地方には、火山灰が堆積した岩山を風雨が浸食してできた、無数の塔が林立しているような場所がある（図1・2）。そこには石器時代から横穴を掘って人々が住んでいた。4世紀ごろからキリスト教の修道士たちが住み始めたが、11世紀ごろにはイスラム教徒の勢力が強まり、地下に隠れ住むようになった。地下住居はしだいに拡大し、集会所や学校もある地下都市になった。デリンクユの地下都市は地下55mの深さまであり、6000人が住んでいたという。

　中国内陸部黄河流域は、夏は短いが蒸し暑く、冬は長く寒さも厳しい。その地域には一千年の昔から地下住居に人々が住み、現在でも4000万人の人びとが暮らしている。地下住居はイタリア、スペイン、フランス、チュニジアなど地中海沿岸の石灰岩質の丘陵地帯にも点在している。巨大な熱容量をもち、温度変化が極めて少ない地中は、夏涼しく冬暖かい魅力的な空間なのである。

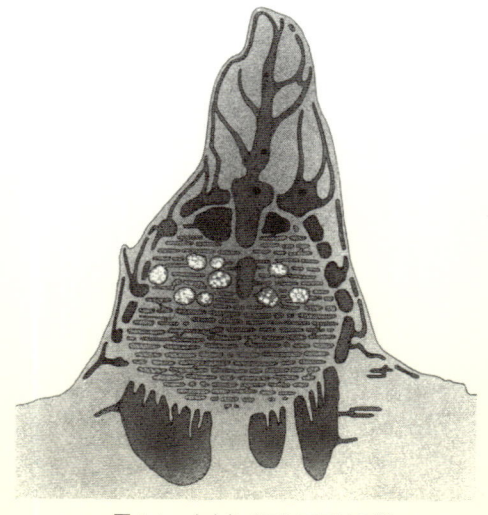

図1・1　オオキノコシロアリの巣

図1・2　トルコ共和国カッパドキア地方（山本美千代氏提供）

砂漠に近い高温乾燥地帯には日干しれんがの土の家が多い。開口部は少なく、日干しれんがの厚い壁は断熱的で、日中は外気を完全に遮断し、夜間は開口部を開放して冷気を取り入れる（図1・3）。カナダエスキモー（イヌイット）が狩猟のときに使っている雪の家は、空気を含んだ雪の断熱性のため、極寒の中での生活を可能にしている（図1・4）。極暑地方と極寒地方では、いずれも熱の移動を小さくするために壁を厚く断熱的にし、換気による熱の損失を小さくするために気密的にしている。

　高温高湿の地方で夏の暑さを防ぐ方法は、日射の防除と通風である。パキスタンのハイデラバードシンドは真夏の気温が50℃以上にもなり湿度も高い。各住戸の屋根には部屋の数だけ、バッドギアと呼ばれる採風装置が午後の涼風の吹く方向に向けて取り付けられている（図1・5）。同様の装置は、アフガニスタン、イラン、ペルーなどにも見られる。東南アジア、北アフリカ、南アメリカの熱帯雨林地帯では住居を高床式にしたものが多く、水上生活をしている集落もある。

　日本の気候の特徴は夏の高温多雨多湿であり、兼行法師の言葉を借りるならば、日本の建築物は「夏を旨（むね）」としてつくられてきた。夏の日射防除のための深い軒、通風のための開口部の多い木造軸組を特徴とする日本の木構造は今日まで千数百年間続いている。

　以上見てきたように、人間は過去から現在に至るまで世界のどの地域においても、あるときは厳しい自然から身を守り、あるときは快適な自然を住まいに取り入れながら生きてきた。自然とともにある住居はまた、風景にとけ込み、私たちに美と郷愁を感じさせるものである。

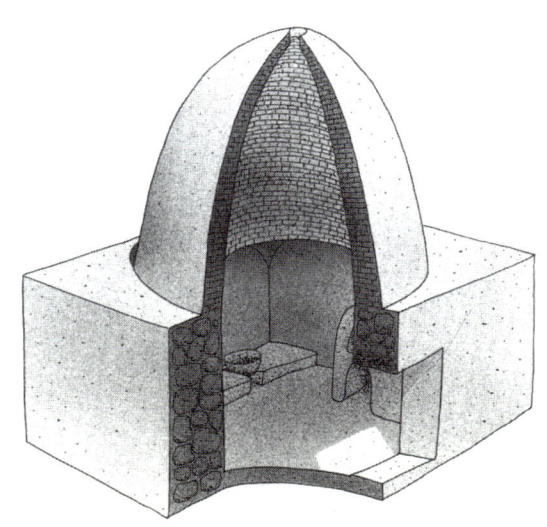

図1・3　高温乾燥地帯の家

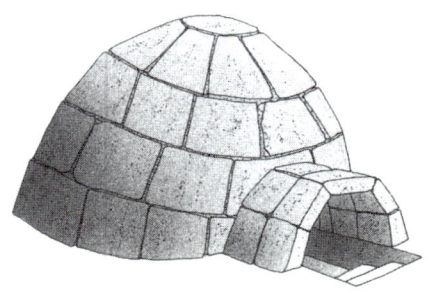

図1・4　エスキモーの雪の家

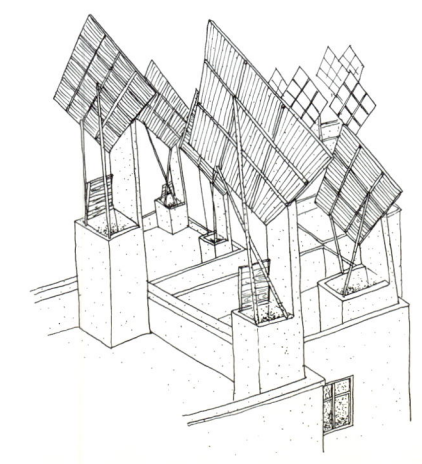

図1・5　パキスタンのバッドギア

1・2　都市の中の建築

　わが国の建築の約9割は都市計画法上の都市計画区域に建つ。その多くは大都市に集中し、建築環境は、都市環境抜きには語れなくなっている。

　1960年代には、都市への人口と産業の集中や重化学工業中心の工業化がかつてない勢いで進んだ。この高度成長期に、大気汚染、水質汚濁、騒音・振動などの公害は最悪の状態になり、大きな社会問題となった。

　都市公害の中で、大気汚染は広範で直接人命にかかわる点で最も重要である。産業革命発祥の地イギリスでは、工場と家庭用暖房の石炭の燃焼により発生するばい煙がひどく、1952年にはロンドンで約4000人がばい煙と亜硫酸ガスのために死亡した。わが国においても四日市ぜんそくに代表される工業施設の硫黄酸化物による公害、車の排気ガスによる窒素酸化物や光化学スモッグの発生など、大気汚染は深刻な被害をもたらしてきた（図1・6）。今日、工場の脱硫装置や車の低公害化により、大気汚染の程度は改善傾向にある。しかし、光化学スモッグの原因となる光化学オキシダントは環境基準の達成率が極めて低く、浮遊粒子状物質（SPM）の達成率は高いが微小粒子状物質（PM2.5）の達成率はやや低い（p.165、表8・1を参照）。

　高度成長期に全国の河川と港湾は工場排水と生活排水によって汚染され、悪臭を放った。都市の水辺は切り立ったコンクリートの護岸（図1・7）になるか、上部を覆われて暗渠になり、人と建築は心なごむ水空間からしだいに遠ざかっていった。その後、法律による排水の規制が次第に効果を発揮するようになり、河川や海域の水質は漸次的に改善され、各地で親水空間づくりの試みがなされるようになった。

図1・6　日常化した交通渋滞

図1・7　切り立つコンクリート護岸

住宅に日照を受けることは基本的な権利である。1960年代、従前からある低層住宅の周辺は、都市への人口集中の中で急速に高層化し、低層住宅の日照を著しく妨げた。日照阻害をもたらしたのは建築物だけではない。立体交差の高速道路が都市の中を縦横に巡り、日照を妨げ、景観を破壊している（図1・8）。地域の住民の日照を求めた運動により、日照権はようやく当然の権利として認められ、1976年に建築基準法にも日影規制が取り入れられた。

騒音公害は、都市化とともに発生したもので、種々の規制や環境基準が定められている。環境基準の達成率は80〜90％程度となっているが、ライフスタイルの多様化の中で、道路や商業施設からの騒音が、夜の静けさを破壊し、騒音公害に関する苦情件数もなかなか減少しない。

都市には人口が集中し、都市の表面はコンクリートとアスファルトに覆われて、土と緑が少ない。道路には自動車が溢れ、人間の活動によって莫大なエネルギーが消費されている。そのために、都市は周辺より気温が数度高く、ヒートアイランド(p.160参照)を形成している。猛暑に対しては熱気をおびた通風は効果が少なく、冷房して廃熱を戸外に放出するという悪循環を繰り返している（図1・9）。

都市の中の建築はますます外界から遮断された閉鎖的な空間にならざるを得なくなっている。しかし、これは建築本来の姿ではない。都市環境を少しでも住みやすい環境に変え、明るく健康的な建築を都市の中につくりあげていかなければならない。

図1・8　東西に通る高架道路

図1・9　各戸に空調室外機が並ぶ集合住宅

1・3　地球の温暖化と建築

　国連気候変動に関する政府間パネル（IPCC）は、2021年から2022年に発表した第6次報告書において、大気中の温室効果ガスは過去80万年間で前例のない水準まで増加しており（図1・10）、その主要因が人間活動にあることには疑う余地がないとし、次のような指摘を行っている。

①　2011年から2020年の世界平均気温は、工業化以前の水準（1850〜1900年の値）より1.09℃高い。
②　二酸化炭素の累積排出量と地球温暖化には、ほぼ線形の関係（比例関係）がある。
③　21世紀末までの世界平均気温は、温室効果ガスの排出量の多寡により、1995年から2014年までの平均に比べて0.55〜3.55℃上昇し、世界平均海面水位は0.28〜1.01m上昇する可能性が高い。

　すでに現実のものとなっている台風の威力増大、竜巻などの突風、大雨・洪水、猛暑・干ばつなどの異常気象の頻発は、気温の上昇を原因とする可能性が極めて高い。また、さらなる気温の上昇は、生態系の破壊、農林水産資源の減少、感染症の拡大など、人々の生活に深刻な影響を及ぼすことになる。地球環境の激変を避けるためには、工業化以前の水準からの世界平均気温の上昇を1.5℃以内に抑える必要があるとされており、温室効果ガス排出量の抜本的削減とそのための資源・エネルギーの大幅抑制は喫緊の課題となっている※。

　建築物の生産・運用から廃棄に至るライフサイクル全般には多大なエネルギーが消費されている。そのうちの6割を超える運用時のエネルギー消費は、建築形態や建築材料の工夫によって大幅に削減できるものであり、本書に記述する建築環境工学の手法はここに役立てることができる。

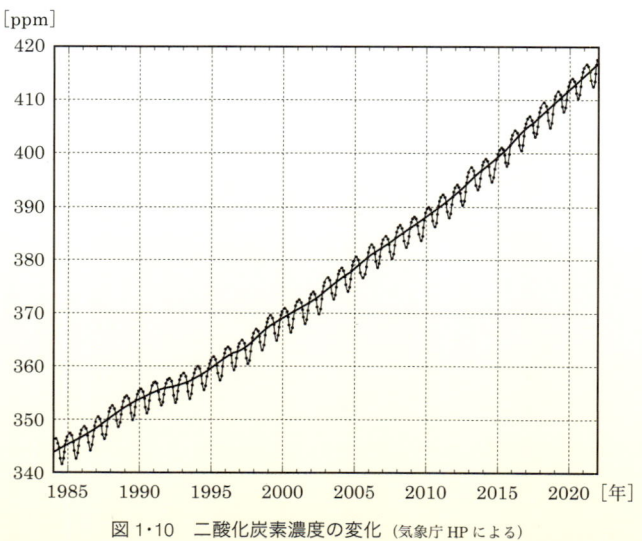

図1・10　二酸化炭素濃度の変化（気象庁HPによる）

※　IPCCが2018年に承認した「1.5℃特別報告書」では、世界平均気温の上昇を工業化以前の水準から1.5℃以内に抑えるためには、人為起源のCO_2の排出量を、2030年までに2010年水準から45％減少させ、2050年前後にゼロにする必要があるとしている。

1・4　建築環境工学の考え方と手法

　世界保健機関（WHO）は、都市環境の条件として、安全性、健康性、利便性、快適性を謳っているが、これはそれぞれの建築物が備えるべき条件でもある。この建築の健康性や快適性を扱うのが建築環境工学の分野である。p.6 でみた先人の知恵を新しい技術で現代に生かし、建築を取り巻く環境——自然や都市の熱・空気・光・音・水——に対して、必要なものは積極的に受け入れ、有害なものは遮断し排除しなければならない。そのためにはまず第一に外部環境を知ること、第二に人間にとっての快適な条件を知ること、第三にその上で適切な環境計画を立案することが大切である（図 1・11）。

　快適環境をつくりあげる手法には二通りのものがある。たとえば冬季に快適な室内温度を保つのに、一つには壁を断熱的にして窓からの日射を取り入れる方法があり、また一つには暖房器具によって室内で熱を発生させる方法がある。前者は建築物の形態や材料によって、後者は設備によって外的条件に対処する方法である。前者をパッシブな手法、後者をアクティブな手法という。ソーラーシステムにおいても、温室や蓄熱体を利用するなど建築的に対処するパッシブ・ソーラーと、集放熱器で水や空気の熱媒を循環させるなど設備を利用するアクティブ・ソーラーがある（図 1・12）。省エネルギーは単に経済的な問題ではなく、地球環境の保全および生態系への負荷を低減させるエコロジー※の観点からも重要になっている。したがって建築生産においても、その基本をパッシブな手法に置き、それをアクティブな手法で補っていく姿勢が求められている。

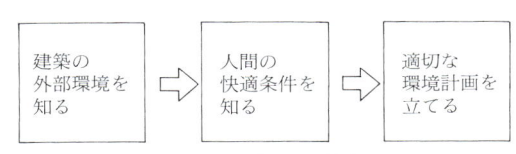

図 1・11　環境計画の基本

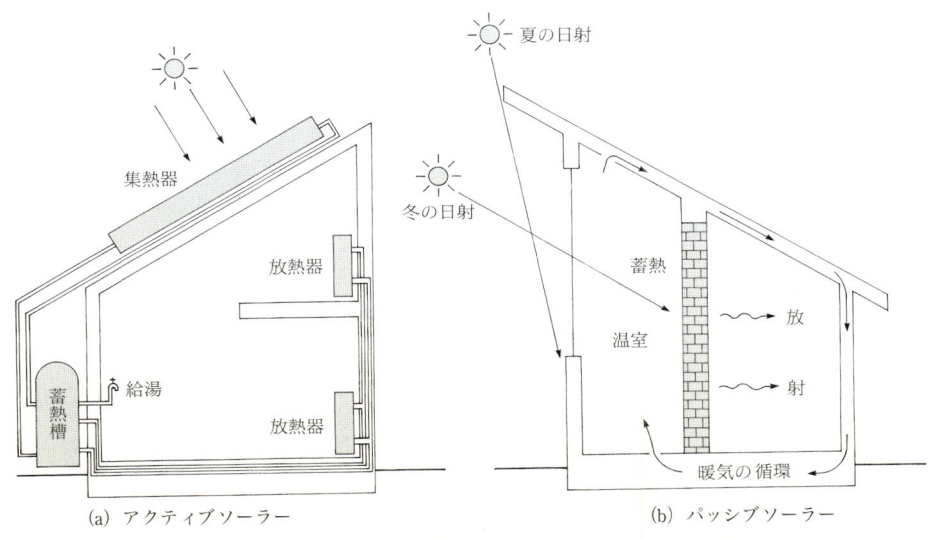

(a) アクティブソーラー　　　(b) パッシブソーラー

図 1・12　ソーラーハウスの概念図

※　動植物とそれをとりまく自然環境を生態系といい、これに関する学問をエコロジー（生態学）という。人間を生態系の一要素として位置づけ、生態系の保全を人間の利害の上に置くエコロジー的な考え方が重要になっている。

2章　気候

2・1　外部気候

　建築物をとりまく外部気象要素には、温度、湿度、降水量、風、日照（日射）、蒸発量、気圧などがある。これらのうち建築物内部の熱負荷や温熱環境、空気環境や光環境などに大きな影響を及ぼす気象要素としては、日射や気温、湿度さらには風や雨といったものが考えられる。

　1974年から全国で約1300の地点に地域気象観測システムが設置され、略称アメダスとして風向、風速、気温、降水量などを観測し、自動的に東京にある地域気象観測センターにデータが送られるようになった。それらのデータはコンピューターで整理され、観測後短時間で全国の気象台に送られ、天気予報などに利用されている。

　気候とは、それぞれの土地に固有の、長期間における大気の現象を総合したものをいう。したがって、気候という場合、大気中に起こるさまざまな現象（たとえば気温、気圧、風、降雨など）つまり気象を、全体として統合されたものとして見たものである。

　気候は、観測地における天候のそれぞれの年変化を多年にわたって集積した平均的状況であり、その土地環境と相互に影響しあって、風土としての地上環境を形成している。この環境のなかで建築物がつくられ、人々はその中で生活を営むことになる。つまり図2・1のように、建築物は外部気候から多大な影響を受けている。人間が外部気候からの影響をうまくコントロールし、建築物の室内気候を快適な状態に保つための環境計画を考えるうえで、このような外部気候の成り立ちと特徴を学び、建築と自然とのかかわりについて考えることは、たいへん重要である。

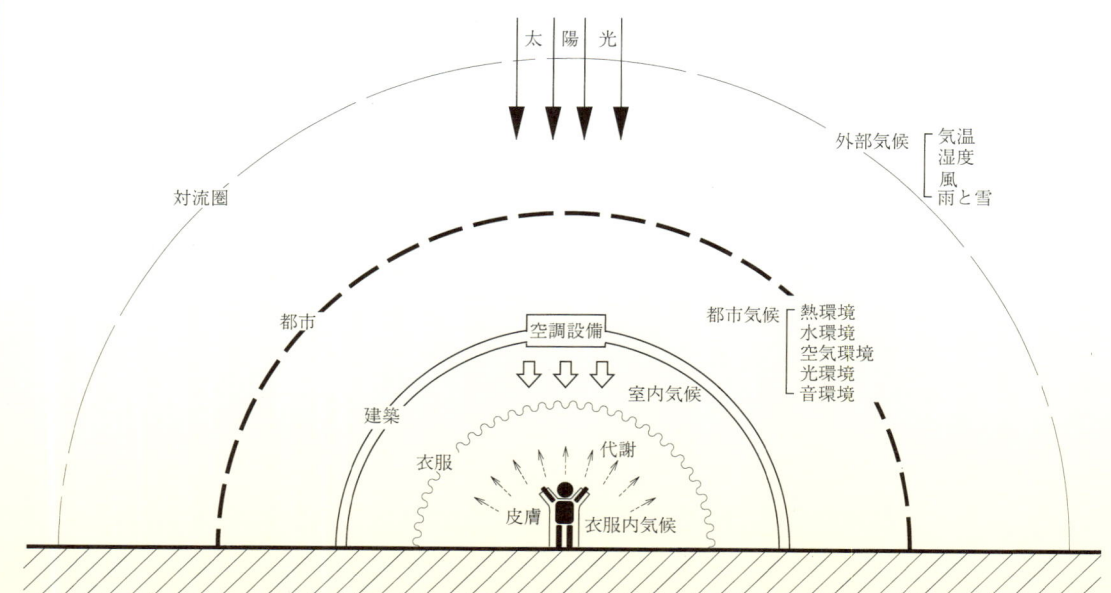

図2・1　人間をとりまく気候

1 気候と建築

1) 気候の区分

世界中のさまざまな気候を、共通点や類似点などによって分類し、類型化したものを気候区分という。分類の方法としては、次のような三つがよく用いられている。

①気候環境を反映するいろいろな現象から、気候を区分する方法。
②平均気温や平均降水量などに基づいた気候区分の方法。
③大気大循環や気団、前線を用いて気候区分を行う方法。

このうち、①の方法によるW.P.ケッペンと②の方法によるC.W.ソーンスウェートのものがよく知られている。

ケッペンの気候区分は、図2・2のように各地の植生の上から樹木が生育する気候（樹木気候）と、樹木が生育しない気候（無樹木気候）に大きく分け、気候に記号を与えている。樹木気候は生育に必要な温熱（気温で表現）と、水分（降水量で表現）を十分にもっている気候であり、気温によりA（熱帯）、C（温帯）、D（冷帯・亜寒帯）に区分される。無樹木気候は、温熱または水分のいずれか一方あるいは両方とも欠いている気候で、雨が非常に少ないために樹木が生育しないB（乾燥）気候、気温が非常に低いために樹木が生育しないE（寒帯）気候に大きく区分される。

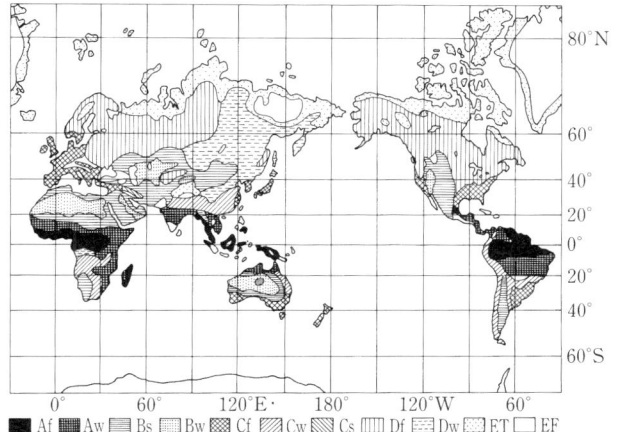

記号	気候型		
Af	熱帯雨林気候	熱帯気候	A
Aw	サバンナ気候		
Bs	ステップ気候	乾燥気候	B
Bw	砂漠気候		
Cf	温帯多雨気候	温帯気候	C
Cw	温帯夏雨気候		
Cs	温帯冬雨(地中海式)気候		
Df	亜寒帯多雨気候	亜寒帯気候	D
Dw	亜寒帯夏雨気候		
ET	ツンドラ気候	寒帯気候	E
EF	氷雪(永久凍結)気候		

A：最寒月の月平均気温が18℃以上
C：最寒月の月平均気温が−3℃〜18℃、最暖月の月平均気温が10℃以上
D：最寒月の月平均気温が−3℃以下、また最暖月の月平均気温が10℃以上
f：1年中降水があり、著しい乾期がない
w：夏に雨期があり、冬は乾燥している
s：冬に雨期があり、夏は乾燥している
B：降水の少ない地域で、年降水量を P、年平均気温を t ℃とするとき、次の条件で与えられる
　　$P < r = 20 \ (t + 7)$：1年中平均の雨量
　　$P < r = 20 \ (t + 14)$：最多雨月が夏
　　$P < r = 20 \ t$：最多雨月が冬
　　そして、乾燥気候のうち、$P < 0.5 \ r$ のとき、砂漠となる
E：最暖月の月平均気温が10℃未満

図2・2　ケッペンの気候区分（高橋浩一郎『気象なんでも百科』岩波ジュニア新書による）

2）世界の気候と住まい

　建築は、人間の生活空間を自然の脅威から守るためにつくられ、住まいとして発生したものである。その住まいは、それぞれの地域の気候・風土や、入手しやすい建築材料の特性などを考慮してさまざまな工夫がなされ、現在に至っている。

　◆ a　寒冷地の住まい　　寒帯気候（E）などでは、厚い材料を使用し、外界と遮断して閉鎖的な住まいをつくることが特徴である。極寒地では材料も限られ、ほとんど雪や氷にとざされているので、雪がかたまったブロックを切り出してドーム状に積む雪の家（エスキモーのイグルー）のような形態になったり、北ヨーロッパのように寒冷で針葉樹林の多い地域では、木材を使ったログハウス（丸太小屋）の住まいも見られる。また、雪の多い地域では屋根勾配が急であり、窓は比較的小さく、れんがや石のような材料と木材とを併用し、各戸に暖炉が設けられている。

　◆ b　乾燥地の住まい　　土や石のような熱容量の大きな材料で厚い壁をつくり、外部の熱の影響を受けにくくするため窓を小さくしたり、建築物や塀などで街路や庭にできるだけ多くの日陰をつくるのが特徴である。このような日陰は、生活空間を囲い込み、風や砂塵を防ぎ、昼間のきびしい高温環境の中で生活の場を提供する役割を果たす。また、乾燥地では樹木が少ないが、土や石などが比較的容易に手に入り、雨も少ないので、日干しれんがの組積造も多く見られる。

　◆ c　湿潤地の住まい　　湿潤で暑い地域では、屋根や壁に蓄熱しないよう断熱性に富んだ材料を用い、風通しを確保することが住まいの基本となる。これは、風によって発汗作用を促し、少しでも体感温度を下げるための工夫である。材料は軽くて薄いものが多く用いられ、その地域で入手が容易な竹や木材、木の葉などが多い。一般に、水はけのよい丘の上や高地では土間の住居が多く、低地では高床のものが多い。ただし、穀物貯蔵のための倉庫は、湿潤地域のみならず世界各地で高床式のものが多い。

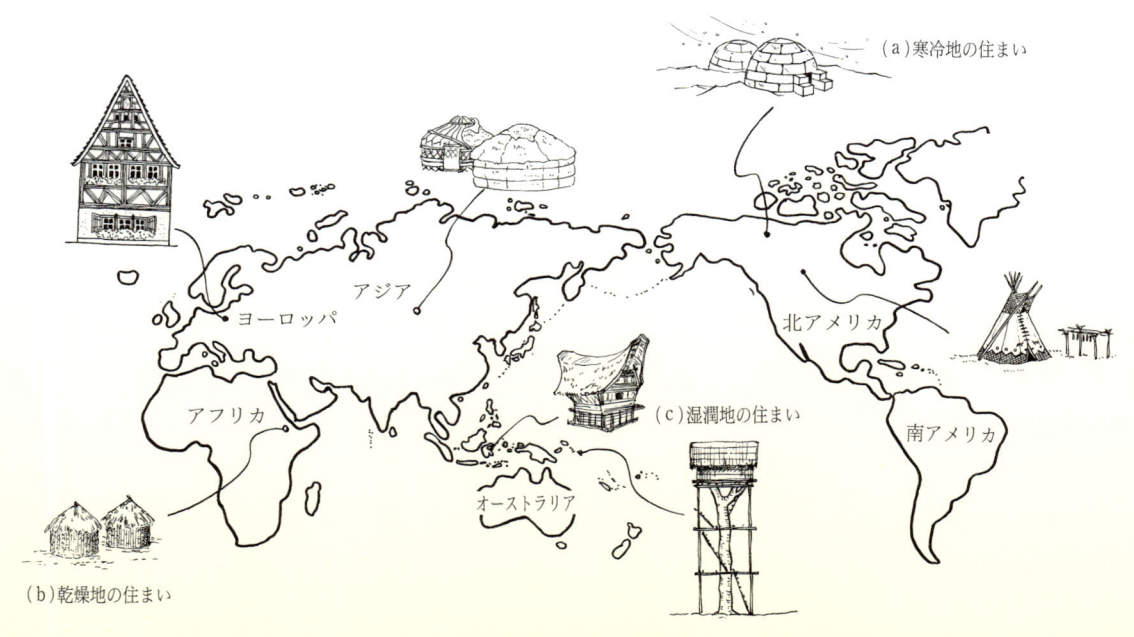

図2・3　世界の気候と住まい

3) 日本の気候と住まい

　日本の気候の特徴は、亜熱帯から寒帯までの気候が含まれ、四季の変化がはっきりしていることである。これは、わが国がユーラシア大陸の東の端の中緯度地帯に位置している南北に細長い島国であり、北からは冷たい親潮が流れ、南からは暖かい黒潮が流れてくるためである。これらの影響により年間平均気温は、北海道山岳地帯の約2℃から、沖縄の約22℃まで20℃にも及ぶ格差を生じている。また降水量についても、1000～2500 mmと2倍以上の格差がある。

　一般に、冬は寒冷小雨ではあるが、日本海側で湿潤多雨（雪）、太平洋側で乾燥小雨となり、夏は高温多湿で、梅雨と秋霖（しゅうりん）（秋の長雨）の二つの雨季がある。これは、東アジアの季節風帯にある季節風気候の特徴である。

　日本の住まいの特徴は、湿潤地のタイプに近い。伝統的な要素としては一般的に、敷地境界に生け垣がめぐらされ、縁側、雨戸、障子、襖などにより、内部と外部が非常に融合した形態をもっている。これは、高温多湿な夏に対処するため、外に対して開放的にして風を十分に取り入れる必要があったことに由来する。

　また、図2・4のように、北海道地方で急勾配の鉄板屋根の家、東北地方でいわゆる曲屋造と呼ばれる家屋、北陸地方で合掌造、西日本地方で高床式住居（高殿）、沖縄地方で分棟造などに、気候・風土・生活を反映した伝統的な住まいの特徴がよく表れている。

気候風土の違いによって住宅の形や材料に差があり、それぞれが特徴を持つ.

図2・4　日本の気候と伝統的住まいの特徴 (小原二郎監「インテリアのアメニティ設計」松下電工による)

2 気温

1) 気温の形成

　気温とは、地上 1.2 〜 1.5 m の高さにある外気の温度をいう。地球上の気温は、ほとんどの地域で－20 ℃から＋25 ℃程度の範囲にあり、動物や植物などの生物が生活するのに適した環境になっている。このように、地球だけが生物の生存にとってたいへんに都合のよい気温になっているのは、他の惑星に比べ、太陽からの距離がちょうどよい位置にあるからである。太陽からの日射と水の循環によって、地表および大気の温度は一定の範囲に保たれている。

　気温は、太陽高度による水平面日射量に影響されるため、通常緯度の低いところほど高く、緯度の高いところほど低い傾向がある。しかし、同じ緯度でも内陸部では気温の変化は大きいが、沿海部では小さく、さらに地形や海流などの影響もあり、気温の分布はかなり複雑である。また、気温は一般に高度が高くなれば低くなり、100 m 高くなると 0.5 〜 0.6 ℃低下する。これは、日射がまず地面に吸収され熱伝導によって空気が間接的に暖められることにより、気温の上昇が起こるからである。

　大気中には多量の水蒸気とともに雲粒が存在するため、昼間は日射をやわらげ、地面の温度が急激に上昇することを防ぎ、逆に夜間には地面からの放射冷却を弱め、保温作用によって昼夜の温度差を小さくするのに役立っている。

　わが国においては、夏季には全国的に晴天日が多く、高気圧におおわれて日射量は大きい。また、冬季の日本海側は、季節風の影響を受けて曇天の日が続くため日射量は少ないが、太平洋側は、晴天の日が多く、比較的日射に恵まれる（図 2・5）。

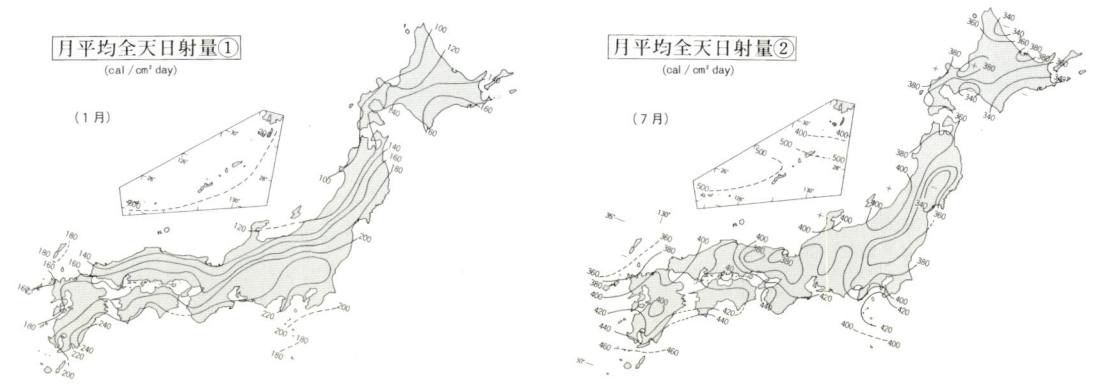

図 2・5　夏と冬の日射量の比較 (福井英一郎他『日本・世界の気候図』東京堂出版による)[1]

表 2・1　気温と日射量の比較
(a) 気温（月別平均気温℃）

月	1	2	3	4	5	6	7	8	9	10	11	12
東　京	4.7	5.4	8.4	13.9	18.4	21.5	25.2	26.7	22.9	17.3	12.3	7.4
ロンドン	4.2	4.4	6.6	9.3	12.4	15.8	17.6	17.2	14.8	10.8	7.2	5.2

(b) 日射量（水平面日射量 MJ/m_2）

月	1	2	3	4	5	6	7	8	9	10	11	12
東　京	8.3	10.0	11.9	13.6	15.0	13.6	14.4	13.9	10.9	9.1	7.4	7.4
ロンドン	2.3	4.4	8.2	11.7	16.4	17.8	15.5	13.4	10.5	6.1	3.3	1.8

(小玉祐一郎『住まいの中の自然』丸善による)

2) 気温の日変化と年変化

◆ **a　日変化**　　気温は、夜明け前に最も低くなり、正午を過ぎた2時ごろに最高を示す。このような変化を気温の日変化と呼び、1日の最高気温と最低気温の差を日較差という（図2・6）。日較差は、沿海部より内陸部の方が大きく、また緯度が低いほど大きい。さらに、曇りや雨の日は、晴天の日よりも小さくなる。

◆ **b　年変化**　　北半球では夏至のころ日射が最も強いが、地面が暖まるのに時間がかかるため、7月か8月に最も気温が高くなる。また、地面が冷えるのに時間がかかるので、最も気温が下がるのは日射量が最も少なくなる冬至ではなく、1月か2月になる（図2・7）。

　年間の気温の最高値と最低値の差を年較差という。年較差は、緯度が高いほど大きく、赤道付近では極めて小さい。地球は、自転面が公転面に対して23°27′程度傾斜している状態で自転しながら太陽の回りを1年の周期で公転しているため、地球表面への日射が1年の周期で変化し、季節が生じる。ただし、この日射の変化は緯度によって異なり、緯度が23°27′よりも赤道よりの所では、変動そのものの幅は比較的少ないが、年間に2回日射が強くなる時期があり、気温も同様に2回高い時期と、低い時期が表れる。緯度が66°33′よりも高いところでは、冬季に1日中太陽の出ない期間があり、夏季には反対に1日中夜のない白夜の期間があるので、年変化は著しく大きくなる。

　さらに、沿海部では、海の熱容量が大きいので、変化が緩やかになり、したがって夏と冬の気温差は小さくなる。内陸部では逆に変化が大きく、最高気温や最低気温の発現が日射の最大・最小より1カ月程度の遅れとなる。

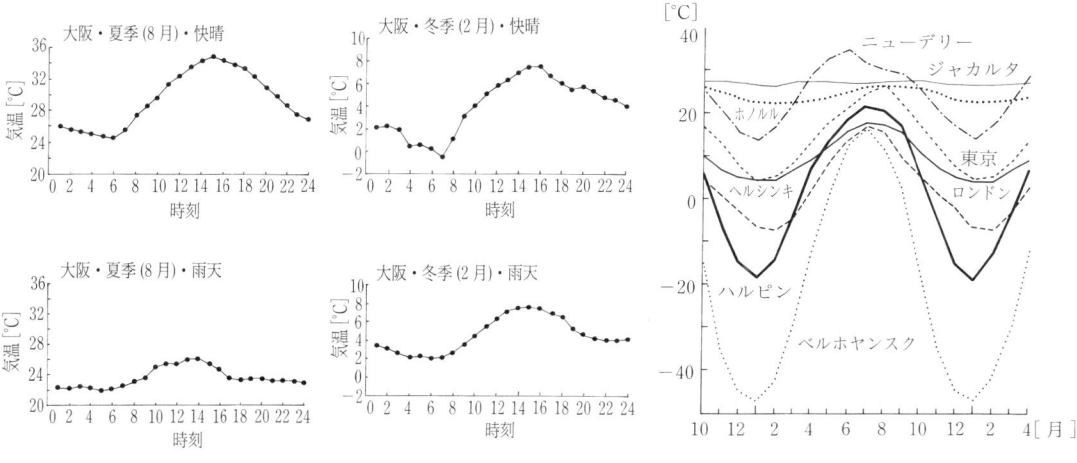

図2・6　気温の日変化の例

図2・7　気温の年変化（高橋浩一郎『気象なんでも百科』岩波ジュニア新書による）

3）気温の測定

温度の単位には、一般的に水が凍る温度を0度、1気圧で水が沸騰する温度を100度と規定したセ氏[※1]（℃）、羊の体温を100度程度、氷と塩を混ぜて得られる温度を0度としたカ氏[※2]（°F）、セ氏温度に273.15℃を加えた絶対温度（K：ケルビン[※3]という）がある。

気温の測定には、隔測温湿度計、通風乾湿計などが使用されている。隔測温湿度計は、地表面から約1.5mに日射の影響をのぞくための通風筒を設置し、この中に気温感部をいれ、筒の下から外気を吸入して気温を測定する。雲母などの薄い板に細い白金線を巻いた構造の気温感部は、温度により白金線の電気抵抗の変化を感知し、離れた観測室内で気温を測定することができる。

通風乾湿計は、2本の水銀温度計からなる乾球温度計と湿球温度計および、その気温感部に通風するためのファンと通風管から構成される。気温の測定は、その乾球温度計により行われ、任意の場所で気温の測定ができる携帯型のものもある（図2・9）。

その他、熱膨張の異なる2枚の金属板を張り合わせて、温度による変形を利用したバイメタル温度計、半導体の電気抵抗の温度による変化を利用したサーミスター温度計、さらに、応答の早い局部的な測定に適した熱電対温度計、赤外線の放射エネルギーを遠方から測定する放射温度計などがある。

4）ディグリー・デイ（度日）

ディグリー・デイ（degree day）または度日とは、日平均気温が基準の温度を超えた分のみを、その期間にわたって合算した積算温度である。基準となる温度は目的によっていろいろあり、ディグリー・デイは、暖房や冷房に必要な熱量、あるいは経費を見積もるための指標となる。

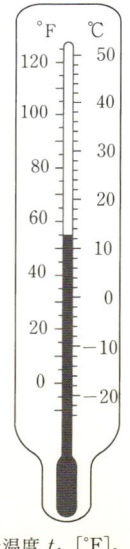

カ氏温度 t_1 [°F]、
セ氏温度 t_2 [℃] のとき
$$t_1 = \frac{9}{5} t_2 + 32$$

図2・8 セ氏温度とカ氏温度の対応

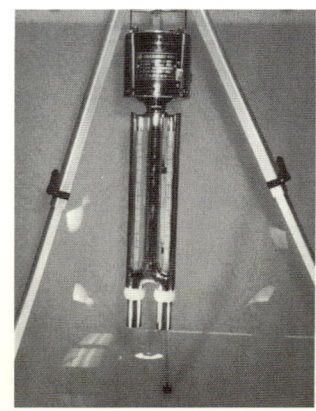  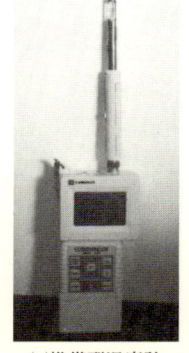

(a)アスマン乾湿計　　(b)グローブ温度計　　(c)携帯型温度計

図2・9　各種の温度計

※1　セ氏：Celsius Degrees
※2　カ氏：Fahrenheit Degrees
※3　ケルビン：Kelvin

◆ a 暖房ディグリー・デイ　暖房ディグリー・デイは、暖房期間中の毎日の平均気温と基準となる暖房温度との差を積算したものである（図 2・10(a)）。

n 日間の暖房ディグリー・デイ D_h は、次式で表される。

$t_i = t_o'$ のとき　　$D_h = \Sigma (t_i - t_o)$ ……………………………………… (2-1)

$t_i > t_o'$ のとき　　$D_h = \Sigma (t_o' - t_o) + n(t_i - t_o')$ …………………………… (2-2)

　　　　t_o：日平均気温、t_i：基準室温

　　　　t_o'：暖房限界温度（暖房を開始または停止する日平均外気温）

日本では、基準室温（t_i）を 18℃ 程度、暖房限界温度（t_o'）を 10℃ 程度とする場合が多い。暖房ディグリー・デイ（D_{18-18}）の国際比較を図 2・11 に示す。

◆ b 冷房ディグリー・デイ　冷房ディグリー・デイは、冷房期間中の毎日の平均気温と基準となる冷房温度との差を積算したものである（図 2・10(b)）。

n 日間の冷房ディグリー・デイ D_c は、次式で表される。

$t_o' = t_i$ のとき　　$D_c = \Sigma (t_o - t_i)$ ……………………………………… (2-3)

$t_o' > t_i$ のとき　　$D_c = \Sigma (t_o - t_o') + n(t_o' - t_i)$ …………………………… (2-4)

　　　　t_o：日平均気温、t_i：基準室温

　　　　t_o'：冷房限界温度（冷房を開始または停止する日平均外気温）

冷房期間中は室内外の気温差は比較的小さく、冷房負荷への影響は日射などの方が大きいので、冷房ディグリー・デイはあまり有効ではない。

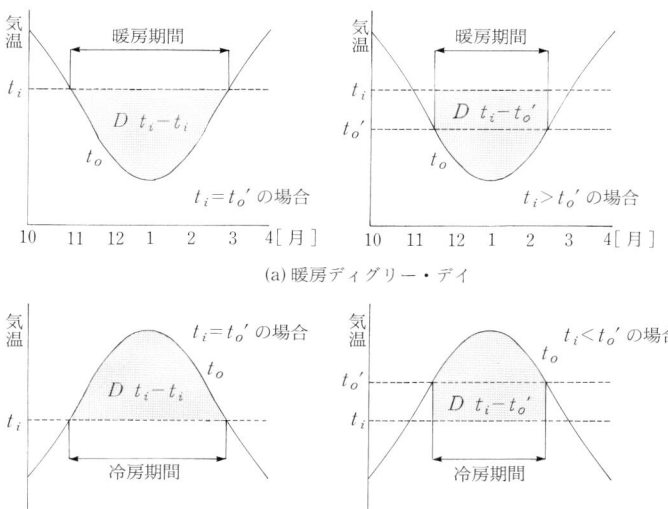

図 2・10　ディグリー・デイ

年間暖房度日（D_{18-18}）の国際比較

	日本	アメリカ カナダ	ヨーロッパ
5000	北見	ビスマルク	モスクワ
	旭川	モントリオール	ストックホルム
4000	札幌	トロント	ミュンヘン コペンハーゲン ベルリン
	盛岡	シカゴ	
3000	秋田	ボストン ニューヨーク	ロンドン パリ
	金沢	ワシントン	
2000	東京	オクラホマシティ	マルセイユ
	大阪	アトランタ	ローマ
1000	鹿児島	メキシコシティ	アテネ

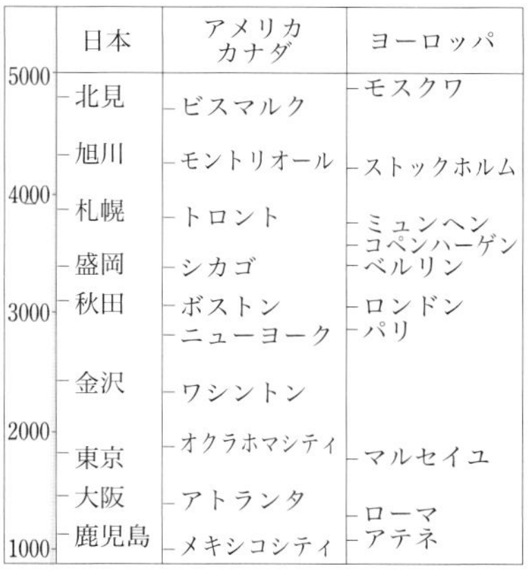

暖房設定温度と外気温の毎日の差の一年間の合計を年間暖房度日という。温度の設定の仕方にはいろいろあるが、外気温が18度以下になったら、室温を18度に保つと設定した場合の暖房度日をD_{18-18}と表す。

図 2・11　暖房ディグリー・デイの国際比
(小玉祐一郎『住まいの中の自然』丸善による)

3 湿度

1) 湿度の表し方

湿度とは、大気中に含まれる水蒸気量の割合をいい、大気中の水蒸気の圧力や、空気の単位質量中の水蒸気の質量で表す。水蒸気を含む空気を湿り空気といい、通常の空気中には必ず水蒸気が含まれ、天候の状態によってその量は異なる。また、大気中には、一定の容量の水蒸気しか含まれないので、その限度以上になると、凝結して水または氷になる。これを飽和状態といい、そのとき含みうる水蒸気の量は、気温が高いほど大きくなる。

◆**a 絶対湿度** 図2・12のように、水蒸気を含まない空気（乾き空気）1 kgと水蒸気 x kgとを含む湿り空気 $1+x$ kgがあるとき、その空気は絶対湿度（または、質量絶対湿度）x kg/kg′ または x kg/kg (DA) であるという。また、単位容積中の水蒸気の質量で表したものを容積絶対湿度と呼び、空気1 m³の容積中にふくまれる水蒸気の質量 [kg/m³] で表す。

◆**b 相対湿度** ある一定の容量の空気が含んでいる水蒸気圧と、そのときの気温に対して同容量の空気に最大限含むことのできる水蒸気圧（飽和水蒸気圧）との比を相対湿度という。一般的に、単に湿度という場合は、相対湿度のことである。

2) 湿度の測定

大気中の湿度を測定するためには、乾湿球温度計（図2・13）や毛髪湿度計が用いられる。乾湿球温度計では、普通の温度計と湿ったガーゼを温球につけた温度計の2本により、その温度差を読み取り、表2・2で相対湿度を求める。

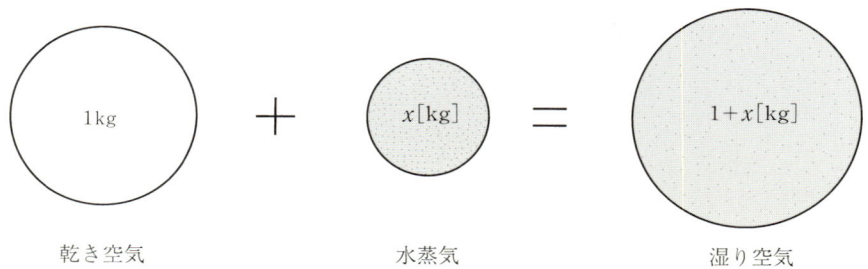

図2・12 湿り空気（絶対湿度 x [kg/kg]）

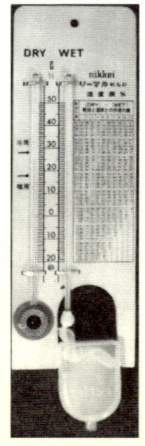

図2・13 乾湿球温度計

表2・2 乾湿球温度計から相対湿度を求める表
湿球が凍っていない場合

乾球の温度	乾球と湿球との温度差								
	0	1	2	3	4	5	6	7	8 [℃]
40 [℃]	100	94	88	82	76	71	66	61	56 [%]
30	100	92	85	78	72	65	59	53	47
20	100	91	81	73	64	56	48	40	32
10	100	87	74	62	50	38	27	16	5
0	100	80	60	40	21	3			
−10	100	64	29						

（高橋浩一郎『気象なんでも百科』岩波ジュニア新書による）

3) 湿度の変化と影響

水蒸気は、その量が時や場所によって大幅に変化し、水や氷などに変わる。湿度は、最高100％から最低10％以下になることもあり、気象の変化に重要な役割を果たす。

世界各地の年平均湿度は、通常沿岸地域では高く、内陸部では低くなる。日本の年平均湿度はおおむね70％程度で比較的多湿である（図2・14）。

◆ **a　湿度の年変化と日変化**　　年変化については日本海側では夏と冬の2回大きくなり、太平洋側では冬に低く夏に高い（図2・14）。また、湿度の日変化は気温とは逆になり、日中では低く夜間には高くなる。これは、水蒸気量の日変化が小さいのに対し、飽和水蒸気圧は気温が高いほど大きくなり、気温が低いほど小さくなるからである（図2・15）。

◆ **b　湿度の変化による影響**　　湿度は風速や温度などの気象要因とともに、複合的に健康にも影響を与える。冬季に低湿度が続くと肌荒れや喉の乾燥などが生じ、風邪にかかりやすくなる。さらに、乾燥が続くと火災が起こりやすくなる。また、夏季に湿度が低ければ、温度が高くても身体の表面からの蒸発が盛んになり、それほど暑さを感じない。逆に、高温多湿では発汗はしても蒸発しにくいため、たいへん蒸し暑く感じ、極端な場合には熱中症にかかることもある。

また、蒸し暑さを表す指標として、気温に湿度を加味した不快指数DIが用いられ、次式で表される。一般に不快指数は、75〜80が限度とされている。

$$DI = 0.72 (t_d + t_w) + 40.6 \quad \cdots\cdots\cdots\cdots (2\text{-}5)$$

　　t_d：乾球温度、t_w：湿球温度

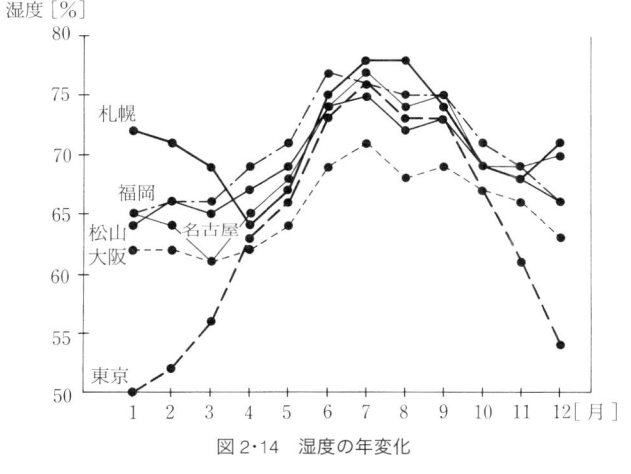

図2・14　湿度の年変化

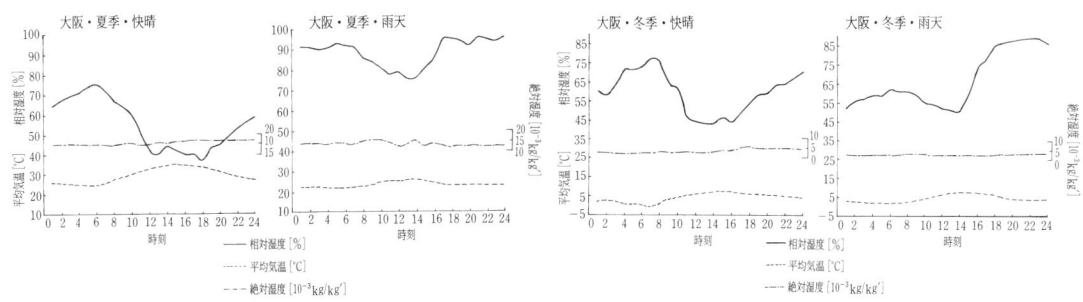

図2・15　湿度の日変化

4）空気線図

　通常の空気中には必ず水蒸気が含まれていることから、湿り空気といわれる。湿り空気の状態は、温度（乾球温度）と水蒸気圧など二要素が定まれば、他の量はすべて決定される。飽和状態では乾球温度のみで定まり、図2・16に示す空気線図ですべて表される。この図は、横軸が乾球温度、縦軸が絶対湿度や水蒸気圧、右上がりの曲線が相対湿度を示している。また、相対湿度100％の曲線を飽和曲線といい、この曲線上から斜め右下に伸びる破線が湿球温度を示す。

　ある空気の状態は、二要素の交点で定まるが、この点から水蒸気圧を一定にして乾球温度のみを下げる、すなわち左に平行移動して、飽和曲線と交わる点を露点、そのときの乾球温度を露点温度という。

　たとえば、乾球温度が20℃、相対湿度が60％の場合はA点で示され、このときの絶対湿度は、A点から右へ水平に目盛りを読んで0.009 kg/kg'となる。この空気を冷却すると左に平行移動したB点で飽和状態になり、この点を露点という。したがってこの露点温度は、B点より真下に目盛りを読んで12℃となる（D点）。

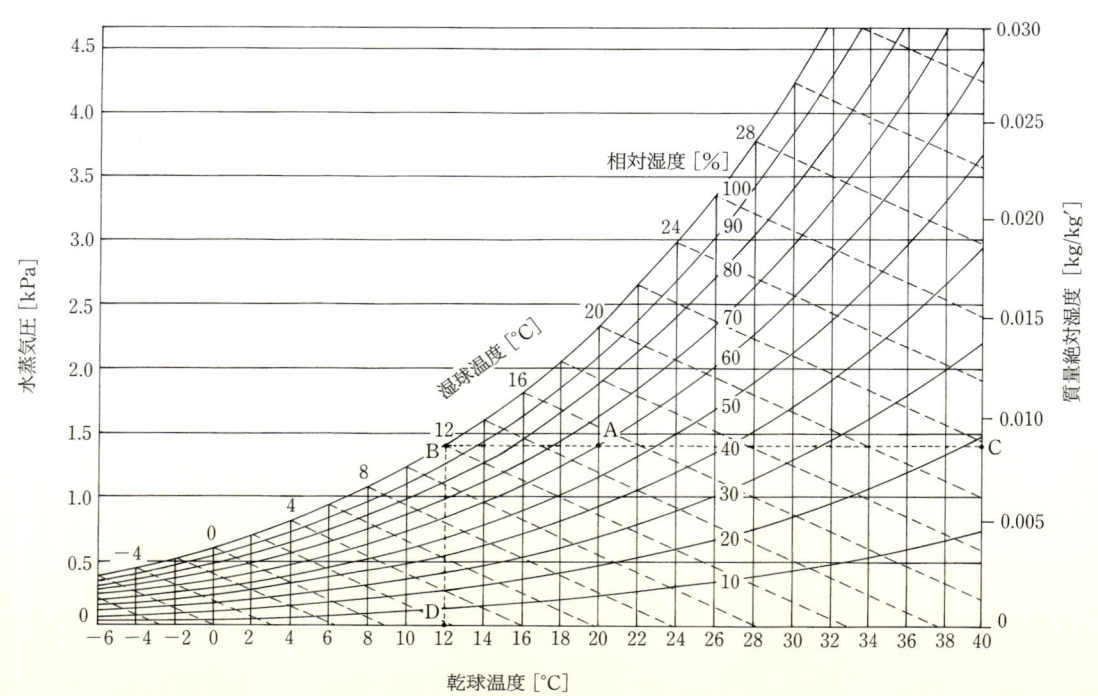

図2・16　空気線図

5) クリモグラフ

　気温と湿度の関係は、気候要素の中でも人間生活の衛生面や快適性に大きな影響を与える。この気温と湿度との関係を示すものにクリモグラフ（climograph）＝（気候図）がある。クリモグラフは、図2・17のように直交座標の横軸に相対湿度、縦軸に気温［℃］をとり、各月の平均値をそれぞれ折れ線で結んだ図である。クリモグラフは、作図が比較的容易で、気温と湿度の組合せによって季節の推移が一見して理解できる。

　クリモグラフの右上の部分は蒸し暑さを、左上の部分は、乾燥した熱い状態を示す。右下の部分は、湿っていて寒く、左下の部分は、刺すように寒い状態を表している。たとえば、東京や大阪のように右上がりになる地域は、夏の高温期には湿度も高く非常に蒸し暑くなり、冬の低温期には低湿のため実際の気温よりも寒さを強く感じるといった特色がある。逆に、ベルリンやニューヨークのように、右下がりになる地域では、夏の高温期には湿度が低くなり、比較的しのぎやすく、冬の低温期には湿度が高くなり、実際よりも寒さをやわらげる気候の状態になる。このように、クリモグラフの形態が、左下から右上の傾斜となる地域は、夏季と冬季の気候があまり快適ではないことを示している。

　このクリモグラフは、1915年G.テーラー(Taylor)が気候適応について体感気候を表現するために考案したものである。気候の季節による推移をわかりやすく表現するには非常に有効な手段となっている。その後、図2・18のように横軸に降水量、縦軸に気温をとるハイサーグラフ(hythergraph)が多く利用されるようになった。現在ではこれも含めて気候の二要素をグラフ化したものをクリモグラフという。

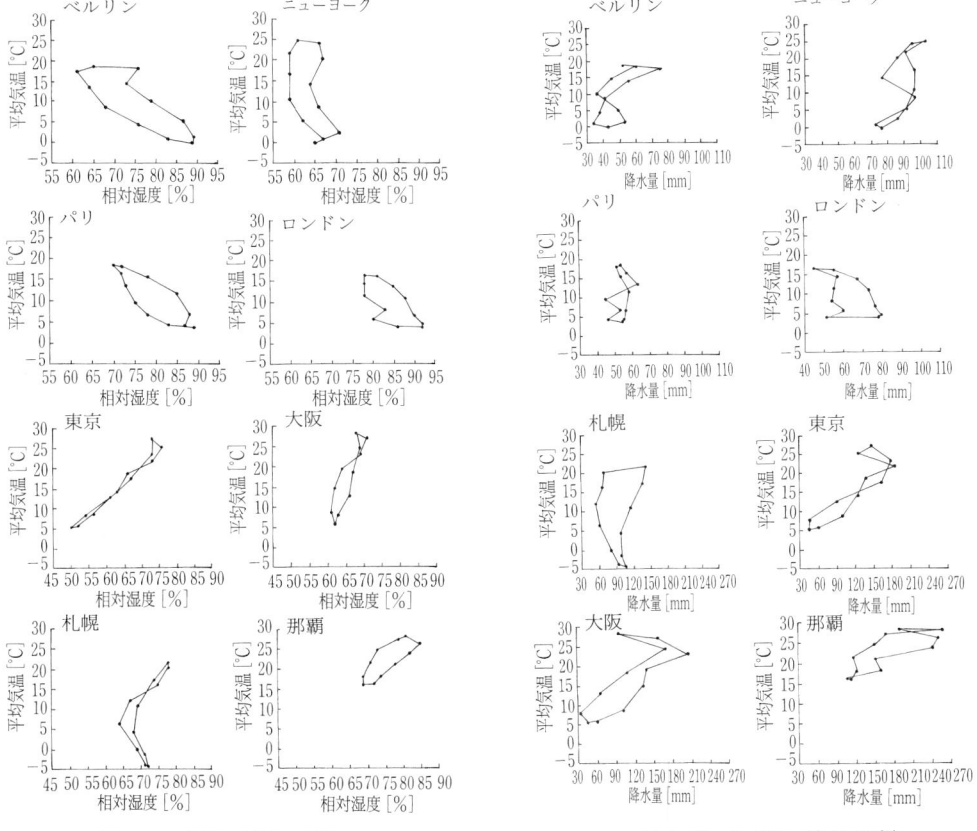

図2・17　クリモグラフの例　　　　　　　図2・18　ハイサーグラフの例

4 風

1）風の形成と種類

◆ a　風の形成　　風は、空気の移動によって生じる。地表面上どこでも気圧が一様ならば、空気の移動は起こらないが、気圧が異なれば、空気は気圧の高い方から低い方に流れる。これが風と呼ばれる空気の移動現象である。このとき働く力は、気圧傾度と呼ばれ、一定の距離はなれた2点の気圧の差に比例する。気圧傾度によって起こる風を傾度風という。

　風は、地球の自転による影響によって北半球では右の方へ、南半球では左の方へそれぞれずれて吹くようになる。低気圧のなかでは強い風も吹くが、高気圧のなかでは風は弱く、風速はほぼ中心からの距離に比例する。ただし、低気圧や高気圧の上空では、ほとんど傾度風になっている。

◆ b　海風と陸風　　海と陸との温度の日変化が異なるために、風が生じる。海上の熱容量は大きく、陸地は小さいので、昼間は陸地の温度が海より高くなり、暖められた空気は上昇気流となり海から陸へ風が吹く。これが海風である。夜間には、海の方が陸地よりも暖かいので、陸から海へ向かって風が吹く。これを陸風といい、両者を合わせて海陸風と呼んでいる。

◆ c　谷風と山風　　山の近くでは、昼間山肌が暖められ、谷から山へ向かう谷風と呼ばれる風が吹く。夜間になると山肌は冷却されるので山から谷に、山風と呼ばれる風が吹き、両者を山谷風という。

◆ d　季節風　　季節ごとに決まった方向から吹く風があり、季節風またはモンスーンと呼ばれる。これは、大陸と海洋の熱容量の違いと、太陽の日射量の年変化によって生じる現象である。夏季には大陸内が海洋に比べて高温低圧になり、海から陸に風が吹き、冬季には大陸側が低温高圧になるため陸から海に風が吹く。

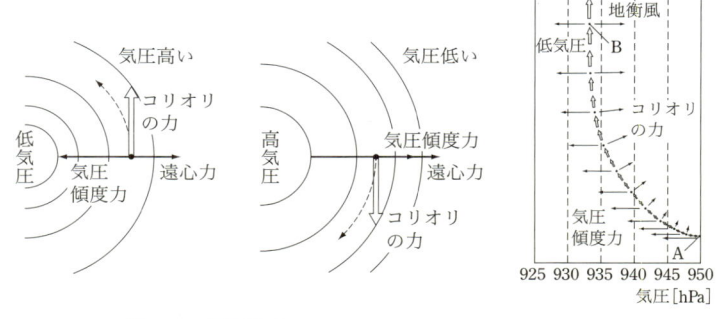

図 2・19　風の形成　（浅井富雄他監『気象の事典』平凡社による）

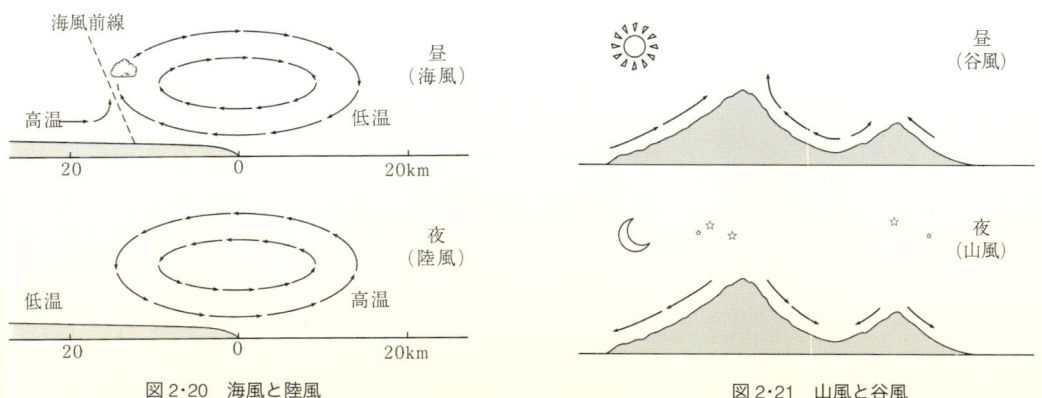

図 2・20　海風と陸風　　　　　　　　　図 2・21　山風と谷風

1年周期で変化するこのような季節風が最も顕著に現れるのは、世界中でアジア大陸の東から南にかけての地域であり、日本では、冬季に北や北西方向の風が強く、夏季に南よりの季節風が多い。夏季の季節風は4月ごろから徐々に発達し6月ごろには十分に発達する。冬の季節風は、9月ごろから吹きはじめ、11月には十分に発達し連日吹くことが多い。

2) 風の表し方

風を表すには、風速、風力、風向などが用いられる。

◆ **a 風速** 　風は、速く吹いたり、遅く吹いたりして変動が大きく、吹いてくる方向も変化している。このような風速の変化や風の向きの変化を風の息と呼ぶ。風速の単位には、一般に m/s や km/h、ノットなどが用いられる。風速のうち、瞬間的な値を瞬間風速、ある時間の平均値を平均風速といい、単に風速という場合は、一般的にその前の10分間の平均風速をいう。ある時間間隔における最大の瞬間風速と、その間の平均風速との比を突風率あるいは風の息の大きさと呼んでいる。地表付近の風は、地上面の状態によりその摩擦力の影響を受けるため乱れを生じ、高さとともに風速が大きくなる。

◆ **b 風力** 　風の強さ、すなわち風のもつエネルギーを風力という。風力の程度を表すものとして一般的には、19世紀初期イギリス海軍の提督ビューフォート（Francis Beaufort）が考案したビューフォート風力階級を用いる（表2・3）。これは、風速の度合いに応じて小さいものから順に0、1、2、3、……として、およその風の強さが目測から判断できるように表したものである。

表2・3　ビューフォート風力階級と人体への影響

	ビューフォート階級	表現	風速※ [m/sec]	影　響
	0	静穏（なぎ）	0～0.2	
	1	至軽風	0.3～1.5	全く目立たない風。
快適	2	軽風（そよ風）	1.6～3.3	顔に風を感じる。木葉・衣服がさらさら音をたてる。
	3	軟風	3.4～5.4	風が乱れ、衣服がばたつく。新聞が読みにくい。
	4	和風	5.5～7.9	小枝を一定の運動でゆすり、風が軽い旗を広げさせる。ごみがまき上がる。紙がちらばる。髪がくずれる。小枝が動く。
不快	5	疾風	8.0～10.7	体に風の力を感じる。強風域に入るとつまずく危険がある。
不快が甚だしい	6	雄風	10.8～13.8	木葉をつけた小さな木が揺れ始める。傘がさしにくい。髪がまっすぐに吹き流される。まともに歩くのが困難。
	7	強風	13.9～17.1	横向の力が前進する力に等しくなる。風の音が耳にさわり、不快を感じる。歩くのに不便を感じる。
	8	疾強風	17.2～20.7	一般に前進を妨げる。突風でバランスをとるのが困難。
危険	9	大強風	20.8～24.4	人が吹き倒される。

※ 地上10mの平均風速
（風工学研究所編『新・ビル風の知識』鹿島出版会による）

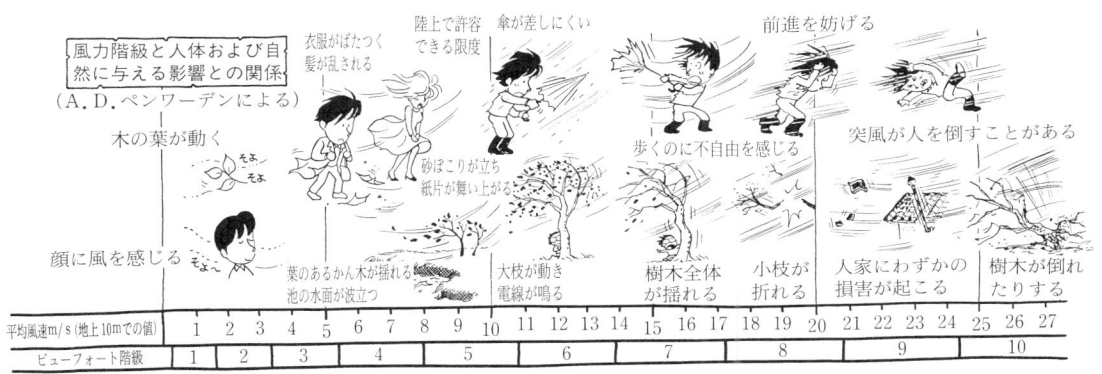

◆ c 風向　　風が吹いてくる方向を風向という。風向は、北を基準として16の方向で示し、たとえば南西から北東に吹く風を南西の風という。さらに詳しく表示する場合は、時計回りに北から360°までの角度を用いる。また、風向も風速と同様にたえず変化しているので、観測上は、平均風速と同じように、前10分間の平均風向で表す。ただし、風速が0.2m/s以下の場合には静穏（または平穏）として測定しないことになっている。現在、これらの測定には風向と風速を同時に計測するプロペラ型風向風速計のエーロベン（aerovane）がよく用いられる。なお、風は、地物や地形によって影響を受けやすいので、風向風速計は、原則として地上10mの平らで開けた場所に設置する。

3）風の影響

　風は、人間、鳥の他にも花粉や種子の散布など、自然界でも広く利用され、人間生活にとっても非常に密接な関係を保ち続けてきた。人間は、脱穀や揚水などに風車を利用し、近年ではクリーンエネルギーとして風力発電が注目されている。

　9月上旬に多い台風や、冬から春にかけての季節風によって建築物に被害がでる場合もあるが、日常的には風は、換気や通風上重要な役割も果たしている。建築物を設計するときには、風圧力について構造的な配慮が必要になり、さらには風が雨水の浸入の原因にもなるので、雨仕舞いの考慮もしなければならない。

　自然の風の動きは、図2・22の風配図による統計的な気象情報からその傾向をつかむことが可能である。経験的にも夏季の東京は南風、大阪では西風が多いことはよく知られているが、これは統計的資料ともよく一致している。

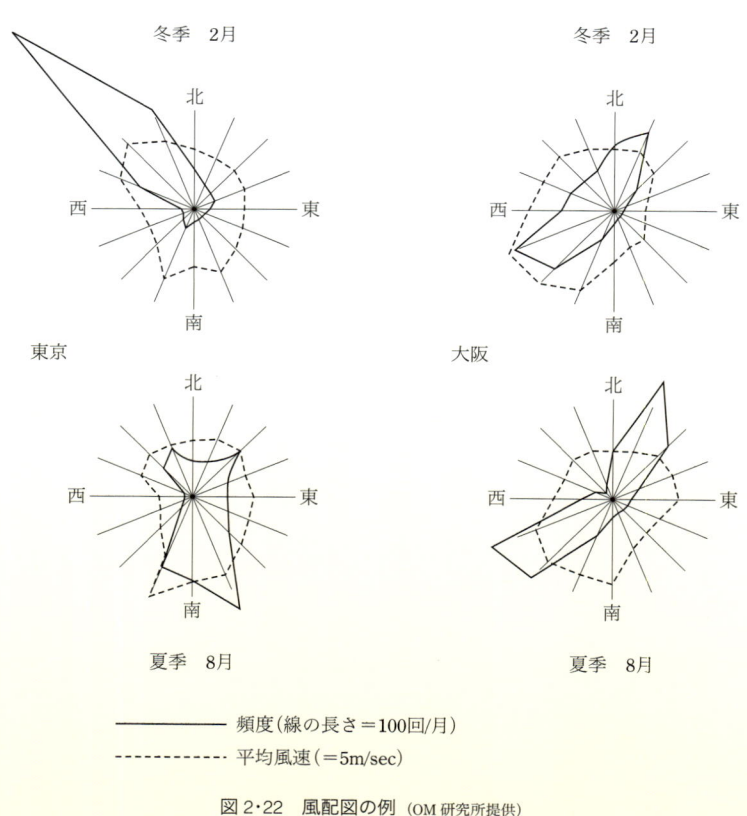

図2・22　風配図の例　(OM研究所提供)

5 雨と雪

1）雨と雪の形成

　雨や雪は、大気中の上昇気流が温度低下し、水蒸気が凝結して降る。この温度低下は、現象の規模が大きいので、熱伝導や放射による冷却より空気が上昇し断熱膨張して冷却されることによる。具体的には次のような場合に雨や雪が降りやすい（図2・23）。

　①低気圧の中、回りの空気がうずとなって集まり上昇していくとき。
　②風が山の斜面をのぼるとき。
　③上昇気流が生じる前線付近で、暖かい空気が冷たい空気と衝突するとき。

　①を収束性雨といい、低気圧では、周囲から流れ込んだ空気が上層へ逃れるため、上昇気流が生じ雨を降らせる。②は、地形性雨ともいわれ、山のような地形の起伏によって気流が上昇し、雲が発生しやすくなったときに降る。③を対流性雨といい、前線などのように、不安定な気流が混じり合った対流により、雲が発生し雨が降る。

2）雨・雪の測定

　降雨量は、降った雨を、仮にまったく流さないでおいたときにたまる水の深さで表し、mmで示す。積雪量は、積もった雪の深さで表し、cmで示す。また、雪やあられ、ひょうなど氷のかたちで降ったものは、溶かした水の深さを測定し、降雨量とあわせて降水量とする。降水量は、季節や地域などで大きく異なる。降雨の強さは、単位時間当たりの降雨量で示し、降雪の強さは、単位時間当たりの降雪量で示す（表2・4）。

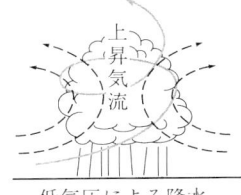
低気圧による降水

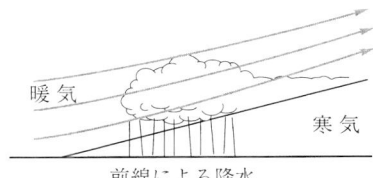
地形性上昇気流による降水　　　前線による降水

図2・23　降水が生ずる場合（高橋浩一郎『気象なんでも百科』岩波ジュニア新書より作成）

表2・4　雨と降雪の強さ

(a)雨の強さ

雨の強さ	1時間雨量	1日雨量	雨の降る状況
微雨	1mm以下	5mm以下	雨がゆっくり落ちるのがわかる。地面はなかなかぬれない
小雨	1〜3	10	雨粒が落ちてくるのが見え、地面ではねかえらない。かすかな音が聞こえる
なみ雨	4〜7	30	地面で雨がはねかえるようになり、水たまりができるようになる。雨の音がはっきり聞こえる
強雨	8〜15	50	ざあざあ降り、雨粒が大きくはねかえるようになる。といから流れる水がいま少しではけきれない。雨粒はみえない
とくに強い雨	16以上	80以上	しのつく雨、といや下水からあふれ出し、水害が出るようになる

(b)降雪の強さ

雪の強さ	1時間降水量	積雪量	視程	備考
弱い雪	0〜1.0mm	5cm	1km	
並雪	1〜3	5〜15	0.2〜1	雪の少ない地方では雪害が出る
強い雪	3以上	15	0.2以下	雪害が出るようになる

（高橋浩一郎『気象なんでも百科』岩波ジュニア新書による）

3）降水の特徴と循環

　日本では、6月上旬から7月上旬にかけて、南太平洋にできた熱帯性の低気圧が、温暖な空気を伴って北上し、北太平洋高気圧の低温の空気と日本付近で前線を形成し、多くの雨を降らせる。これが梅雨である。さらに、9月上旬ごろから熱帯低気圧が台風として集中的に豪雨を降らせる他、秋霖の影響もあり降水量は多くなる。

　冬季には、シベリアからの強い寒気団が日本海の湿った空気を伴って吹き付け、日本列島を南北に走る山脈にぶつかると上昇気流となり、日本海側や山間部に大雪をもたらす。日本海側が大雪のときには、太平洋側は乾燥した晴天が続く。しかし、春先などに低気圧が本土南岸沿いに東へ進むと太平洋岸一帯にも雪が降り、ときには大雪となる。

　図2・24は、わが国の年間降水量の分布を、図2・25は主要都市の降水量を表したもので、大陸の内陸部においては一般に水蒸気が少ないので、気温の高い夏に降水量が多く、冬には少なくなる。

　1年間の降水量を比較してみると、東京、大阪で1500mm、静岡2300mm、最も多い三重県尾鷲では4100mmもあり、バンコック1500mm、ジャカルタ、マニラは1800mm、パリ、ロンドン600mm、サンフランシスコ2500mm、ボストンやニューヨークで1000mmなどである。このように日本では非常に雨量が多く、ときには激しく降るが、1年中バラエティに富んだ季節感のある降雨に恵まれている。

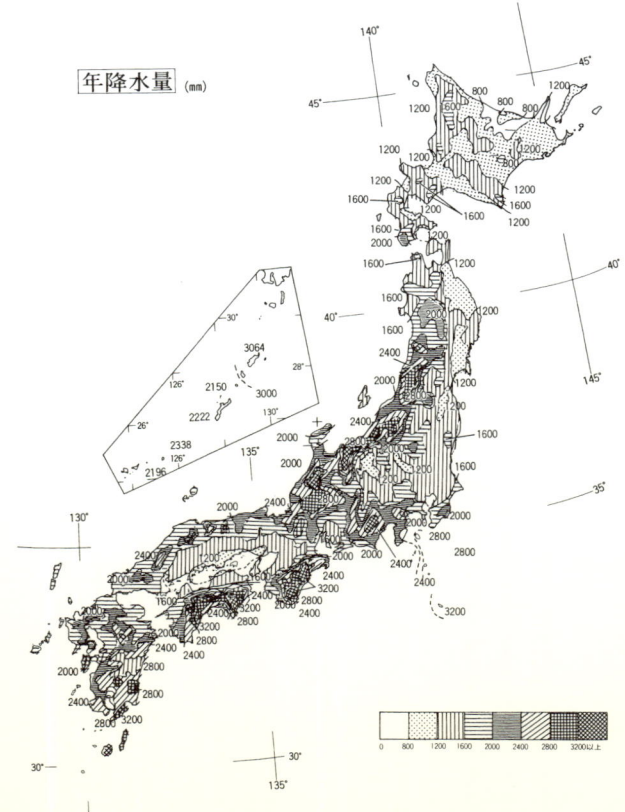

図2・24　年間降水量の分布
（福井英一郎他『日本・世界の気候図』東京堂出版による）

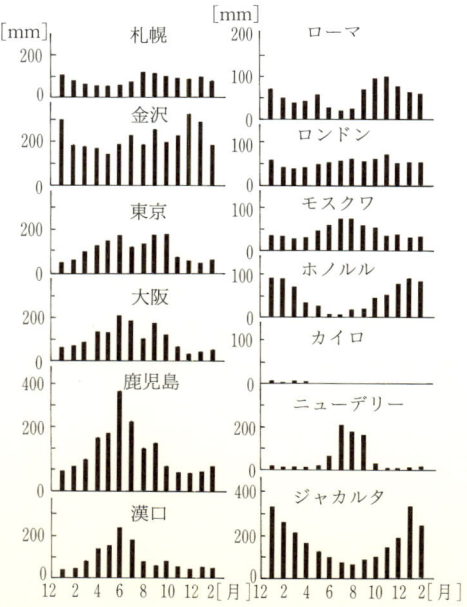

図2・25　降水量の年変化
（高橋浩一郎『気象なんでも百科』岩波ジュニア新書による）

陸地に降った雨や雪などの降水は、湖や沼などにたまったり、土壌水や地下水として貯えられ、年間に約70mm程度が、少しずつ川を経て海に流れ込んでいく。海や陸地などから蒸発する水の量は、地域や日によって大きく変動するが、地球全体では平均して年間947mm程度である。極地方の雪や氷は、一部昇華して大気にもどり、一部は流氷となって流れ出し、溶けて海水となる。このように、地球上では水は常に循環している（図2・26）。

4）雨と雪の影響

雨や雪は空気中の湿度の上昇や日照時間の減少などによって、日常の生活や建築物に大きな影響を与えている。さらに、建築物の屋根勾配や屋根葺きの材料にも、少なからぬ影響を及ぼしている。特に、屋根などには1m²当たり100kgから200kgもの雪が降り積もる場合もある。このように積雪によって屋根や柱には、通常の荷重の数倍の荷重がかかることになり、積雪による単位重量は、積雪量1cmごとに20N/m²（約2kgf/m²）以上とするよう建築基準法施行令第86条（積雪荷重）に定められている。

また、屋根の勾配が急なときには自重によって雪が滑り落ちるので、北海道地方などでは急勾配の鉄板の屋根にするか、融雪装置を設けた陸屋根（無落雪屋根）にして、冬季の積雪に対応している。

北陸地方の合掌造も急勾配の屋根と、茅葺きによる保温効果で冬季における雪と低温に対処している。夏季には高温になり雨が多くなる西日本地方では、湿気を防ぐため床を高くした開放的な住宅が多くなる。

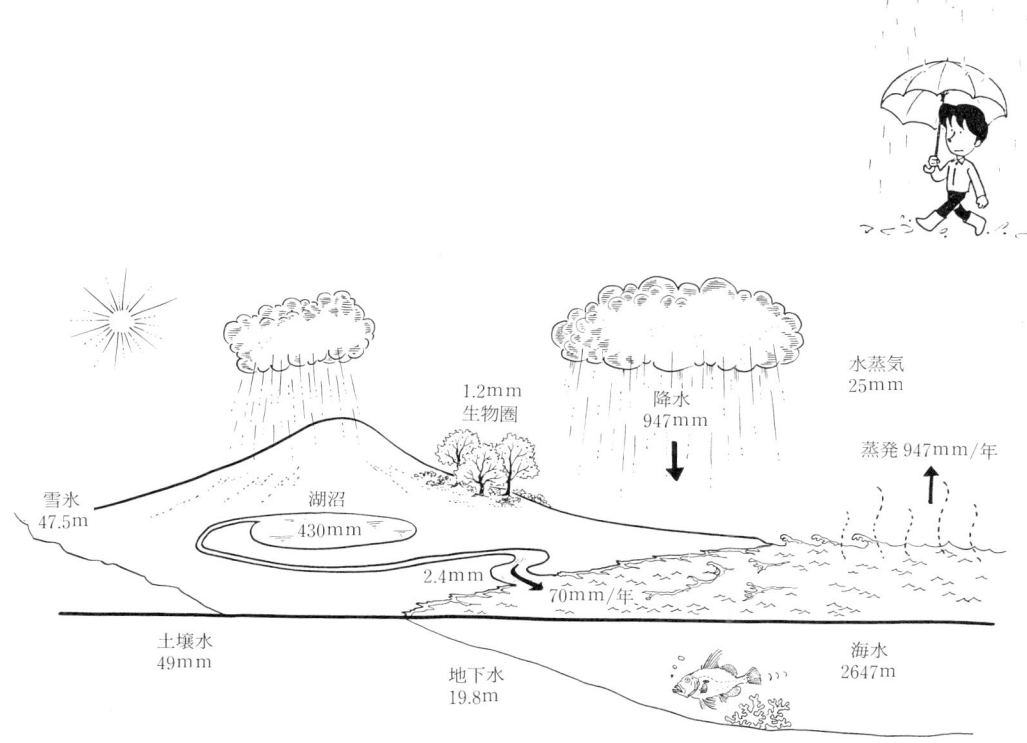

図2・26　地球上の水の循環　(高橋浩一郎『気象なんでも百科』岩波ジュニア新書より作成)

2・2 室内気候

❶ 人体の生理と温熱要素

1）人体の生理

　人体は、食物に含まれる糖質、脂質、タンパク質などを酸化して、そのエネルギーの20％を消費し、作業程度に応じて熱エネルギーを発生する。これをエネルギー代謝という。空腹時、仰向きで寝た状態で安静にしているときのエネルギー消費量を基礎代謝といい、身体の表面積に比例する。性別・年齢など個人差はあるが、エネルギー代謝量を体表面積当たりの熱量で表すと、椅子に座った状態で安静にしているときは、$58.2 W/m^2$（$50 kcal/(m^2 \cdot h)$）程度[※1]であり、日本人の平均体表面積を$1.6m^2$とすると、約$93.12 W/$人となる。作業時のエネルギー代謝量は、椅座安静時のエネルギー代謝量を1として倍率で表し、単位はMet[※2]を用いる。

　一方、熱放散の経路は、図2・27に示すように放射、水分蒸発、対流によって行われ、皮膚面からの放散が約90％を占めている。熱放散の量や割合は、衣服、季節、周囲環境その他によって異なる。対流による放散は、周囲空気の温度、風速に左右され、放射による放散は、周囲の壁や暖房器具などの温度に左右される。水分蒸発は、皮膚面および呼吸によって行われるが、周囲の環境温度が高くなって対流・放射による熱放散が不足すると発汗が始まり、皮膚面に水分（汗）が出てくる。この水分は蒸発するとき潜熱[※3]をとり、熱放散が非常に大きくなる。

　なお、各種の作業に対するエネルギー代謝量と室温ごとの顕熱[※4]発熱量、潜熱発熱量（蒸発熱）を表2・5に示す。

図2・27　熱放散の経路（斎藤利忠他『建築環境工学の技術』』明現社による）

表2・5　作業内容別放熱量

作業状態	適用建築物	エネルギー代謝量[Met]	放熱量［W］（女子は0.85倍、子供は0.75倍する）					
			室内温度20℃		室内温度24℃		室内温度28℃	
			顕熱	潜熱	顕熱	潜熱	顕熱	潜熱
椅子に座って（安静時）	劇場、小・中学校	1.0	69	21	59	31	44	46
椅子に座って（軽作業時）	高等学校	1.1	75	30	62	42	45	58
事務作業	事務所、ホテル	1.2	77	40	63	54	45	71
立ったままの状態	銀行、デパート	1.4	79	51	66	64	45	84
椅子に座って（中作業時）	レストラン	1.2	86	56	71	71	48	95
椅子に座って（中作業時）	工場	2.0	101	94	76	118	48	147
ダンス（中程度）	ダンスホール	2.2	110	110	84	137	56	165
歩行（4.8 km/h）	工場	2.5	125	132	88	162	68	191
重作業	工場、ボーリング場	3.7	164	211	136	240	116	262

日本人とアメリカ人の男子の標準体表面積の割合1.6:1.8 [m^2] で換算した
（㈳日本建築学会編『建築設計資料集成1. 環境』丸善による）

※1　熱量1kcal/hは、SI単位では$1.16279W\left(=\dfrac{1}{0.860}\right)$と換算する。
※2　Met : metabolic rate
※3　潜熱：空気の湿度を変化させるために使われる水蒸気の蒸発または凝縮に要する熱量
※4　顕熱：空気の乾球温度を変化させるための熱量

人は、体温を常に 36 ～ 37℃ に保つ恒温動物であるから、温度、湿度、気流、放射熱に応じて、熱生産（エネルギー代謝）と熱放散の収支がなされている。この関係は、次式のようになる。

$$M = E \pm R \pm C \pm S \quad [\text{W/m}^2] \quad \cdots\cdots\cdots\cdots\cdots\cdots\cdots\cdots\cdots\cdots\cdots (2\text{-}6)$$

M：体内生産熱量、E：蒸発による放熱量、R：放射による放熱量
C：対流による放熱量、S：体内蓄熱量

図 2・28 は、休息の状態で着衣時における環境の変化に対する人体の熱的反応を示すものである。R、C において＋は放熱、－は受熱、S において＋は体温上昇、－は体温降下を意味し、通常は 0 である。図 2・29 は労働時の全放熱量、放射、対流および蒸発による放熱量と室温との関係を示したものである。

2）温熱要素

人の寒暑の感覚は、気温、湿度、放射および気流（風速）が大きく関係し、これを温熱四要素という。周囲の温度が低く、人の熱放散が大きいとき人は寒く感じる。たとえば、冬季に周囲の気温や周壁温度が低い場合は、対流や放射によって熱が奪われるが、この速度が速いと寒く感じ、遅いと暖かく感じる。一方、夏季には周囲の温度が高く人の熱放散が少ないとき暑さを感じる。すなわち、これらの要素は、人の温感に対して単独に作用するのではなく、四つの要素の組合せにより総合的に作用しているのである。

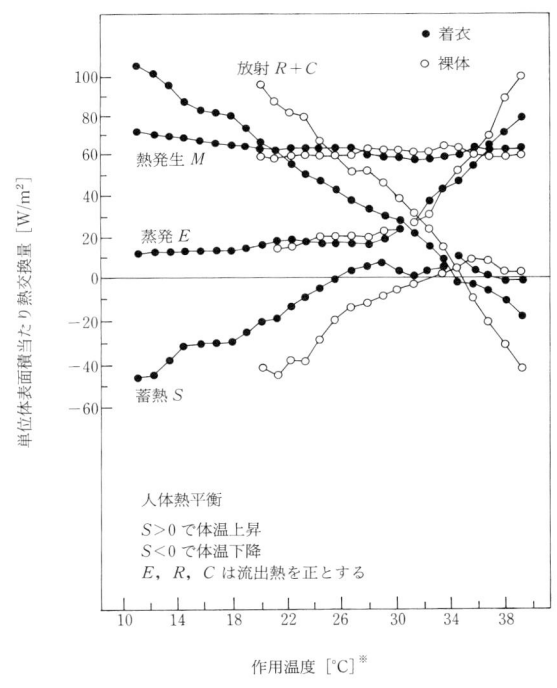

図 2・28　環境変化と人体の熱反応（板本守正他『環境工学』朝倉書店による）

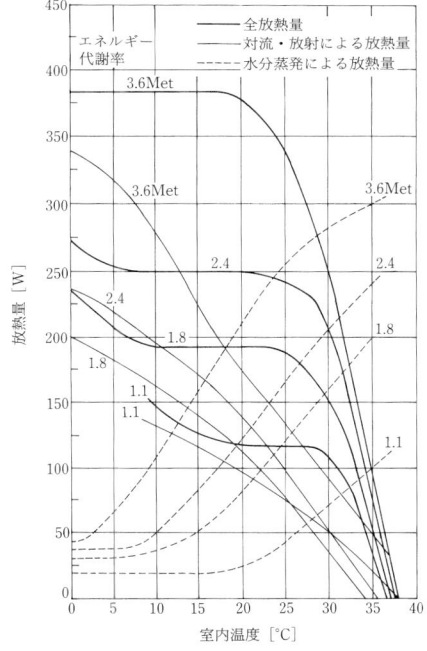

図 2・29　人体の放熱（㈳日本建築学会編『建築設計資料集成 1. 環境』丸善による）

※　作用温度：人体が現実の環境下で対流と放射により熱交換を行っているのと同じ熱量を交換する仮想均一温度、静穏気流下でほぼ空気温度と平均放射温度の相加平均となる。作用温度 $\text{OT} = \dfrac{(\theta + \text{MRT})}{2}$

2 温熱環境の指標

人体は、体内で生産した熱を、たえず皮膚および呼吸により肺臓から大気中に放散しているが、その放散量が体内生産量に比較して適当であれば、体温は一定に保たれ快適である。

温熱感覚は、気温、湿度、放射および気流の四要素のさまざまな組合せによる。その指標の主なものに有効温度、修正有効温度、新有効温度などがある。

1）有効温度

有効温度（ET[※]）は感覚温度ともいう。普通の室内の熱環境を問題にする場合、周囲の壁や天井・床の温度は室内の空気温度とほぼ等しいので、有効温度は周壁からの放射という要素を除外して、気温、湿度、気流の三要素を総合して熱環境を評価するものである。1923年にアメリカのヤグローとホフトンによって提案され、図2・30のような被験者を使った実験により統計的に求めた快適指標で、空気調和時の評価に広く用いられてきた。

湿度が90％以上では汗が出ても蒸発せず、また、20％以下では喉が乾き咳が出て不快な状態になるため、有効温度は極端な高湿、低湿環境の評価には適さない。湿度40～60％、風速0.5m/s以下のとき有効温度が、冬季17～22℃、夏季19～24℃であれば、室内気候は良好である。

ヤグローらの実験は、被験者の入室後短時間における申告に基づいているため、有効温度は低温域では湿度の影響が過大で、高温域では過小であることがヤグロー自身により指摘された。

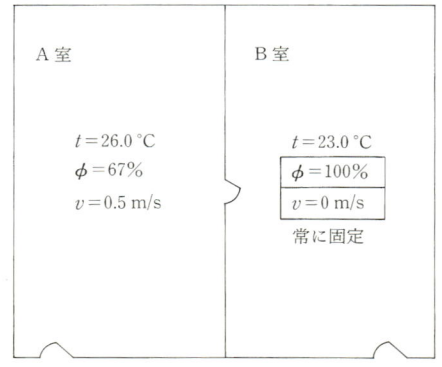

図のような気温、湿度、風速の組合せを任意に変えられるA室と、湿度100％、無風の一定で、気温が任意に設定できる室の連続した2室において、被験者を初めにB室に入れ、次にA室へ移し、再びB室に戻して、両室において等しい温感をもつかどうかを申告させる一連の実験が行われ、これに基づいて、A室の状態と等しい温感を生じるB室の気温を有効温度とした。

図2・30　有効温度を求める実験

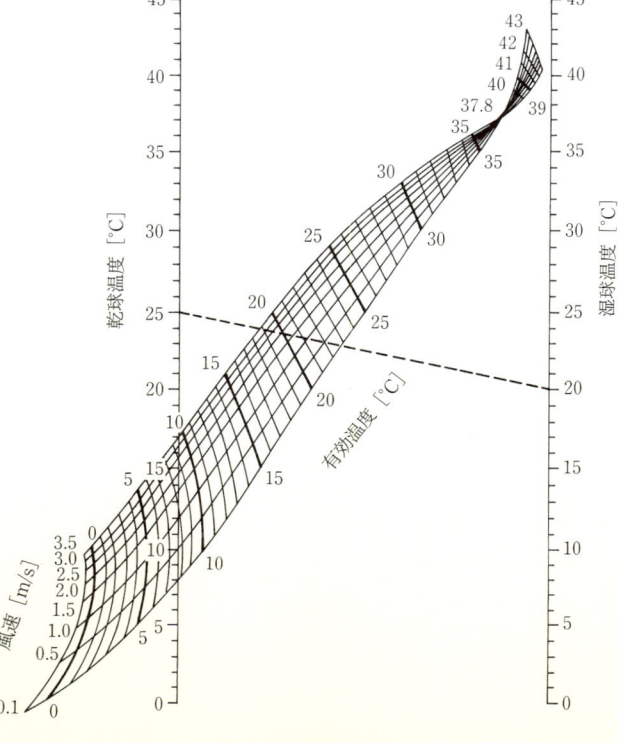

図2・31　有効温度図

※　ET：effective temperature　略してETと呼ぶ。

〈有効温度の求め方〉　図2·31より乾球温度25℃、湿球温度20℃とすると両者を結んだ線と、風速0.5 m/sの線の交点から有効温度は約22℃となる。また、風速1.0 m/sの場合は21.4℃となる。風速2.0 m/sの場合は20℃と降下する。このように37.8℃までは風速が増すとともに有効温度は下がるが、37.8℃以上になると逆に風速が増すほど有効温度は高くなる。

2）修正有効温度

周壁面温度が体表面より低いと、人から周壁面に向かう放射の速度が速くなって寒く感じ、逆に周壁面温度が高い場合は、それだけ暖かさを感じるようになる。熱い壁面や冷たい壁面が体感に及ぼす影響は大きく、壁面温度が熱放射の点で不適当になる夏季や冬季には、有効温度に放射を加えた修正有効温度（CET[※]）が用いられる。修正有効温度は、グローブ温度を乾球温度の代わりに用い、相当湿球温度を湿球温度の代わりに用い、図2·32(a)(b)から求められる。

〈修正有効温度の求め方〉　乾球温度25℃、湿球温度20.5℃、気流0.5 m/s、グローブ温度30℃のときの修正有効温度は、図2·32(a)により乾球温度25℃を示す線と湿球温度20.5℃の線の交点を右に水平に進み、グローブ温度30℃を示す直線との交点から相当湿球温度22℃が求まる。次に図2·32(b)からグローブ温度30℃と相当湿球温度22℃を結ぶ直線と、気流0.5 m/sの曲線の交点から修正有効温度25.3℃が求まる。

> **演習問題**
> 〈2·1〉夏季上着を着た状態で、乾球温度23℃、湿球温度19℃、気流0.5 m/sのときの有効温度は何℃になるか、また快適範囲にあるかを判定しなさい。
> 〈2·2〉乾球温度20℃、湿球温度18.5℃、気流0.5 m/s、グローブ温度26℃のときの修正有効温度は何℃になるか。

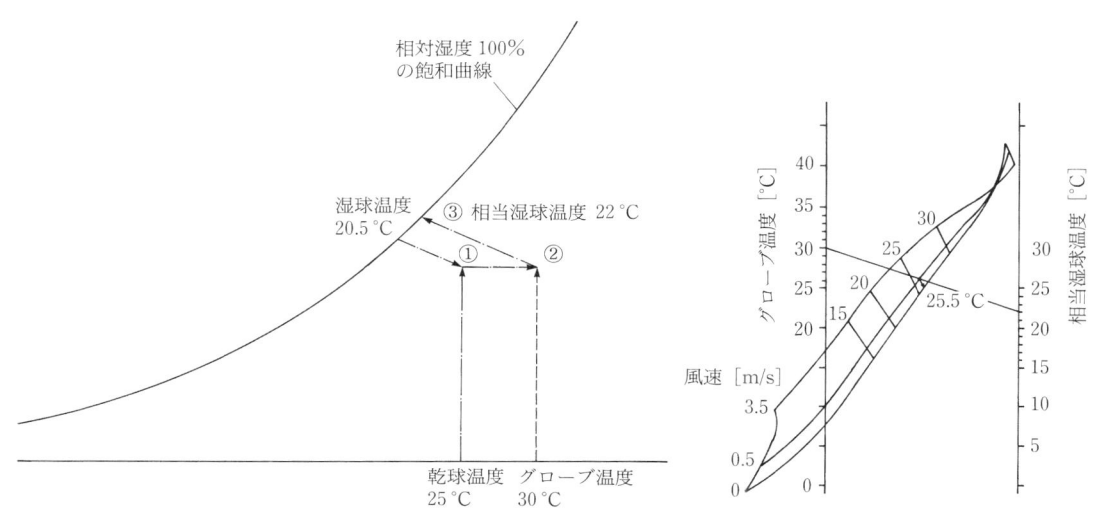

(a) 空気線図（p.22）を用いた相当湿球温度の求め方　　(b) CETの求め方

図2·32　修正有効温度を求める図

※　CET：corrected effective temperature　略してCETと呼ぶ。

3）新有効温度

新有効温度 ET*[※1] は、1971 年ギャッギらによって提案され、翌年 ASHRAE[※2] に採用された指標で、温熱環境の主要素である気温、湿度、放射、気流に人体側の着衣量、代謝量を加えた六要素を変数としている。新有効温度は、着席状態で着衣量 0.6 clo（クロー[※3]）、静穏な気流（0.1 m/s 以下）を基準とした場合、図 2・33 に示す方法で、空気線図の相対湿度 50 %のときの室温で示される。これを標準有効温度 SET* という。ASHRAE では、図の斜線部分、つまり室温が 22.9 ～ 25.2 ℃、相対湿度が 20 ～ 60 %、すなわち SET* 22.2 ～ 25.6 ℃ の範囲が快適範囲である。

冬季に、断熱性が著しく悪い建築物、夏季に大きな熱線吸収ガラスを用いた建築物などで、室温 t と平均放射温度（MRT[※4]）が大きく異なるときは、室温の代わりに作用温度を用いて SET* を読みとればよい。

図 2・34 は、室温と平均放射温度とが等しい環境で、室温とそれに対して必要な着衣量関係が示されている。ASHRAE の快適範囲は SET* 22.2 ～ 25.6 ℃ であるので、着衣量 1 clo の場合、許容帯を満足する室温の範囲は、19.5 ～ 23.4 ℃ である。

図 2・35 は、作業量の影響の図で、着衣量 0.5 clo、相対湿度 50 %の下で、作業の程度に応じた快適な室温と気流速度の組合せを示したものである。

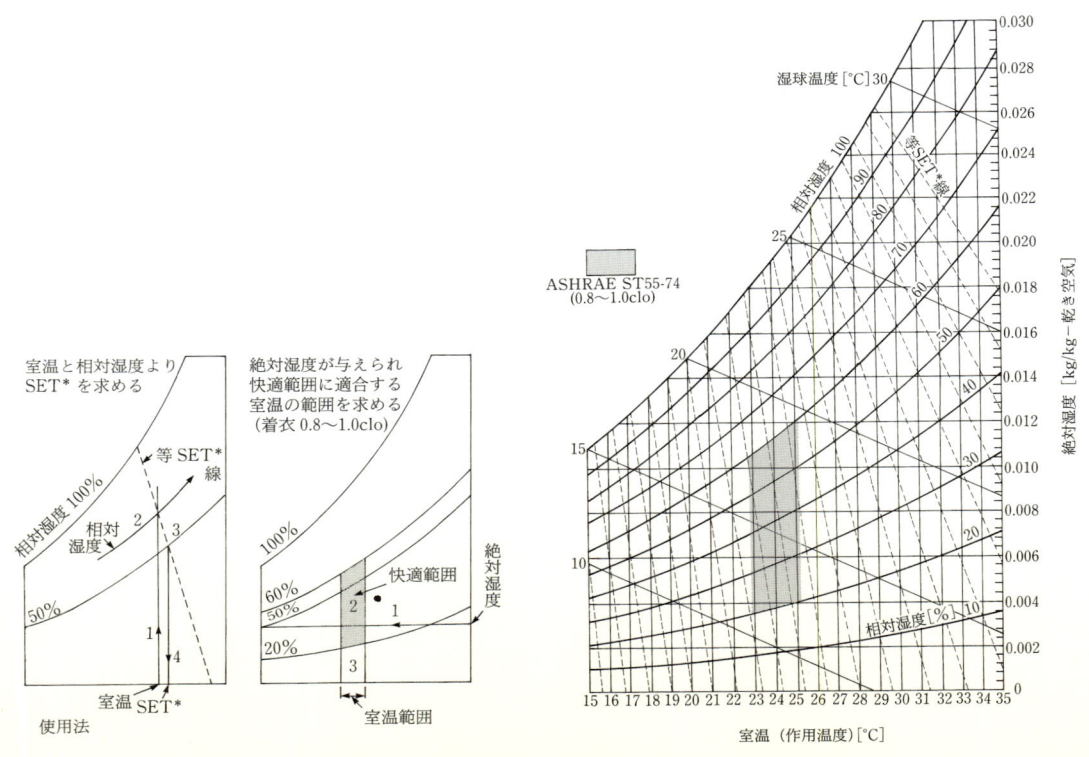

図 2・33　標準有効温度図 SET*（㈳日本建築学会編『建築設計資料集成 1．環境』丸善による）

※1　ET*：従来の ET と区別するため ET* と表す（*はスターと読む）。
※2　ASHRAE：American Society Heating Refrigerating and Air-conditioning Engineers（アメリカ暖冷房空調学会）
※3　クロー：clo。1 clo の衣服とは、気温 21.2 ℃、相対湿度 50 %、気流速度 0.1 m/s の条件で、き（椅）座安静している人が快適に感じる衣服の熱抵抗の度合を表す。裸体は 0 clo、男子の背広服（合服）姿で 1.0 clo、夏の半袖シャツ姿で 0.6 clo 程度である。
※4　MRT：Mean Radiant Temperature

4) PMV（予測平均温冷感申告）

PMV[※1]は1970年にデンマークのファンガーが提案し、1984年国際規格（ISO-7730）となった温熱指標である。PMVは温熱四要素に着衣と代謝量を加えた六要素の関数として次式で表される。

$$\text{PMV} = (0.303\,e^{-0.036M} + 0.028)(M - E - R - C) \quad \cdots\cdots\cdots\cdots\cdots (2\text{-}7)$$

式中のM、E、R、Cは式（2-6）と同じもので、温熱六要素を反映している。PMVは、−3から＋3までの7段階とし、多くの被験者を使った実験により、算出されたPMVの値と温熱感覚が関連づけられている。あるPMVの値に対して何％の人が不満を感じるかを示したものがPPD[※2]であり、PMVとPPDの関係は図2・36のようになる。ISO-7730では、−0.5＜PMV＜＋0.5すなわちPPDが10％以下を快適推奨範囲としている。これは、事務作業を想定した作業量1.2Metのとき、夏季には着衣量0.5clo、湿度60％で作用温度（OT）23〜26℃、冬季には着衣量1.0clo、湿度40％でOT20〜24℃に相当する[※3]。PMVは、均一な室内環境に対して、適応している快適指標である。

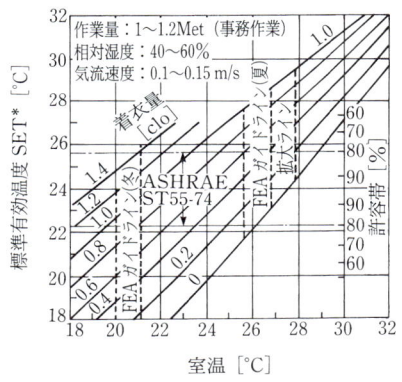

図2・34　着衣量の影響　（(社)日本建築学会編『建築設計資料集成1．環境』丸善による）[3]

※FEAは，Federal Energy Administrationの略で，アメリカで省エネルギーのガイドラインとして定められたものである．ガイドラインは，冬季の室温20〜21.1℃，夏季の室温25.6〜26.7℃（拡大ラインは25.6〜27.8℃）であり，ASHRAEの許容帯を満足する着衣量は，冬季0.8〜1.4clo，夏季0〜0.4cloとなる．

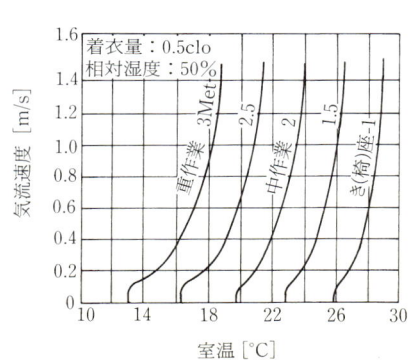

図2・35　新有効温度と作業量の影響　（(社)日本建築学会編『建築設計資料集成1．環境』丸善による）[4]

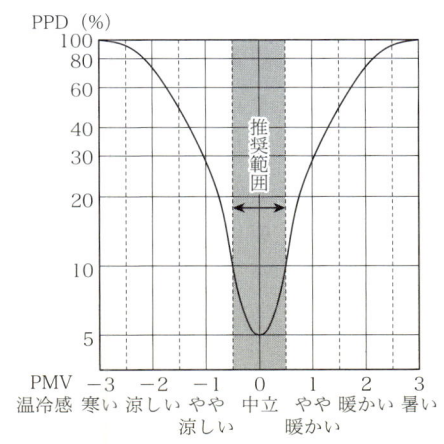

図2・36　PMVとPPDの関係

※1　PMV：Predicted Mean Vote
※2　PPD：Predicted Percent of Dissatisfied
※3　田中俊六他『最新 建築環境工学 改訂版』井上書院、p.45 より

3章　伝熱と結露

3・1　伝　熱

１　伝熱の基礎

熱は、一般に伝導、対流、放射によって温度の高い方から低い方へ移動する。

1）伝　導

伝導とは、物体中の熱の移動をいう。ある一つの物体に温度の高い物体が接触すると、温度の高い物体の分子運動エネルギーが温度の低い物体の分子にエネルギーを与え、それが次々と隣接する分子の運動を刺激して、より高い分子運動エネルギーの状態になる。金属には、その中を自由に動く電子（自由電子）があり、熱運動をするので、よく熱を伝導する特性がある（図3・1）。

2）対　流

対流とは、流体が自然あるいは強制的に流動することをいう。前者を自然対流、後者を強制対流といい、一般に熱移動を伴う。自然対流とは流体内にある温度差に伴って生じた密度差による流動であり、強制対流とは自然風や送風機などの風力による流動である（図3・2）。

3）放　射

温度をもつすべての物体は熱を放射している。この放射熱は、光と同じく電磁波の一種で、温度が高くなるにつれて波長の短い放射線を出す。物体は、放熱によってその分子の運動エネルギーを失い、その結果、温度が低下する。物体から放射される熱量は、その表面の絶対温度の4乗に比例するというステファン・ボルツマンの法則がある。温度差のある2物体の放射による伝達熱量は、それぞれの絶対温度の4乗の差に比例するので、温度差がわずかであっても放射熱の伝達は大きくなる（図3・3）。

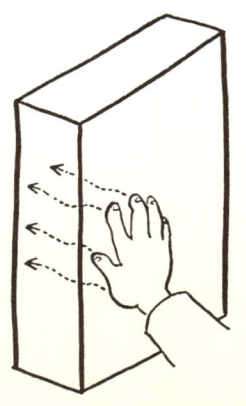

図3・1　伝導

図3・2　対流

図3・3　放射

2 熱貫流

熱貫流とは、高温側の空気から壁体表面への熱伝達、壁体内の熱伝導、さらに壁体表面から低温側の空気への熱伝達を総合したものである。したがって、建築物の壁、屋根、床などを通じての熱の移動を総合的に熱貫流という（図3・4）。

1) 熱伝導

熱伝導とは、材料中の熱の移動をいう。図3・5のように厚さ l [m] の一様な材料でできた単層平面壁の両面の温度が、それぞれ t_1、t_2 [K] で一定に保たれるときに、この壁の単位表面積 [m²] を通じて、面1から面2へ伝導によって伝えられる熱流 q [W/m²] は、次のように表される。

$$q = \lambda \frac{t_1 - t_2}{l} \quad \cdots\cdots\cdots\cdots\cdots\cdots\cdots\cdots\cdots\cdots\cdots\cdots\cdots\cdots\cdots\cdots\cdots\cdots\cdots (3\text{-}1)$$

比例定数 λ は材料の熱伝導率 [W/(m・K)] で、材料の熱の伝わりやすさを示す材料固有の値であり、この逆数を熱伝導比抵抗という。λ の値は表3・1に示すように、材料の密度（単位体積質量）と大きな関係がある。一般に密度が大きいほど λ の値は大きくなり、熱を伝えやすくなる。

材料の熱伝導率は温度によって変化し、常温から100℃程度までは、ほとんどの材料において温度上昇に比例して熱伝導率も増加する傾向にある。

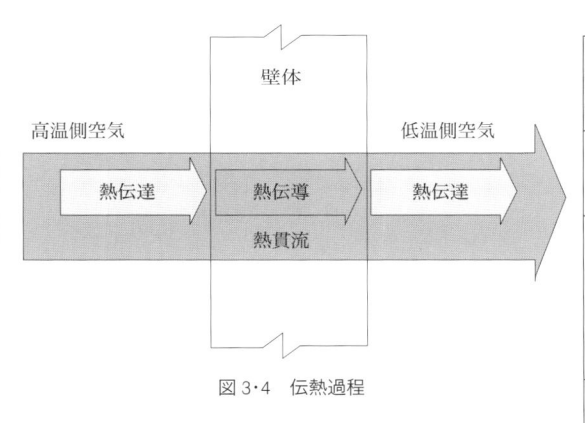

図3・4 伝熱過程

図3・5 単層平面壁の熱伝導

表3・1 建築材料の熱定数（λ値は20℃の場合）

分類	材料	密度 ρ [kg/m³]	熱伝導率 λ [W/(m・K)] 乾燥	熱伝導率 λ [W/(m・K)] 湿潤(80%)
金属・ガラス	鋼材	7860	45	45
	アルミニウムおよびその合金	2700	210	210
	板ガラス	2540	0.78	0.78
セメント・石	ALC 鉄筋人工軽量骨材コンクリート板	600	0.15	0.17
	骨材コンクリート板	1600	0.65	0.80
	豆砂利コンクリート	2200	1.1	1.4
	PC コンクリート	2400	1.3	1.5
	モルタル	2000	1.3	1.5
	プラスター	1950	0.62	0.8
	かわら・スレート	2000	0.96	1.0
土・畳他	京壁	1300	0.68	0.8
	繊維質上塗り材	500	0.12	0.15
	畳	230	0.11	0.15
	カーペット類	400	0.073	0.08
繊維材	グラスウール保温板	10〜96	0.051〜0.035	0.056〜0.039
	岩綿保温材	40〜160	0.038	0.042
	吹付岩綿	1200	0.046	0.051
木質材	合板	550	0.15	0.18
	木材	400	0.12	0.14
その他	水	998	0.6	—
	氷	917	2.2	—
	雪	100	0.06	—
	空気	1.3	0.022	—

（日本建築学会編『建築設計資料集成1．環境』丸善による）

2）熱伝達

　固体表面とこれに接する流体との間に起こる熱移動、いいかえれば壁体表面から空気へ、または空気から壁体表面への伝熱現象を熱伝達という（図3・6）。

　壁に空気が触れている場合、壁面にはある程度の厚さで境界層と呼ばれる空気の移動のない層がある。壁面から離れるにつれ気流速度が増し、境界層外では、空気は一定速度で対流する。したがって壁表面からは、境界層内の空気の熱伝導と境界層外空気の対流、および周囲の物体からの放射によって熱が伝わる。熱伝達には空気（流体）の対流による対流熱伝達と熱放射による放射熱伝達とがあり、これを合わせて総合熱伝達という。一般に熱伝達といえば、総合熱伝達のことをいう。

　気温 t_1 の空気から壁表面温度 t_2 への熱の移動によって伝達される熱流 q は空気と表面の温度差に比例し、次式で表される。

$$q = \alpha\ (t_1 - t_2) \quad\cdots\cdots\cdots\cdots\cdots\cdots\cdots\cdots\cdots\cdots\cdots\cdots\cdots\cdots\cdots \text{(3-2)}$$

　上式の比例定数 α を熱伝達率［W/(m²·K)］といい、α の逆数を熱伝達抵抗という。

　対流熱伝達率 α_c は、図3・7のように境界層の厚さ d によって決まる。流速 v［m/s］が大きいと d は小さくなり、α_c は大きくなる。たとえば、$v = 0.5\,\text{m/s}$ の室内気流に接した内表面の α_c は2.5～3.5 W/(m²·K)であるのに対して $v = 3\,\text{m/s}$ の風を受ける外表面は18 W/(m²·K)前後になる。

　放射熱伝達率 α_r は5 W/(m²·K)程度の値であるので、総合熱伝達率の値は平均温度によって異なるが、およそ表3・2のようになる。

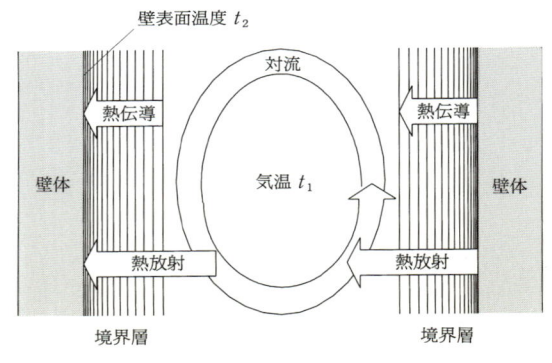

図3・6　熱伝達

$$\alpha_c = \frac{\lambda_a}{d}$$

λ_a：空気の熱伝導率［W/(m·K)］
d：境界層厚［m］

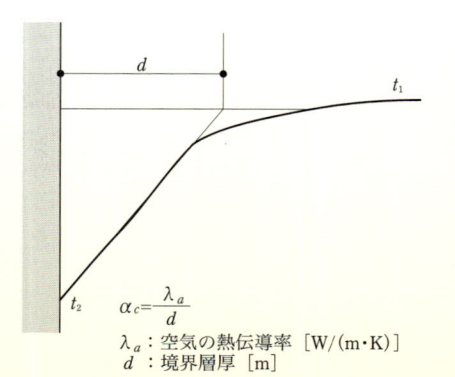

図3・7　熱境界層

表3・2　設計用熱伝達

		熱伝達率 [W/(m²·K)]	熱伝達抵抗 [m²·K/W]
室内側	垂直面・水平面 （熱流上向）	8.1～9.3	0.107～0.123
	水平面 （熱流下向）	5.8	0.172
	全表面に一定の値を用いるとき	8.1～9.3	0.107～0.123
外気側	風速3～6 m/s	23.3～34.9	0.029～0.043

（日本建築学会編『設計計画パンフレット2　住宅の保温設計』彰国社による）

3) 熱貫流率と熱貫流量

図 3·8 のように 3 層壁の両側の気温をそれぞれ t_i、t_o、熱伝達率を α_i、α_o、各層の厚さを l_1、l_2、l_3、それぞれの熱伝導率を λ_1、λ_2、λ_3 とすると、次のように単位面積あたりの熱流 q [W/m²] が求められる。

$$\left.\begin{aligned}
q_1 &= \alpha_i \ (t_i - t_1) & &\text{①の壁への熱伝達量}\\
q_2 &= \frac{\lambda_1}{l_1} \ (t_i - t_1) & &\text{①の壁の熱伝導量}\\
q_3 &= \frac{\lambda_2}{l_2} \ (t_2 - t_3) & &\text{②の壁の熱伝導量}\\
q_4 &= \frac{\lambda_3}{l_3} \ (t_3 - t_4) & &\text{③の壁の熱伝導量}\\
q_5 &= \alpha_o \ (t_4 - t_o) & &\text{③の壁からの熱伝達量}
\end{aligned}\right\} \quad (3\text{-}3)$$

定常状態のとき各層を通過する熱流はすべて等しくなければならないので、

$$q_1 = q_2 = q_3 = q_4 = q_5 = q$$

となり、下記コラムのように $t_1 \sim t_4$ を消去すると、q は次式のようになる。なお、q を単位面積あたりの熱貫流量 [W/m²] という。

$$q = U \ (t_i - t_o) \quad \cdots\cdots\cdots\cdots\cdots\cdots\cdots\cdots\cdots\cdots\cdots\cdots\cdots\cdots\cdots (3\text{-}4)$$

$$U = \frac{1}{\dfrac{1}{\alpha_i} + \dfrac{l_1}{\lambda_1} + \dfrac{l_2}{\lambda_2} + \dfrac{l_3}{\lambda_3} + \dfrac{1}{\alpha_o}} \quad \cdots\cdots\cdots\cdots\cdots\cdots\cdots\cdots\cdots (3\text{-}5)$$

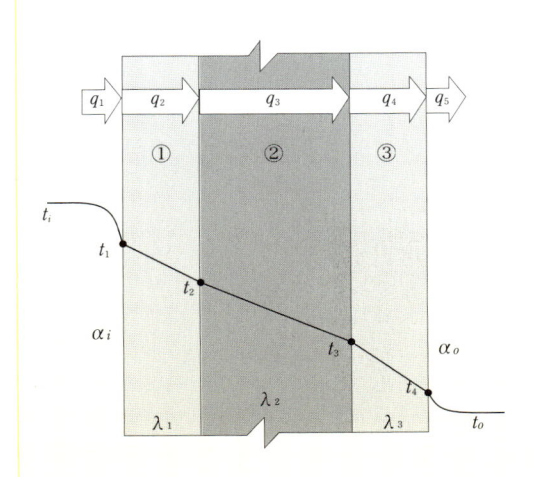

図 3·8 壁の温度分布と熱流

コラム〈熱貫流率の式の導き方〉

$q_1 = q_2 = q_3 = q_4 = q_5 = q$ とすると、式 (3-3) は次のようになる。

$$q \cdot \frac{1}{\alpha_i} = t_i - t_1$$
$$q \cdot \frac{l_1}{\lambda_1} = t_1 - t_2$$
$$q \cdot \frac{l_2}{\lambda_2} = t_2 - t_3$$
$$q \cdot \frac{l_3}{\lambda_3} = t_3 - t_4$$
$$q \cdot \frac{1}{\alpha_o} = t_4 - t_o$$

左辺と右辺をそれぞれ合計すると、

$$q\left(\frac{1}{\alpha_i} + \frac{l_1}{\lambda_1} + \frac{l_2}{\lambda_2} + \frac{l_3}{\lambda_3} + \frac{1}{\alpha_o}\right) = t_i - t_o$$

$$\therefore q = \frac{t_i - t_o}{\dfrac{1}{\alpha_i} + \dfrac{l_1}{\lambda_1} + \dfrac{l_2}{\lambda_2} + \dfrac{l_3}{\lambda_3} + \dfrac{1}{\alpha_o}}$$

$$U = \frac{1}{\dfrac{1}{\alpha_i} + \dfrac{l_1}{\lambda_1} + \dfrac{l_2}{\lambda_2} + \dfrac{l_3}{\lambda_3} + \dfrac{1}{\alpha_o}} \text{ とすると、}$$

$$q = U \ (t_i - t_o)$$

比例係数 U は熱貫流率［W/(m²·K)］と呼ばれる。

壁が n 層で構成されている場合の熱貫流率は、3層壁の場合と同様にして、次式のようになる。

$$U = \frac{1}{\frac{1}{\alpha_i} + \sum_{k=1}^{n} \frac{l_k}{\lambda_k} + \frac{1}{\alpha_o}} \quad \cdots\cdots\cdots\cdots\cdots\cdots\cdots\cdots\cdots\cdots\cdots\cdots\cdots\cdots\cdots\cdots (3\text{-}6)$$

$\dfrac{l_k}{\lambda_k}$ を壁を構成する各材料部分の熱伝導抵抗［m²·K/W］、$\dfrac{1}{\alpha_i}$、$\dfrac{1}{\alpha_o}$ をそれぞれ室内側 i の熱伝達抵抗［m²·K/W］、外気側 o の熱伝達抵抗という。

ここで、$\dfrac{l_k}{\lambda_k} = r_k (k=1, 2, \cdots\cdots, n)$、$\dfrac{1}{\alpha_i} = r_i$、$\dfrac{1}{\alpha_o} = r_o$ とおくと、

$$U = \frac{1}{r_i + \sum_{k=1}^{n} r_k + r_o} = \frac{1}{R} \quad \cdots\cdots\cdots\cdots\cdots\cdots\cdots\cdots\cdots\cdots\cdots\cdots (3\text{-}7)$$

$R = \dfrac{1}{U}$ を壁の熱貫流抵抗［m²·K/W］という。式 (3-3)(3-4) を熱抵抗で表現すると次のようになる。

$$q = \frac{t_i - t_1}{r_i} = \frac{t_1 - t_2}{r_1} = \frac{t_2 - t_3}{r_2} = \frac{t_3 - t_4}{r_3} = \frac{t_4 - t_o}{r_o} = \frac{t_i - t_o}{R} \quad \cdots\cdots\cdots (3\text{-}8)$$

これは、壁を熱抵抗の比で表せば、壁内部の温度分布が直線になることを示している（図3·9(a)）。

面積 S の壁を通る熱流 Q［W］は、式 (3-4) に示す単位面積あたりの熱貫流量 q に面積 S を乗じて、次式で求められる。

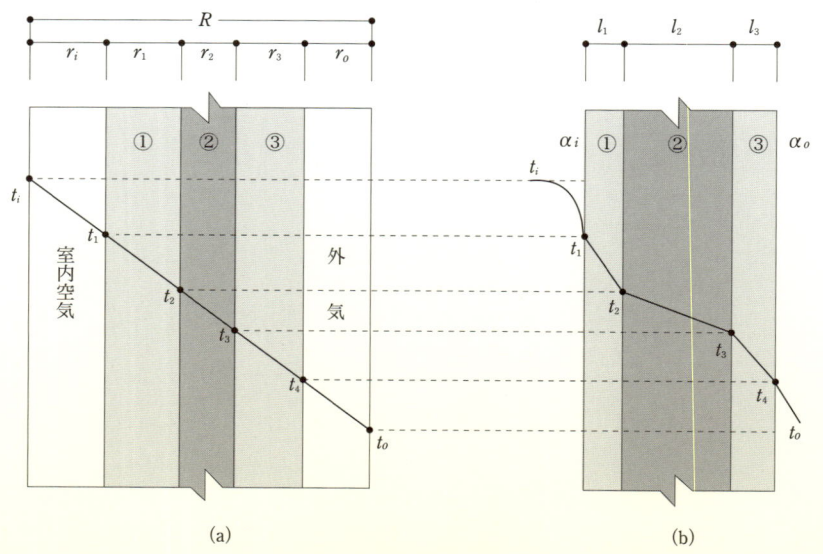

$$Q = US(t_i - t_o) \quad \cdots\cdots\cdots\cdots\cdots\cdots\cdots\cdots\cdots\cdots\cdots\cdots\cdots\cdots\cdots\cdots\cdots\cdots (3\text{-}9)$$

Q を熱貫流量［W］という。

図3·9　壁の熱抵抗と温度分布

【例題1】 図3・10のような壁の熱貫流率を求め、外気温30℃、室内気温25℃、壁面積を40m²とした場合の熱貫流量を求めなさい（夏季市街地とする）。

【解　答】 表3・2から、　$\alpha_i = 9\,\text{W}/(\text{m}^2\cdot\text{K})$　　$\alpha_o = 23\,\text{W}/(\text{m}^2\cdot\text{K})$ とする。

表3・1から、モ ル タ ル：$\lambda_1 = 1.3\,\text{W}/(\text{m}\cdot\text{K})$　　材厚：$l_1 = 0.04\,\text{m}$
　　　　　　　コンクリート：$\lambda_2 = 1.1\,\text{W}/(\text{m}\cdot\text{K})$　　材厚：$l_2 = 0.18\,\text{m}$
　　　　　　　プラスター：$\lambda_3 = 0.62\,\text{W}/(\text{m}\cdot\text{K})$　　材厚：$l_3 = 0.025\,\text{m}$

これらを式（3-5）に代入すると、熱貫流率 U は、

$$U = \frac{1}{\frac{1}{9} + \frac{0.04}{1.3} + \frac{0.18}{1.1} + \frac{0.025}{0.62} + \frac{1}{23}}$$

$$= \frac{1}{0.111 + 0.031 + 0.164 + 0.04 + 0.043}$$

$$= 2.57\,\text{W}/(\text{m}^2\cdot\text{K})$$

式（3-9）に $U = 2.57$ を代入すると熱貫流量 Q は、

$$Q = 2.57 \times 40 \times (30 - 25) = 514\,\text{W}$$

演習問題

〈3-1〉次の図の外壁（面積40m²）で、外気温を0℃、室内気温を20℃とした場合の熱貫流量を求めなさい。

$\alpha_i = 9\,\text{W}/(\text{m}^2\cdot\text{K})$　　　　　　$\alpha_o = 30\,\text{W}/(\text{m}^2\cdot\text{K})$
モルタル：$\lambda_1 = 1.5\,\text{W}/(\text{m}\cdot\text{K})$　　$l_1 = 0.03\,\text{m}$
コンクリート：$\lambda_2 = 1.4\,\text{W}/(\text{m}\cdot\text{K})$　　$l_2 = 0.15\,\text{m}$
プラスター：$\lambda_3 = 0.8\,\text{W}/(\text{m}\cdot\text{K})$　　$l_3 = 0.02\,\text{m}$

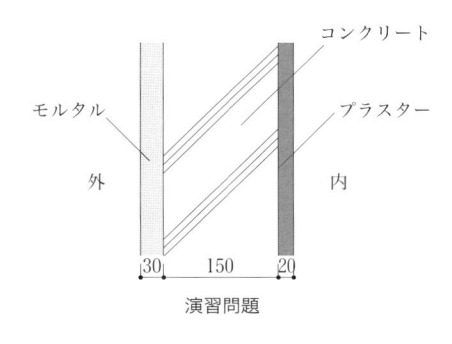

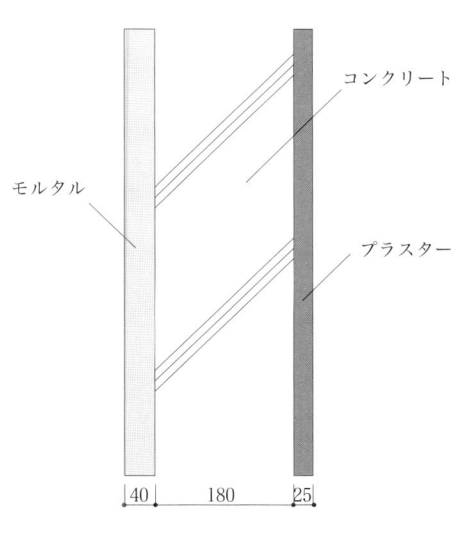

図3・10　例題1の図

3 断　熱

1）断熱材とその効果

建築材料の多くは実質部と空隙から構成される。空隙を満たす静止空気の熱伝導率は、常温においては 0.022 W/（m・K）であるので、空気が静止している程度に小さな空隙の多い材料ほど熱伝導率は一般に小さい。たとえば、ガラスの熱伝導率は 0.78 W/（m・K）であるが、ガラスを繊維状にし、多くの空隙を含むグラスウールでは 0.035 ～ 0.051 W/（m・K）である。表 3・1 の中の繊維材料のように、熱伝導率の値が 0.1 W/（m・K）未満のもので、壁などの熱貫流率を下げるために用いられる材料を断熱材という。

一般の建築材料は、密度が大きいほど一般に熱伝導率が大きくなるが、グラスウールなどの鉱物繊維系断熱材の場合は、密度が高いほど熱伝導率が小さく、断熱性が高い。また、同じ密度でも、繊維径の細い高性能グラスウールは、通常のグラスウールより熱伝導率が小さくなる。

熱伝導率は、材料の含水率によっても異なる。水の熱伝導率は約 0.6 W/（m・K）と大きく、材料が吸水すれば、材料内の空気が水に置き換えられるので、材料の熱伝導率は大きくなる。

断熱材料には図 3・11 のような使用温度範囲があり、適切な材料選択と施工がなされないと収縮・溶融などで熱伝導率が増加する。

断熱材の種類には、グラスウール、ロックウールなどの鉱物繊維系断熱材のほかに、フォームポリスチレン、硬質ウレタンフォームなどの発泡プラスチック断熱材、セルローズファイバー（古紙）、ポリエステル繊維（ペットボトル）などのリサイクル断熱材、羊毛などの自然素材の断熱材がある。

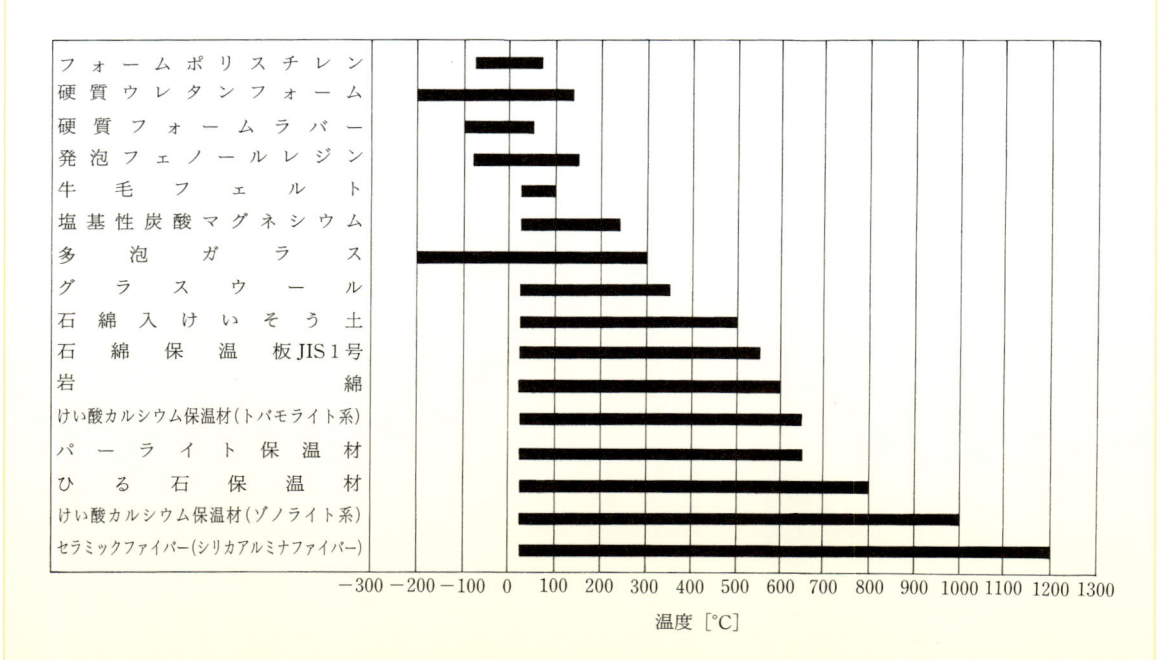

図 3・11　各種断熱材の使用温度範囲（日本建築学会編『建築設計資料集成 1. 環境』丸善による）[5]

【例題2】 例題1の壁に厚さ30 mmのグラスウール板と5 mmの合板を張り付けた。図3・12に示す壁の熱貫流率と熱貫流量はどのように変化するか。

【解　答】 表3・2から、$\alpha_i = 9\,\mathrm{W/(m^2 \cdot K)}$　$\alpha_o = 23\,\mathrm{W/(m^2 \cdot K)}$

表3・1から、モルタル：$\lambda_1 = 1.3\,\mathrm{W/(m \cdot K)}$　　材厚：$l_1 = 0.04\,\mathrm{m}$
コンクリート：$\lambda_2 = 1.1\,\mathrm{W/(m \cdot K)}$　　材厚：$l_2 = 0.18\,\mathrm{m}$
グラスウール：$\lambda_3 = 0.051\,\mathrm{W/(m \cdot K)}$　　材厚：$l_3 = 0.03\,\mathrm{m}$
合　　板：$\lambda_4 = 0.18\,\mathrm{W/(m \cdot K)}$　　板厚：$l_4 = 0.005\,\mathrm{m}$

これらを式（3-5）に代入すると、熱貫流率 U は、

$$U = \cfrac{1}{\cfrac{1}{9} + \cfrac{0.04}{1.3} + \cfrac{0.18}{1.1} + \cfrac{0.03}{0.051} + \cfrac{0.005}{0.18} + \cfrac{1}{23}}$$

$$= \frac{1}{0.111 + 0.031 + 0.164 + 0.588 + 0.028 + 0.043}$$

$$= 1.04\,\mathrm{W/(m^2 \cdot K)}$$

式（3-9）に $U = 1.04$ を代入すると、熱貫流量 Q は、

$$Q = 1.04 \times 40 \times (30 - 25) = 208\,\mathrm{W}$$

したがって、同一の壁に断熱材を用いると、熱貫流量が514 Wから208 Wと1/2以下になる。

演習問題

〈3-2〉冬季の郊外における次の図の外壁の熱貫流率および、熱貫流量を求めなさい。ただし、外気温2℃、室内気温20℃、外壁面積40 m²とする。

$\alpha_i = 9\,\mathrm{W/(m^2 \cdot K)}$　　　　　　　$\alpha_o = 41\,\mathrm{W/(m^2 \cdot K)}$
モルタル：$\lambda_1 = 1.3\,\mathrm{W/(m \cdot K)}$　　$l_1 = 0.04\,\mathrm{m}$
コンクリート：$\lambda_2 = 1.1\,\mathrm{W/(m \cdot K)}$　　$l_2 = 0.18\,\mathrm{m}$
グラスウール板：$\lambda_3 = 0.051\,\mathrm{W/(m \cdot K)}$　　$l_3 = 0.03\,\mathrm{m}$
合板：$\lambda_4 = 0.18\,\mathrm{W/(m \cdot K)}$　　$l_4 = 0.005\,\mathrm{m}$

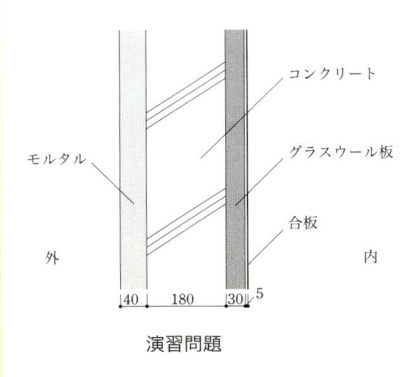

演習問題

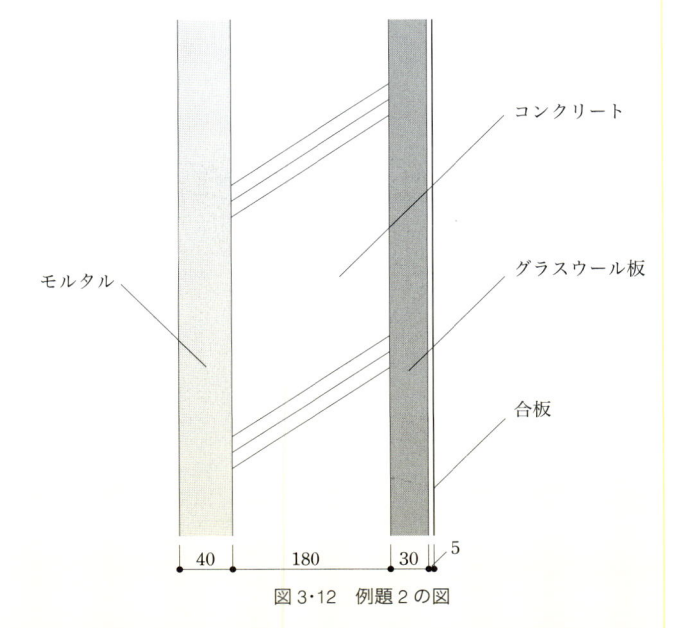

図3・12　例題2の図

【例題3】 図3・13に示す壁面の熱貫流率、熱貫流量を求めなさい。ただし、窓の面積は壁の面積の1/4で、熱貫流率6 W/（m²·K）のガラスをはめ込んだものとする。

【解　答】 全体の熱貫流率 U は、

$$U = 1.04 \times \frac{3}{4} + 6 \times \frac{1}{4}$$
$$= 0.78 + 1.5$$
$$= 2.28 \text{ W/}(\text{m}^2\cdot\text{K})$$

式（3-9）に $U=2.28$、外壁面積 40 m²（窓を含む）、外気温 30 ℃、室内気温 25 ℃ を代入すると熱貫流量 Q は、

$$Q = 2.28 \times 40 \times (30 - 25) = 456 \text{ W}$$

全体の熱貫流率は窓のない場合（例題2）に比べ約2.2倍になるので、保温を重視する建築物はなるべく小さな窓にする必要がある。

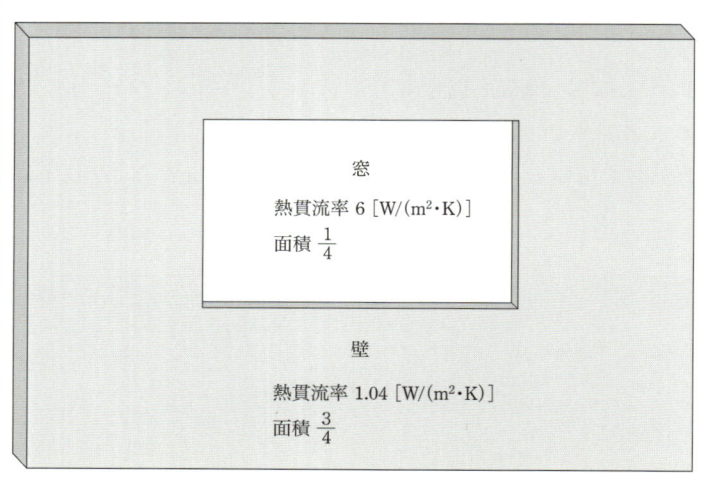

図3・13　例題3の図

コラム〈外皮平均熱貫流率〉

建築物のエネルギー消費性能の向上に関する法律（建築物省エネ法）に基づく住宅の省エネルギー基準では、外皮平均熱貫流率や冷房期の平均日射熱取得率（p.103コラム参照）などについて基準値が定められている。

外皮平均熱貫流率（U_A 値）は、屋根・外壁・床などの断熱性能を示す指標であり、次式で求められる。

$$U_A \text{ 値} = \frac{\text{総熱損失量（W/K）}}{\text{外皮面積（m}^2\text{）}}$$

総熱損失量は、右図のように、屋根・外壁・床・開口部・基礎などからの住宅内外温度差1Kあたりの熱損失量（熱貫流率×面積、ただし、床は熱貫流率×面積×0.7）の合計であり、外皮面積は図に示す部分である。

U_A 値は、建築物エネルギー消費性能基準の地域区分ごとに定められた値以下としなければならない。

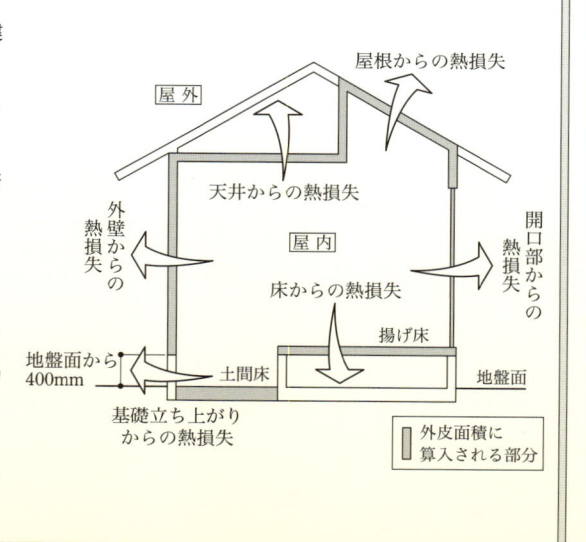

2) 中空層の断熱効果

躯体に胴縁を介してボード類を張ると、躯体とボートの間に数cmの空気層ができる。このような建築物の周壁内にできる空気層を中空層という。中空層は図3・14に示すように境界層と対流層からなる。境界層の厚さδは、空気の粘性と流速で決定される。

中空層内の熱移動は図3・14のように境界層内の伝導と対流層内の対流および中空層内表面間の放射による。対流が生じにくい中空層では、主として放射と伝導で伝熱するが、中空層内表面間の温度差は小さいので放射による伝熱量は小さく、空気層の熱伝導率が小さいので中空層の熱伝達量は小さい。中空層の熱抵抗は、対流が起こらない範囲の厚さではかなり大きく、1cm厚のグラスウールや石綿の熱伝導抵抗に近くなる。しかし、中空層があまり狭いと空気自体の熱伝導抵抗が小さくなることから、中空層の熱抵抗も極端に低下するので注意を要する。逆に中空層の厚さが大きくなっても対流が伴い、熱の移動が生じるので、図3・15のように熱抵抗値が増すとは限らない。

中空層を用いることにより、壁の断熱性を比較的容易に高めることができるが、中空層の片面にアルミ箔を張り放射熱を遮断すると断熱効果はさらに向上する。また、一層の中空層を設けるより、その半分の厚さの中空層を二層設ける方が熱抵抗が約2倍になり断熱の上でより有利となる。複層ガラス（ペアガラス）や複層ガラスの間を真空にした真空ガラスは、断熱の弱点となる開口部の断熱性を高めることができる。ただし、ガラスの場合は日射を通すので、外側のガラスを熱線反射ガラスにするか、ルーバーやブラインドを使用することにより効果をあげることができる。

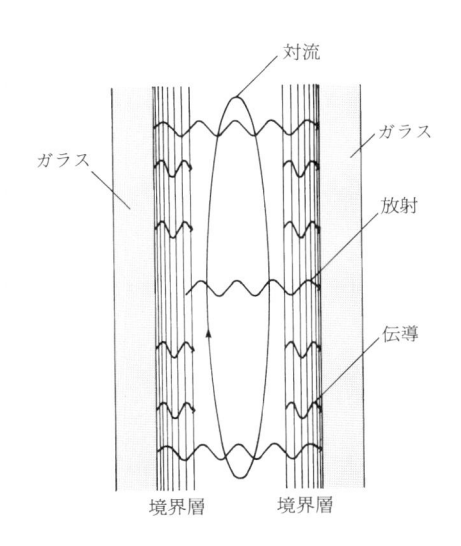

図3・14 中空層の熱の移動

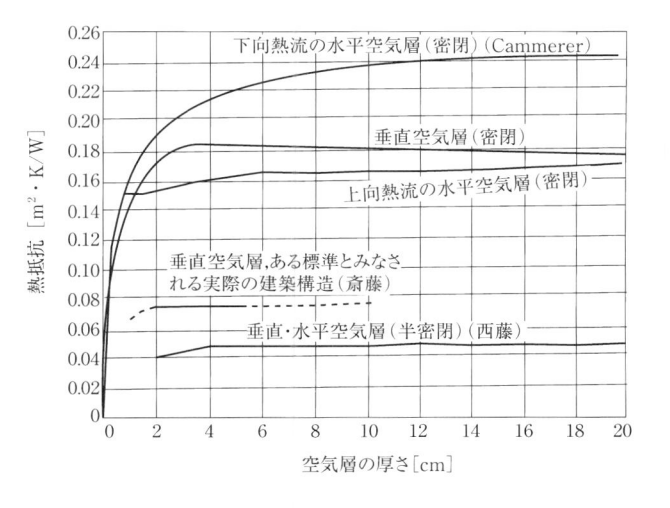

図3・15 空気層の厚さと熱抵抗の関係 (㈳日本建築学会編『建築設計資料集成1.環境』丸善による)[6]

【例題4】 例題1の内壁プラスターのかわりに図3・16のような中空層（標準的な垂直空気層）を設けたときの、熱貫流率、熱貫流量を求めなさい。

【解　答】 表3・2から、$α_i = 9\,\text{W/}(\text{m}^2\cdot\text{K})$　$α_o = 23\,\text{W/}(\text{m}^2\cdot\text{K})$ とする。

表3・1から、　モルタル：$λ_1 = 1.3\,\text{W/}(\text{m}\cdot\text{K})$　　　材厚：$l_1 = 0.04\,\text{m}$
　　　　　　　コンクリート：$λ_2 = 1.1\,\text{W/}(\text{m}\cdot\text{K})$　　材厚：$l_2 = 0.18\,\text{m}$
　　　　　　　合　板：$λ_3 = 0.18\,\text{W/}(\text{m}\cdot\text{K})$　　材厚：$l_3 = 0.012\,\text{m}$

中空層の熱抵抗：$0.075\,\text{m}^2\cdot\text{K/W}$ とする

これらを式（3-5）に代入すると、熱貫流率 U は、

$$U = \cfrac{1}{\cfrac{1}{9}+\cfrac{0.04}{1.3}+\cfrac{0.18}{1.1}+0.075+\cfrac{0.012}{0.18}+\cfrac{1}{23}}$$

$$= \cfrac{1}{0.111+0.031+0.164+0.075+0.067+0.043}$$

$$= 2.04\,\text{W/}(\text{m}^2\cdot\text{K})$$

式（3-9）に $U = 2.04$ を代入すると熱貫流量 Q は、

$$Q = 2.04 \times 40 \times (30 - 25) = 408\,\text{W}$$

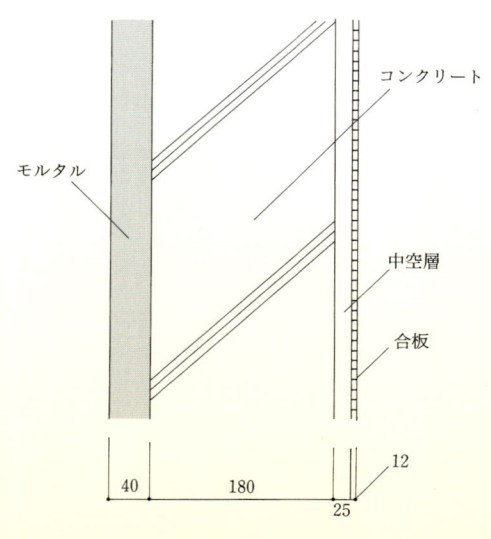

図3・16　例題4の図

4 蓄熱と室温変動

1）熱容量

建築材料は、外気温、日射などの自然条件や室内発生熱により蓄熱され、室温に大きく影響する。これには、建築材料の熱容量が大きくかかわっている。

同じ質量の物体に等しい熱量を与えても、物質によって上昇温度は異なるが、これは物質の比熱の違いによる。比熱とは、ある物質1kgの温度を1K（1℃）上昇させるのに必要な熱量をいう。水（15℃）の比熱4.19kJ/（kg･K）を1とすると普通コンクリートは0.2〜0.21であり、亜鉛めっき鉄板は0.11である。つまり同じ1kgの温度を1K高めるのには、コンクリートでは水の約1/5の熱量でよく、亜鉛めっき鉄板では約1/10でよいことになる（表3･3）。

比熱の定義からわかるように、その物体全体の温度を1K高めるには、その物体の量（質量）が関係する。質量m［kg］、比熱c［kJ/（kg･K）］の物体の温度を1K高めるにはmc［kJ/K］の熱量が必要で、この熱量をその物体の熱容量という。熱容量の大きい物体の温度をあげるには多くの熱量が必要なわけであり、また、冷えるときには、それだけ多くの熱を放散することになる。このため熱容量の大きい物体は、熱しにくく、冷めにくい。コンクリートの比熱はあまり大きくないが一つの建築物に用いられるコンクリートの量は非常に多いため、コンクリート造の建築物の熱容量は非常に大きくなる（コラム参照）。

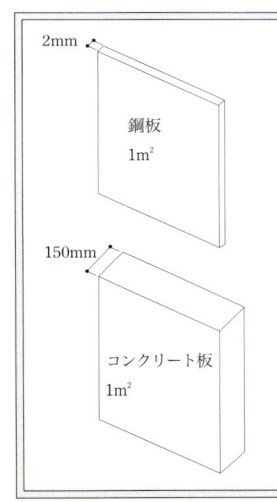

コラム〈鋼板とコンクリートの熱容量〉

厚さ2mmの鋼板と厚さ150mmのコンクリート板の熱容量を比較する。

鋼板の密度を7860kg/m³、コンクリート板の密度を2200kg/m³とすると、それぞれの質量m_s、m_cは、

$$m_s = 7860×1×1×0.002 = 15.72 \text{ kg}$$
$$m_c = 2200×1×1× 0.15 = 330 \text{ kg}$$

鋼板の熱容量Q_s、コンクリート板の熱容量Q_cは、それぞれの質量に表3･3の比熱を乗じて、

$$Q_s = 0.48×15.72 = 7.55 \text{ kJ/K}$$
$$Q_c = 0.88×330 = 290.4 \text{ kJ/K}$$

このことから、薄い鋼板はわずかな熱量で温度上昇し、厚いコンクリート板は多くの熱量を蓄えることがわかる。

表3･3　各種材料の比熱［kJ/kg･K］

材料	比熱	材料	比熱	材料	比熱
鋼材	0.48	コンクリート	0.88	畳	2.30
アルミニウム	0.90	軽量コンクリート	0.80	かわら	0.76
花こう岩	0.84	モルタル	0.80	岩綿	0.84
土壁（仕上げ）	0.88	木材	1.30	グラスウール	0.84
板ガラス	0.77	れんが	0.84	水	4.20

2）室温変動

建築物の室温は、外気温・日射などの自然条件、換気、冷暖房による室内への供給熱、照明、人体などによる室内発生熱といった内外の熱的条件の作用を受けて変動する。この室温変動は、壁体の熱貫流、蓄熱および換気による熱の移動などの影響を含めて考える必要がある。

室内外の温度差1Kについて、周壁を通過する熱量と換気による熱損失量の合計を q [W/K] とし、周壁および室内空気に蓄えられる熱量の合計を Q [kJ/K] とすると、室温変動率は $δ = q/Q$ となる。$δ$ が大きければ、室温上昇および降下はともに急激に起こる。

コンクリートなどの熱容量の大きい厚壁で囲まれた室は、外気温や日射の影響を受けにくいため、室温上昇・下降が緩慢で、その振幅も小さい。また、外気温の最高・最低に対して室温が最高・最低に達する時間はかなり遅れる。

図3・17(a)のグラフは、このような室温変動率の小さい気密性のある熱容量の大きい壁の室の特長をよく表している。室温の上昇下降が遅く、変化が少ないので、夏季の室温は昼間は外気温に比べて低く、夜間は高くなる。したがって、夏季の夜間に熱容量の大きい壁の室を使用する場合は、窓を開放し外気を流入させ室温低下を助けるようにするとよい。これとは逆に、図3・17(b)に示すように $δ$ が大きい場合は、夏季の昼間は早く室温が上昇し、夜間は早く室温が下降する。たとえば、亜鉛めっき鉄板などを壁や屋根に用いた建築物は、熱容量がかなり小さいので、日射受熱により、すぐに高温になり、室温上昇も速くなる。したがって、夏季に快適に過ごすには、昼間は熱容量の大きい壁の室を使用し、夜間は熱容量の小さい壁の室を使用するとよい。

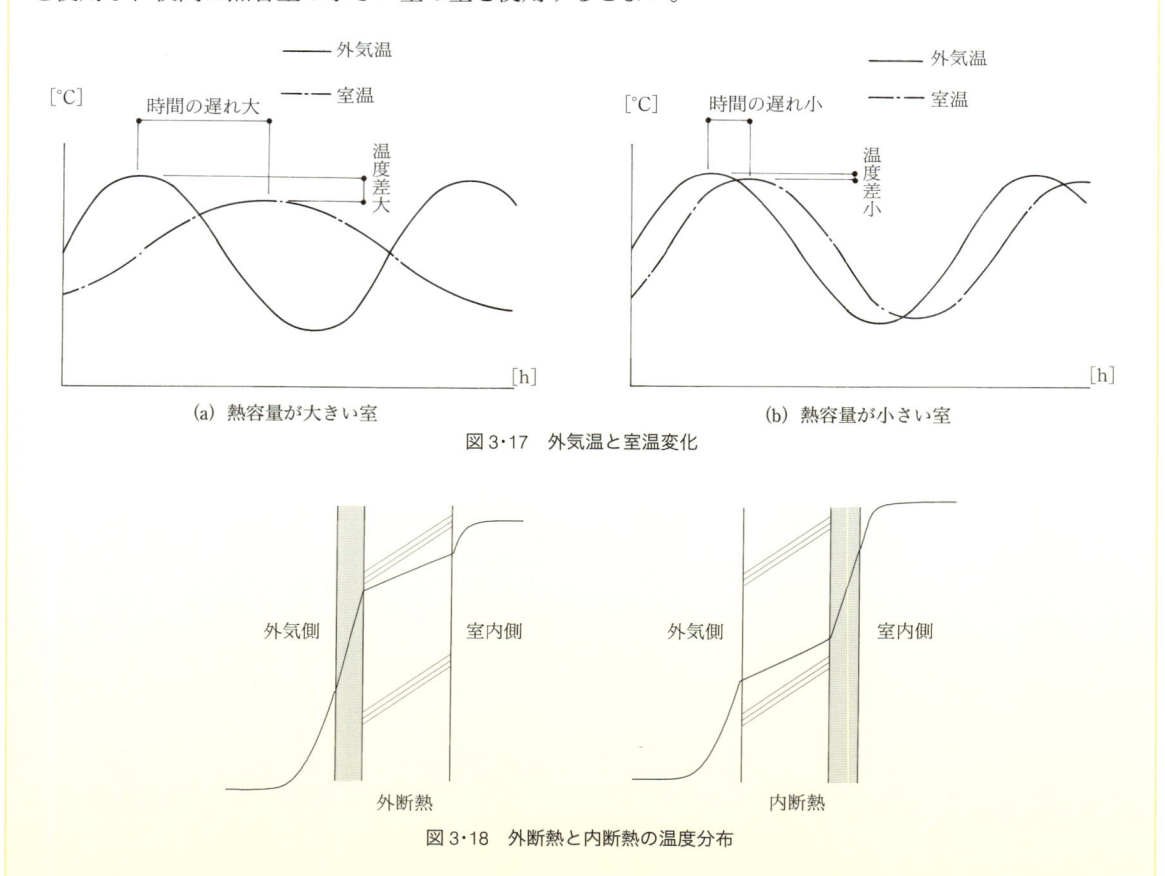

(a) 熱容量が大きい室　　(b) 熱容量が小さい室

図3・17　外気温と室温変化

図3・18　外断熱と内断熱の温度分布

3）外断熱と内断熱

　断熱材を躯体の外側に設けることを外断熱といい、内側に設けることを内断熱という。

　木造のように壁の間に断熱材を充填したり、熱容量の比較的小さい材料を用いる場合には、断熱材の位置は問題にならないが、コンクリートまたはこれに類する熱容量の比較的大きな材料で建築物の壁や屋根などを構築する場合には、外断熱にするか内断熱にするかは、熱環境に大きく影響する。外断熱・内断熱を適切に使い分けることにより、熱容量の大きい部材に蓄熱された熱（夏季夜間の冷気、冬季昼間の暖気）は有効に利用できる。

　暖房する場合、外断熱では初期の発生熱が躯体に蓄熱されるので、室温上昇は遅いが、暖房を停止した後も室が冷めにくく、長時間室を使用する場合には、効果が持続しやすい。逆に内断熱では、すぐに室温が上昇し暖房を停止した後に急に下降するので、短時間室を使用する場合に適している（図3・19）。

　図3・18は室内で熱を発生させた場合の外断熱と内断熱の壁体内温度分布を示している。これを見れば、冬季には、外断熱は内断熱に比べて壁体内の温度が引き上げられるので、結露対策上も有効であることがわかる。

　外断熱の場合は、夏季に外気側表面の温度変動は大きくなり、防水層の伸縮を著しく大きくするので、その材料に留意する必要がある。

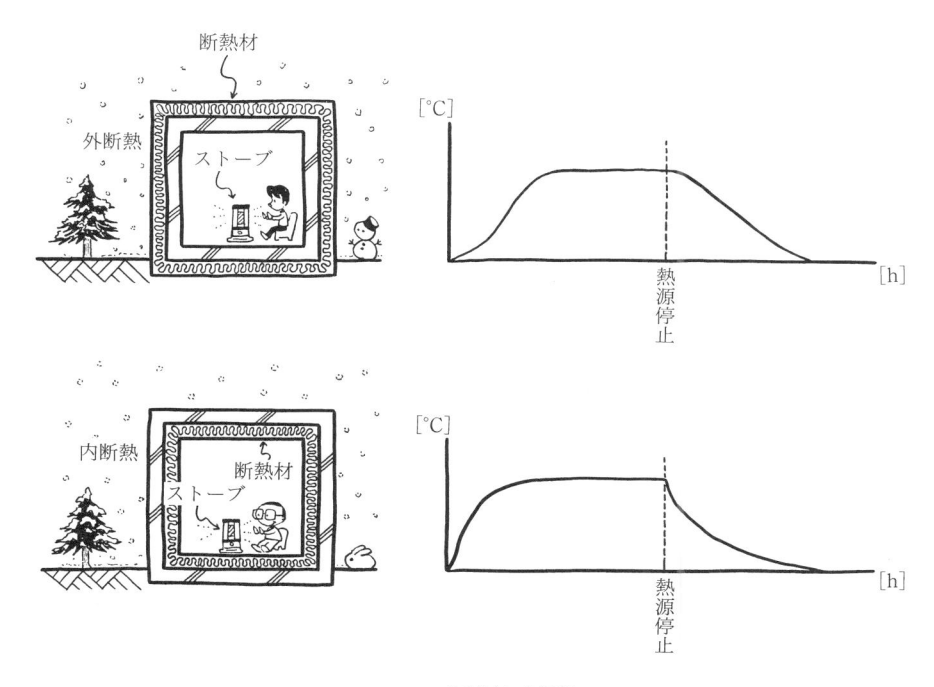

図3・19　外断熱と内断熱

4）蓄 熱

　蓄熱とは、建築材料や特別に設けた蓄熱材に熱を蓄えることをいい、これを利用して、日射による熱やボイラーで発生させた熱、冷凍機による冷熱などを一時的に集熱し、必要なときに放熱させることができる。蓄熱材には、水や石などの物質の温度変化に伴う熱保有量の変化を利用する顕熱系材料と、硫酸ソーダ水和塩や氷のように、融解熱とその融点の前後の潜熱を利用する潜熱系材料がある。蓄熱材料に要求される特性には次のようなものがある。

①熱の出し入れが容易なこと。
②単位蓄熱量あたりの蓄熱材料、格納容器を含めたものが安価で、蓄熱量が多いこと。
③格納容器、熱交換機などを腐食させるようなことがなく、毒性の危険がないもの。
④資源が豊富で、将来にわたり簡単に入手できること。

　顕熱系材料は利用しやすく、潜熱系材料は設備容量を小さくすることができる。

　図3・20は、蓄熱と熱媒に水を利用した例である。屋根上の集熱器に通した水を太陽熱で温め、蓄熱槽に蓄える。蓄熱水槽から給湯と空調用の温水を得ることができる。このような蓄熱槽は、十分に断熱保温されなければならない。

　図3・21は、二つの蓄熱体の利用の例である。一つは、冬季の低高度の太陽の直達日射（ダイレクトゲイン）を、熱容量の大きいれんがやコンクリートの内壁面で受けて蓄熱させ、室内に放射熱を与えるものである。もう一つは、室温で暖まった空気を床下のロックベッド（岩石層）に送って蓄熱させ、床面から室内に放射熱を与えるものである。

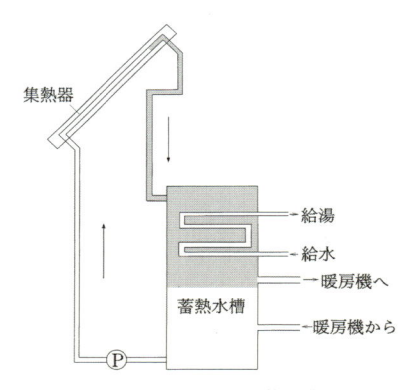

図3・20　水を利用した蓄熱槽の例

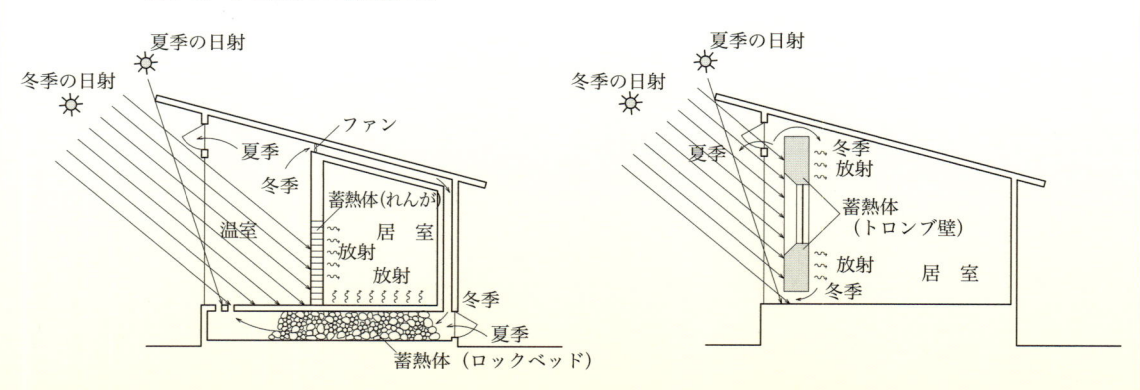

図3・21　壁面とロックベッドの利用

図3・22　トロンブ壁方式

図3·22は、トロンプ壁方式と呼ばれるもので、南面するガラスの内側に熱容量の大きい壁（トロンプ壁）を設け、冬季には、ガラス面の内側の空気を室内に循環させるとともに、日没後にはトロンプ壁に蓄えた熱を室内に放射する。夏季には、日射をひさしで遮るとともに、ガラス面の内側の暖気を上部から屋外に排気する。図3·21と図3·22は、パッシブソーラーの一例である。

図3·23は、パッシブソーラーに小規模の設備を組み合わせたソーラーハウスの実例を示したものである。冬季には、屋根面で集熱した空気はダクトを通り蓄熱コンクリートに蓄えられ、床面から放熱し暖房する。十分な日射が確保されない場合は補助熱源を利用する。夏季には日射で温められた小屋裏の空気を、棟ダクトを通して排気し、床下の空気もその気流に誘引されて排出されるので床下換気が促進される。排出される前の熱はハンドリングユニットにより温水に熱交換され利用される。

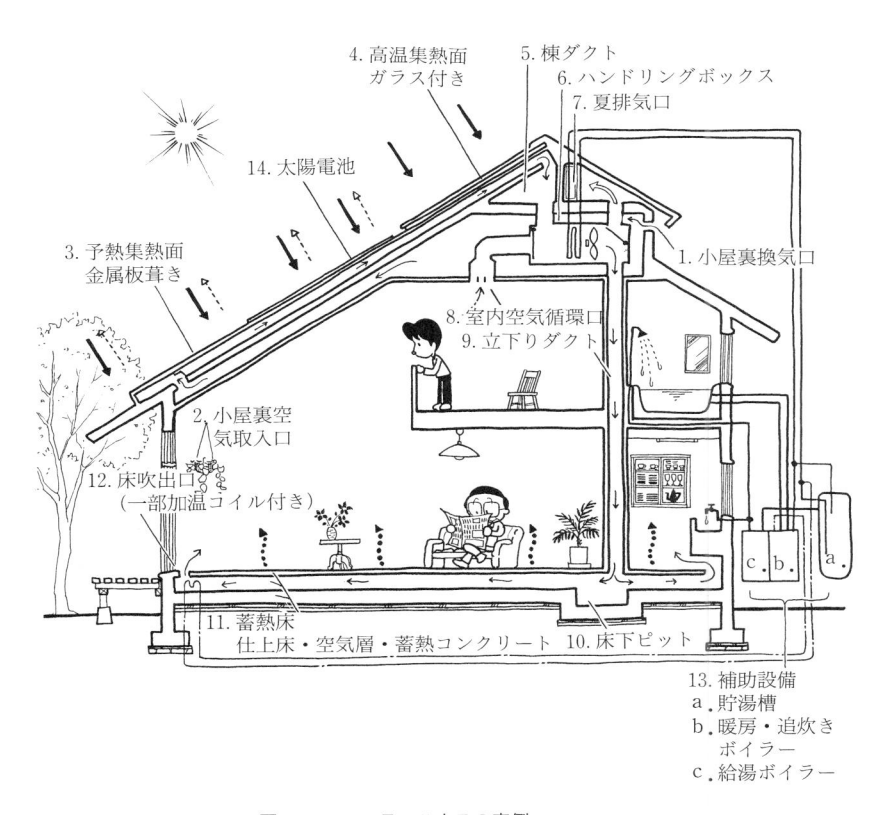

図3·23　ソーラーハウスの実例（奥村昭雄氏提供資料による）

3・2 結露

◼ 結露の発生と害

1）結露発生のメカニズム

　冬季に暖房中の窓ガラスの室内側に水滴がつくことがある。このような現象を結露という。湿気とは空気中または材料中に気体で存在する水分のことである。この水蒸気を含んだ空気を湿り空気といい、水蒸気を含まない空気を乾き空気という。

　湿り空気を徐々に冷却すると、空気中の水分が水蒸気の形のみでは存在し得ない限界に達する。この空気を飽和空気という。これをさらに冷やすと、水蒸気の一部が小水滴となって空気中に浮遊するようになる。この水滴を湯気または霧と呼んでいる。図3・24のように室温 t [℃]、湿度 w [％] の空気は、空気線図上で P 点の位置にある。それより低温の固体表面に接すると、空気は冷却されて左方へ移動し、ついには飽和状態（P_d）に達する。このときの温度（t_d）を露点温度という。表面温度（t_s）が t_d より低ければ空気はさらに冷却され過飽和状態になるが、このとき空気中の余分な水蒸気は表面で凝結し、水滴となる。

2）結露の種類

　結露は、冬季暖房時外気に面するガラスに最も多く見られる現象で、断熱性の不足が原因である（図3・25(a)）。また夏季にも、高温多湿の空気が地下室倉庫などの低温の空間に流れ込んでいっそう湿度が上昇し、過飽和状態になって結露が発生する。

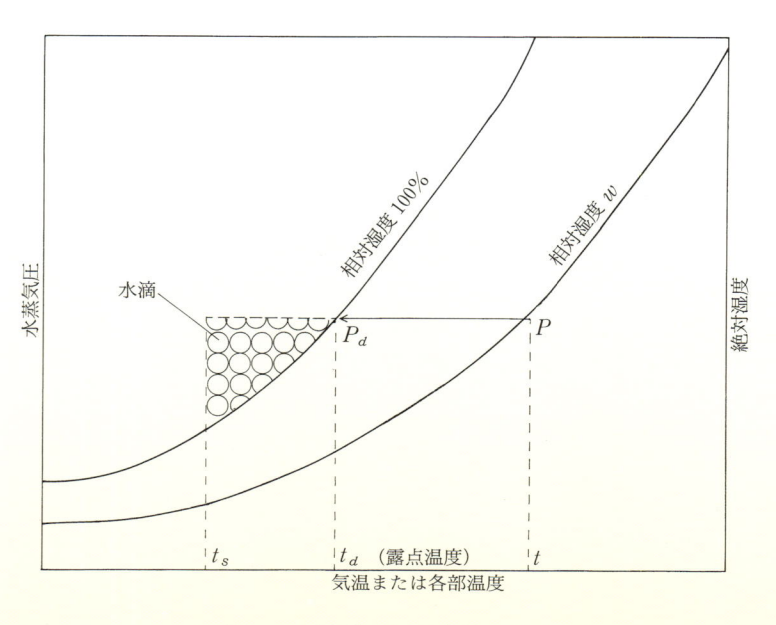

図3・24　空気線図による結露の検討

また、結露は、発生場所によって表面結露と内部結露に分けられる。一般に壁体の表面に生じる結露を表面結露という。ガラス面のような非透湿性の壁体では、結露は表面にのみ生じる。しかし、透湿材料壁面の高温側に有効な防湿層がない場合、湿気が壁体内部に浸透して露点温度以下の部分で結露することがあり、これを内部結露という（図3・25(b)）。

3）結露の害

結露の害には、家具や建具の膨潤、床の滑りなどの軽微なものから、カビ・ダニの発生、腐朽菌による構造材の損壊など深刻なものまである。せっこうボードなどを張った天井では、野縁が当たっていない部分の熱抵抗は、野縁が当たっている部分より小さく、この部分に結露が生じ空気中のほこりが付着し、黒く汚れる。これをラスマーク（図3・26）という。

ナミダタケに代表される腐朽菌は、木材のセルロースやリグニンを栄養分とするため、住宅の主要材料である木材を腐らせ、耐久性を著しく損なうなどの被害をもたらす。一般に、木材の含水率が20%を超すと、腐朽菌が繁殖しやすくなるといわれており、住宅では土台回りが高含水率となりやすいので、床下換気を十分はかる必要がある。また大壁構造の場合、壁体内部の柱や筋かいが、内部結露によって腐朽することがある。これは、通気性の低いラスモルタル仕上げなどの外壁で、屋内側から移動した湿気が防水紙によって遮断され、屋外に蒸発することができず、壁内部で結露するからである。

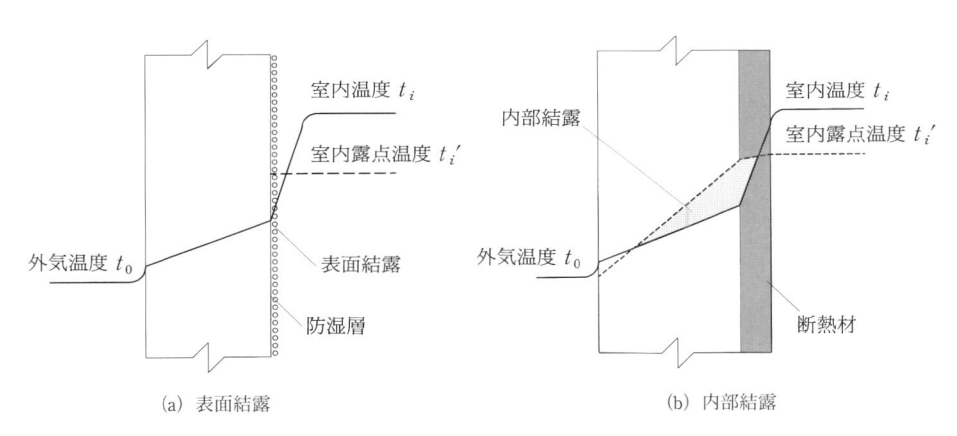

図3・25　表面結露と内部結露

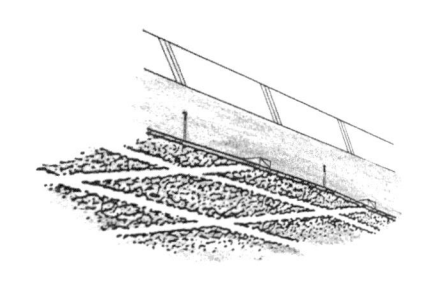

図3・26　ラスマークの例

2 結露の防止

1) 表面結露の防止

表面結露は、壁面がこれに触れる空気の露点以下に冷えるときに生じる現象である。表面結露を防止するには次の点に留意しなければならない。

①室内の湿度を抑える。
②壁表面温度の低下を防ぐ。

湿度を必要以上に高めないためには、室内での水蒸気の発生を抑える、空気調和機、換気扇などを用いて強制的に除湿することにより水蒸気を減らすなどの方法がある。また、壁表面温度を低下させないためには断熱材を用いて壁体の熱貫流抵抗を増せばよい。

内壁表面温度を t_1、内壁面の伝達抵抗を r_i、熱貫流抵抗を R、室温を t_i、外気温を t_o ($t_i > t_o$) とすると、式 (3-8) (p.40) を変形して t_1 は次式で示される。

$$t_1 = t_i - \frac{r_i}{R}(t_i - t_o) = t_i - \frac{U}{\alpha_i}(t_i - t_o) \quad \cdots\cdots\cdots\cdots\cdots\cdots (3\text{-}10)$$

このとき内壁表面温度が室内空気の露点より高ければ、結露を防ぐことができる。

2) 内部結露の防止

内部結露を防止するためには、壁体内に水蒸気が浸入しないようにすることが第一である。壁体内に防湿層を入れる場合、図 3·27 のように断熱材の室外側に設けたのでは、かえって内部結露を促進する。断熱材の内部で結露が生じると断熱材の断熱性が低下し、さらに結露が増すようになる。したがって防湿層は、一般に断熱材の高温高湿側（室内側）に設けなければならない。壁体内の防湿層は重

演習問題

〈3-3〉次の図の外壁で、外気温 −5℃、室温 25℃、湿度 60％ の場合、室内側表面温度および露点温度を求め、室内側の壁に結露が生じるかどうか判断しなさい。

$\alpha_i = 9\,\text{W/}(\text{m}^2\cdot\text{K})$ $\alpha_o = 23\,\text{W/}(\text{m}^2\cdot\text{K})$
モルタル：$\lambda_1 = 1.3\,\text{W/}(\text{m}\cdot\text{K})$ $l_1 = 0.04\,\text{m}$
コンクリート：$\lambda_2 = 1.1\,\text{W/}(\text{m}\cdot\text{K})$ $l_2 = 0.18\,\text{m}$
合板：$\lambda_3 = 0.18\,\text{W/}(\text{m}\cdot\text{K})$ $l_3 = 0.012\,\text{m}$
中空層の熱伝導抵抗：$0.075\,\text{m}^2\cdot\text{K/W}$

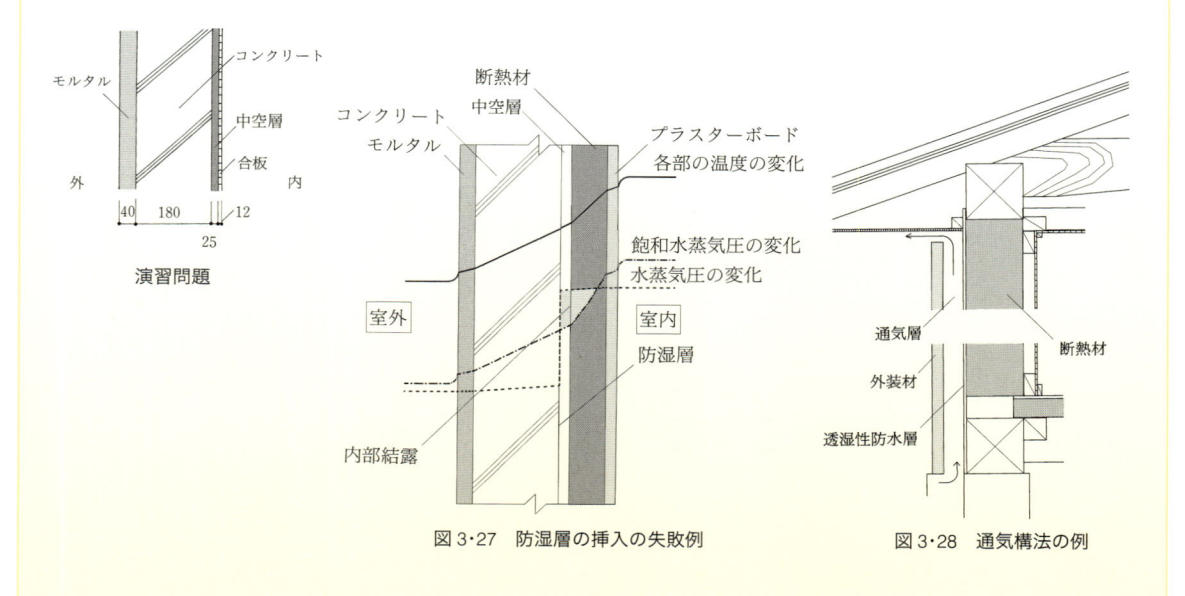

図 3·27　防湿層の挿入の失敗例

図 3·28　通気構法の例

ね張りなどによってできるだけ切れ目なく施工するようにし、壁表面に吸放湿性のある仕上材を用いるのがよい。高断熱化が進めば進むほど、外壁内での内部結露が生じやすくなるので、防湿施工の徹底と通気構法を併用するのがよい。通気構法では、冷たい外気が裸のグラスウールやロックウールなどの断熱材の中に浸入し、断熱性能を大幅に損なう危険があるので図3・28のように透湿性防水層の設置が必要である。透湿性防水層としては、外部風は遮断するが湿気は通す性能を有する材料が適しており、合板、軟質繊維板、高分子プラスチック膜などが用いられている。

3) 結露の発生しやすい部分

壁を貫通する金属パイプやアンカー棒のように、壁材料に比べて大きな熱伝導率をもつ材料が壁に埋込まれたり貫通する場合には、その部分の室内側表面温度は外気温度に近づくので、暖房時には壁部分の表面温度より低くなる。このような部分を熱橋（ヒートブリッジ）という。

また、壁の隅角（室内入隅）部分では、表面温度は平面壁部分の表面温度より外気温度に近づく（図3・29）。すなわち、冬季暖房時では、平面壁表面温度より低温となる。

図3・30は、室温20℃、外気温-15℃の場合の隅角部における温度分布の例を示したものである。隅角部の温度は平面壁の部分より、壁厚20 cmの軽量コンクリートでは5℃以上低い。したがって隅角・熱橋部分は表面結露の危険が増大するので、これらの部分の断熱材の厚みを増すなどの処置をとらなければならない。

厚地カーテンは、窓ガラスの温度低下をもたらすので結露は促進される。また、押入や家具は大きな断熱層となるので、外壁にそって設置すると結露を促進させる。そこで、図3・31のように簀の子などを利用して、押入の換気をする必要がある。

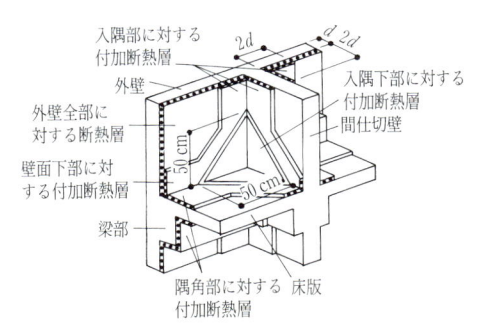

図3・29 隅各部の結露防止のための保温 (彰国社編『自然エネルギー利用のためのパッシブ建築設計手法事典』による)

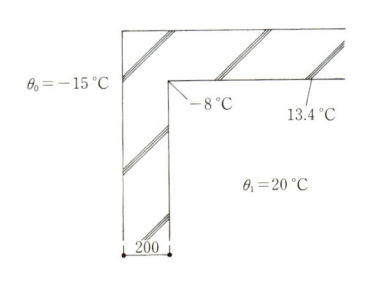

図3・30 隅各部の温度分布 (㈳日本建築学会編『建築設計資料集成1.環境』丸善による)

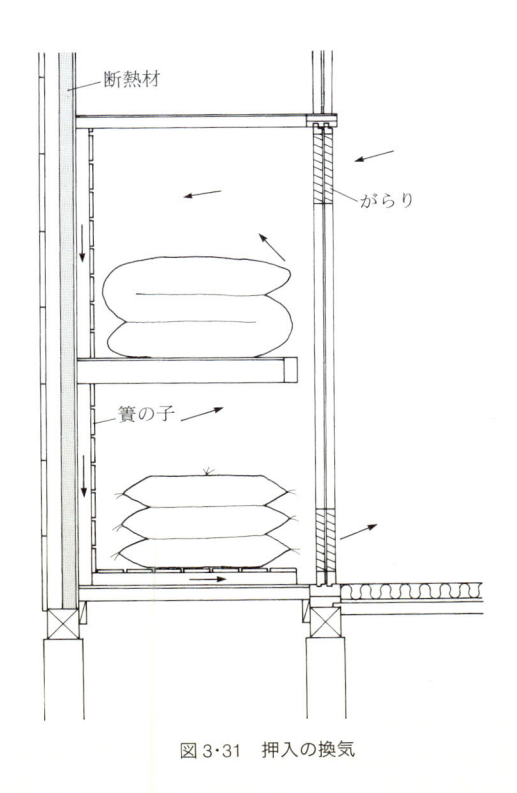

図3・31 押入の換気

4章　換気と通風

4・1　室内の空気汚染

1 汚染の原因

　建築物の室内においてさまざまな人間の活動が行われると、各種の汚染物質の発生に伴い、室内の空気は汚染されてくる（図4・1）。この汚染の状態は、人間の視覚や嗅覚で確かめられる場合もあるが、そうではない場合もある。換気の悪い室では、頭痛・めまい・吐き気などの症状があらわれることもある。これらを引き起こす原因については、室内のCO_2量の増加によるものから始まり、室温・湿度の上昇、臭気や空気中のイオン量などさまざまにとりざたされてきたが、確証に至るものは今日に至ってもまだはっきりとはしていない。しかし、汚染物質が人体に対して、毒性をはじめとして何らかの悪影響をもたらすことは明白である。したがって、汚染物質によって外気と異なる室内空気が形成される場合は、すべて空気汚染ととらえられる。また、場合によっては外気そのものが汚染されており、それによって室内空気が汚染されることもあるが、本章では外気を新鮮空気としてとらえ、室内において発生する空気汚染について考える。

　室内を空気汚染させる原因としての発生源には次のようなものがある。

　①在室者によるもの……………人体・動物の呼吸や発汗、臭気など。喫煙・清掃など生活行為に伴う粉塵、ガスなど。

図4・1　室内空気汚染の様子と換気

②燃焼系設備機器によるもの……ガスレンジ・ストーブなどの燃焼ガス、排熱、水蒸気など。
③建築内部仕上げによるもの……新築・増改築直後の建材や塗料からのガス、粉塵、臭気など。カーペット・カーテンのかびやダニなど。
④特定の室条件によるもの………台所・便所・浴室などの臭気、煙、水蒸気など。

2 汚染物質の種類とその特性

室内空気の温度・湿度・気流・放射が人間の快適範囲を超えた場合、それらを制御するために、換気によって対処することもあるが、ここでは、これらの室内空気の理学的性状以外のいわゆる汚染物質そのものについて考える。一般に、汚染物質を分類すると、ガス状のものと粒子状のものとに分けられる。また、両者それぞれが単独で発生する場合よりも、それらが同時に生じていることが多く、タバコ煙のような複合的な汚染物質もある。

1）ガス状汚染物質

◆ a　二酸化炭素（CO_2）　　CO_2は、人間の代謝作用によって生産され発生する。その発生量は、人間の作業レベルにより異なる。CO_2の増加は呼吸中枢に影響を与えることから、従来よりその人体への影響について研究されてきた[※1]（表4・1）。CO_2はそれ自体が有害だというものではなく、CO_2量の増加に伴う酸素濃度の低下や汚染物質の増加など室内空気が悪化することに対する指標を示すものである。わが国の建築基準法およびビル管理法[※2]においては、CO_2濃度の許容量を 0.1％以下としている。なお、大気中の標準的なCO_2量は、体積比 0.03～0.04％であり、都心部や工業地域などの場合は 0.06％となり、ラッシュアワーの電車内では 0.7～1.4％にも達する。CO_2は、水酸化バリウム液などにより定量分析が容易であることから、空気汚染の指標として早くから用いられてきた。

表4・1　CO_2濃度生理現象および最大許容限度

濃度	意義	摘要
0.07％	多数継続在室する場合の最大許容濃度（Pettenkofer説）	CO_2そのものの有害限度ではなく、空気の物理的性状が、CO_2の増加に比例して悪化すると仮定したときの汚染の指標としての最大許容濃度を意味する
0.10％	一般の場合の最大許容濃度（Pettenkofer説）	
0.15％	換気計算に使用される最大許容濃度（Rietchel 使用）	
0.2～0.5％	相当不良と認められる	
0.5％以上	最も不良と認められる	
4～5％	呼吸中枢を刺激して、呼吸の深さ、回数を増す。呼吸時間が長ければ危険。O_2の欠乏を伴えば障害は早く生じ決定的となる	
8％	10分間呼吸すれば、強度の呼吸困難、顔面紅潮、頭痛を起こす。O_2の欠乏を伴えば障害はなお顕著となる	
18％以上	致命的	

（㈳日本建築学会編『設計計画パンフレット 18 換気設計』彰国社による）

表4・2　CO濃度の人体影響

濃度[ppm]	暴露時間	影響
5	20分	高次神経系の反射作用の変化
30	8時間以上	視覚・精神機能障害
200	2～4時間	前頭部頭痛・軽度の頭痛
500	2～4時間	激しい頭痛、悪心・脱力感・視力障害
1000	2～3時間	脈拍こう進、けいれんを伴う失神
2000	1～2時間	死亡
備考	COによる中毒のじょ限度は、濃度・暴露時間・作業強度・呼吸強度・個人の体質の差などによるため、それを設定することは難しいが、Hendersonによれば、濃度 [ppm] × 時間 [h] ＜ 600 であるといわれている	

（㈳日本建築学会編『建築設計資料集成 1. 環境』丸善による）

[※1] 19世紀半ばごろに紹介されたドイツのペッテンコッフェルの説が最初（彼は同時にCO_2の測定方法も発表した）。
[※2] ビル管理法とは、建築物における衛生的環境の確保に関する法律をいう（p.75 参照）。

◆ b 一酸化炭素（CO） COは、無色無臭で極めて強い毒性をもち、ガス中毒といえば、通常COによるものを指している（表4・2）。これは、COが窒息性をもつガスで、赤血球中のヘモグロビンに対する親和力が酸素の200倍以上もあり、そのため血液の酸素保持能力を著しく低下させるからである。そのため、CO濃度の増加が原因で死に至るケースも後を断たない。COの発生は、炭火・れんたんなどの裸火や酸素不足による不完全燃焼の結果であり、火を使用する室は十分な注意が必要である。

◆ c 臭気 臭気には、悪臭（くさみ）と快臭（かおり）とがある。これは、人によってその臭気に対する好き嫌いなど正反対の感覚となることもあり、一般的な快・不快の分類は難しい。具体的には、体臭・タバコ煙・塗料・炊事時のにおい・食品類の腐敗臭・便所臭などが悪臭と考えられる。臭気は、それ自体有害でなくとも、その不快感による食欲減退や吐き気など健康を損なったり、作業能率の低下を引き起こす（表4・3）。したがって、環境悪化の指標ともなり得るが、嗅覚に依存するしか方法がなく、また嗅覚は疲労しやすく、臭いに慣らされて判断力が希薄になる。悪臭に対して快臭を付加し、その悪臭感を和らげる方法もあるが全体臭気量の増大となりその効果は薄い。

◆ d その他 その他のガス状汚染物質として、次のようなものがある。
  ①窒素酸化物：NOやNO₂による汚染であるが、COと同様に血液中のヘモグロビンに対して影響を及ぼすことが知られている（表4・4）。
  ②硫黄酸化物：SO₂は、水に溶けて硫酸となり、その強い粘膜刺激から咳・くしゃみ・眼の痛みなどを訴える。開放型の石油ストーブ類は、注意を要する（表4・5）。
  ③ホルムアルデヒド：無色で水溶性のガスであり、家具・建材・断熱材でメラミン・尿素樹脂などを含むものから発生する。喉・眼・鼻などへの刺激性が強く、咳・頭痛・胸の痛みを訴える。

表4・3　臭気スケール

臭いの強さの指数	示性語	説　　明
0	無　臭	まったく感知しえない
1/2	最小限界	きわめて微弱で訓練されたものにより嗅ぎ出しうる
1	明　確	正常人に容易に嗅ぎだしうるが不快ではない
2	普　通	愉快でないが不快でもない、室内での許容の強さ
3	強　し	不快である。空気は嫌悪される
4	猛　烈	猛烈であり、不快である
5	耐ええず	嘔吐を催す

(㈳日本建築学会編『設計計画パンフレット18 換気設計』彰国社による)

表4・4　NO₂濃度の人体影響

濃度 [ppm]	影　　響
0.5	においを感じるようになるが被害は出ない
20	わずかではあるが刺激を感じるようになる
20～50	眼などの粘膜に刺激を感じるようになる
150	強い局部刺激を感じるようになる
500以上	1回の吸入で短時間に致死する
参考：人体に障害を起こさない限界濃度は、50ppmであるという説がある	

(㈳日本建築学会編『建築設計資料集成 1. 環境』丸善による)

表4・5　SO₂濃度の人体影響

濃度 [ppm]	影　　響
0.03～1.0	知覚ができはじめる濃度
3	容易ににおいを感じるようになる濃度
6～12	鼻とのどを、ただちに刺激
20	眼を刺激する最低濃度
400～500	ただちに呼吸困難に陥り、生命に危険
10000	呼吸は不能、数分で皮膚に炎症

(㈳日本建築学会編『建築設計資料集成 1. 環境』丸善による)

2）粒子状汚染物質

◆ a 浮遊粉塵　　大気中の粉塵には、固体または液体状の多くの種類の粒子が存在している。その成分は、火山の噴出物や燃焼物、地上風によって運ばれる土壌塵埃や煙、産業廃棄物の粉塵化したものなどさまざまな発生源からなる（表4・6）。一般に室内の粉塵濃度は、外気の粉塵数によって決まるといわれている。

　粉塵が人体に影響を及ぼすのは、その粒子の大きさに関係する。粒子の直径1～10μmの小さなものは人体の肺中に沈積し、その結果、塵肺[※1]に至ったりもする。大きい粒子の場合は、鼻・気管で除去され肺中までは浸入することは少ない。

◆ b アスベスト　　アスベストは、珪酸塩鉱物のことであり、発ガン物質である。現在はその使用が原則として禁止されているが、年数を経た建築物には屋根葺材や断熱材として使用されているものがあり、粉状となった場合は注意を要する。

◆ c その他　　その他の粒子状汚染物質として、次のようなものがある。

①細菌：細菌は、人体に対して有害な病原菌が問題となる。人の多く集まる場所に浮遊するもののほか、細菌保持者からの飛沫感染や粉塵に付着して運ばれる場合もある。

②アレルゲン：アレルゲンとは、人体にアレルギー反応を起こさせる物質のことである。アレルギー体質の人は、眼・鼻・皮膚の充血、かゆみ、炎症などの症状を訴えることが多い。そのアレルゲンは、ダニ、寄生虫、動物の毛、花粉、卵蛋白などであり、特定の人が、これらに遭遇した場合に多量の抗体を体内につくりだすことから、いろいろな症状[※2]が出る。しかし、アレルゲンがあってもアレルギー反応を起こさない人もある。

表4・6　浮遊粉塵の種類

区分	名称	粒子径 [μm]	定義	発生源
固体粒子	dust	100～1	土砂などのように自然現象として生じるもの工場で研磨・粉砕などによって生じるものなど固体物質の崩壊によるものが主体であるが繊維くずのような動植物や人間の生活から発生するものも含まれる	自然現象 発塵工場 動植物 人間の日常生活 交通
固体粒子	fume	1～0.1	種々の化学反応によって生じた蒸気が凝結して固体となったもの	各種の金属溶解炉 各種の化学工場
固体粒子	smoke	1～0.01	燃料の燃焼過程で発生する固体粒子や液滴でfume、mistの一種であるが、そのうちある程度色のついているものを特にsmokeとよんでいる	煙突の燃焼排気 火災 たき火 たばこ
液体粒子	mist	10～0.1	種々の化学反応によって生じた蒸気の凝結によって生じる液体粒子や液体の噴霧によって生じる液滴	各種の化学工場
液体粒子	fog	100～1	大気中の固体粒子やイオンを核として水蒸気が凝結した水滴	気象現象
液体粒子	rain[※]	100以上	大気中で発生した水滴が集まって大粒の水滴となり空気中を降下するもの	気象現象

※空気中に含まれるものではあるが粉塵とはよばない。

（㈳日本建築学会編『建築学便覧Ⅰ．計画』丸善による）

※1　代表的な塵肺として、鉱石・砂などに含まれるケイ酸の粉塵を吸入して起こすケイ肺や炭素塵の吸入によって起こす炭素肺などがある。
※2　花粉症やアトピー性皮膚炎など。

3）複合的汚染物質

◆ **a　タバコ煙**　タバコの煙は一般の室内環境における最大の汚染源である。これが室内に充満するとその臭いの感覚は時間とともに低下するが、眼・鼻・のどに対する刺激は上昇する。喫煙行為によって、臭気・ガス・粉塵など2000種以上の汚染物質が排出され、喫煙者本人（能動喫煙という）の健康はいうまでもなく、同席者に対してもその健康が阻害される。これを受動喫煙という。タバコから発生するガスには、ニコチンやCOといった有毒物質が含まれており、そのタールによって肺が汚れて肺ガンの原因ともなる。その他、気道機能の低下、喫煙者の子供の肺炎や気管支炎の多発、喫煙者の配偶者のガン死亡率の高さなど多くの報告例がある。その中には、受動喫煙による発病率が能動喫煙の場合の1/3～1/2であったともいわれる。統計的な結果がすべてをいい表してはいないが、喫煙をよしとする要素はまったく見当らない。したがって現在、人の集まる場所での喫煙を禁じる方向へ向かっている（表4・7、4・8）。

◆ **b　シックビル症候群**　欧米の省エネビルで70年代後半から問題となったもので、ビル内で吐き気・めまい・頭痛・平衡感覚障害・眼の痛み・呼吸器系の乾燥や痛みなどの症状を訴えることをいう。住宅におけるものは、シックハウス症候群という。

シックビル症候群は、建築物が原因で発症し、建築物内から原因物質が検出され、その建築物を離れると症状が消えることを特徴としている。原因物質には、防虫剤・芳香剤・建築材料などに含まれる化学物質やアレルゲンなどがある。表4・9に厚生労働省の規制対象物質を示す。

表4・7　喫煙人口
（2018年JT調べ）

男	1406万人 (27.8 %)
女	474万人 (8.7 %)
計	1880万人 (17.9 %)

表4・8　喫煙による汚染発生量

浮遊粉塵	一酸化炭素	二酸化炭素	一酸化窒素	二酸化窒素	喫煙条件
10.3～33.4 mg/本（人口喫煙） 9.4～16.2 mg/本（自然燃焼）	38.4～63.1 ml/本		0.49～0.74 ml/本	0.04～0.10 ml/本	セブンスター 43 mm 喫煙
7.7～12.6 mg/本	38～72 ml/本		NO_x 0.32～1.08 ml/本		43 mm 喫煙 30分間に約10本喫煙
19.1 mg/本	58 ml/本	2.2 l/本			ハイライト 42 mm 喫煙 喫煙時間6分30秒
27 mg/本 ($g = 0.64 \times V^3 \times 60$)					ハイライト 42 mm 喫煙 g：発生量（mg/h・本） V：燃焼速度（mm/min）
	59～87 mg/本 6.1～9.6 ml/min		0.15～1.8 mg/本 0.14～0.21 ml/min		人口喫煙3s喫煙50s休止、吸引量35 ml/本

（日本建築学会編『建築設計資料集成1. 環境』丸善による）

表4・9　揮発性有機化合物の室内濃度指針値

揮発性有機化合物	室内濃度指針値	発生源の例	揮発性有機化合物	室内濃度指針値	発生源の例
ホルムアルデヒド HCHO	100 $\mu g/m^3$ (0.08 ppm)	合板、集成材、MDF、断熱材、接着剤	フタル酸ジ・n・ブチル $C_6H_4(COOC_4H_9)_2$	220 $\mu g/m^3$ (0.02 ppm)	可塑剤
トルエン $C_6H_5CH_3$	260 $\mu g/m^3$ (0.07 ppm)	油性塗料、接着剤、木材保存剤	テトラデカン $C_{14}H_{30}$	330 $\mu g/m^3$ (0.04 ppm)	塗料
キシレン $C_6H_4(CH_3)_2$	870 $\mu g/m^3$ (0.20 ppm)	油性塗料、接着剤、木材保存剤	フタル酸ジ・n・エチルヘキシル $C_6H_4(COOCH_2CH(C_2H_5)C_4H_9)_2$	120 $\mu g/m^3$ (7.6 ppm)	可塑剤
パラジクロルベンゼン $C_6H_4Cl_2$	240 $\mu g/m^3$ (0.04 ppm)	防虫剤、消臭剤	ダイアジノン $C_{12}H_{21}N_2O_3PS$	0.29 $\mu g/m^3$ (0.02 ppb)	殺虫剤
エチルベンゼン $C_6H_5C_2H_5$	3800 $\mu g/m^3$ (0.88 ppm)	ワックス、接着剤	アセトアルデヒド CH_3CHO	48 $\mu g/m^3$ (0.03 ppm)	接着剤、防腐剤
スチレン $C_6H_5CHCH_2$	220 $\mu g/m^3$ (0.05 ppm)	発泡ポリスチレン	フェノブカルブ $C_{12}H_{17}NO_2$	33 $\mu g/m^3$ (3.8 ppb)	防蟻剤
クロルピリホス $C_9H_{11}Cl_3NO_3PS$	1 $\mu g/m^3$ (0.07 ppb) 小児の場合は 0.1 $\mu g/m^3$ (0.007 ppb)	防虫剤、防蟻剤			

（厚生労働省シックハウス問題に関する検討会中間報告書による）

4・2 換気

1 換気の目的

　換気とは、室内の汚染した空気を排除して、新鮮な空気を導入することをいう。この場合の導入すべき空気は、通常大気であるが、この大気は清浄であるということが前提となっている。しかし、市街地や工業地域など大気汚染の強い地域では、外気を浄化してから室内に供給するといった防護が必要となることもある。すなわち、エアフィルターを通したり、調整した新鮮空気をわざわざつくりだす手段を講じなければ本来の換気が達成されないことになる。要するに、換気の目的は、室内を清浄な環境に保つことにある。この場合、人体の衛生面を対象とすることと内壁の結露によるかびなどの防止といった物を対象とする二つの側面がある。その他には、工場の機械・製品などを適切な環境に保つ目的もある。このとき、人間に関する換気をヒューマン・ベンチレーションと呼び、物などの生産過程に関する換気をプロダクト・ベンチレーションまたはプロセス・ベンチレーションという。ここでは、前者の人間に関する換気について主として考えていく。

　換気の目的は、具体的には次のような手段により達成され、室内の熱環境の改善と空気汚染の浄化が行われることになる（図4・2）。

①室内の人間に対して必要な酸素を供給すること。
②室内の燃焼器具に対して燃焼に必要な酸素を供給すること。
③室内で発生する汚染物質を排出すること、あるいはそれらを許容値以下に抑えること。
④台所・便所・浴室など特定の室で発生する熱、煙、水蒸気、臭気などを排出すること。

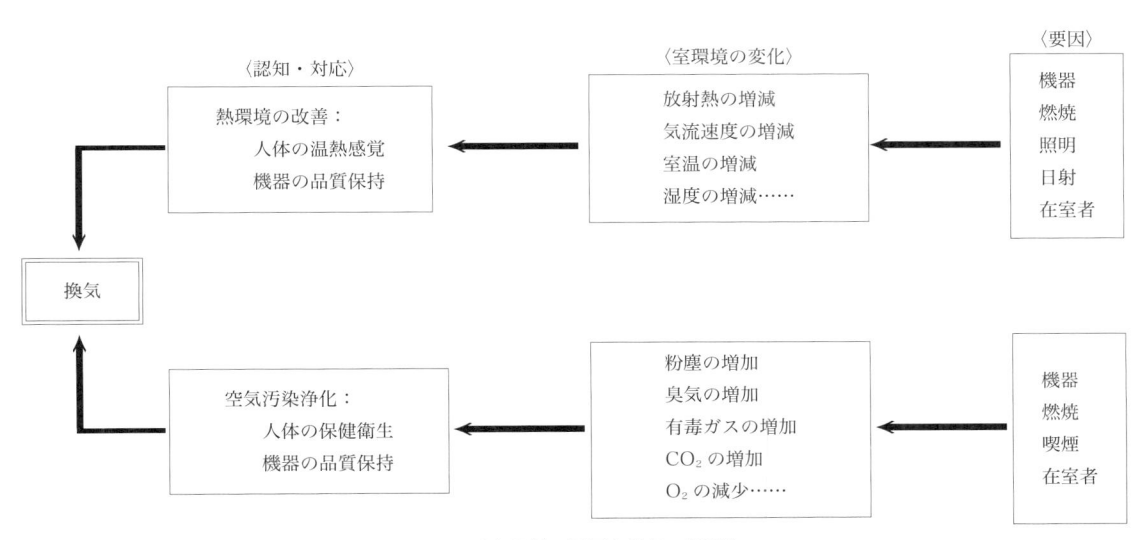

図4・2 空気汚染の要因と換気の必要性

2 必要換気量

1）必要換気量と換気回数

　必要換気量とは、室内で人が快適に在室し、作業できるような空気の清浄度を保つために必要な換気量をいう。また、換気回数 n とは、次式に示すように、換気量 Q を室容積 V で除した値をいい、1時間に室内の空気が何回入れ替わるかを示すものである。

$$n = \frac{Q}{V} \quad \cdots\cdots\cdots\cdots\cdots\cdots\cdots\cdots\cdots\cdots\cdots\cdots\cdots\cdots\cdots\cdots\cdots\cdots\cdots\cdots\cdots\cdots\cdots\cdots \text{(4-1)}$$

　　　　n：換気回数 [回/h]、Q：換気量 [m³/h]、V：室容積 [m³]

　必要換気量は汚染物質の種類と発生量、室の用途によって異なる（表4・10、4・11）。汚染物質によっては、その量の測定が困難なものも多く、換気量の指標としてただちに用いることができないこともある。

　また、汚染物質が二種類以上となり複合する場合や単室として扱えない室形態（間仕切の程度・吹抜けなど）により、換気量の算定が複雑となることもある。

2）必要換気量の算出方法

　これまで研究されている必要換気量を求める方法としては、臭気、熱、水蒸気、有毒ガスなどそれぞれに対する実験的・理論的な手法があり、主なものとして次のような方法がある。

◆ a　**汚染物質濃度に基づく換気量**　　室内で発生する汚染物質が、その室を換気することによって外気と定常状態となる場合を考える。このときの必要換気量 Q は、室内で発生する汚染物質の量 K と室内で許容される汚染濃度 P_a（許容量または恕限度という）、また外気の汚染濃度 P_o がわかっているとき次の式が成立する。

表4・10　居室の必要換気量参考値

番号	室名	標準占有面積 [m²/人]	必要換気量 [m³/m²h]	番号	室名	標準占有面積 [m²/人]	必要換気量 [m³/m²h]
1	事務所（個室）	5.0	6.0	12	劇場・映画館（普通）	0.6	50.0
2	事務所（一般）	4.2	7.2	13	劇場・映画館（高級）	0.8	37.5
3	銀行営業室	5.0	6.0	14	休憩室	2.0	15.0
4	商店売場	3.3	9.1	15	娯楽室	3.3	9.0
5	デパート一般売場	1.5	20.0	16	小会議室	1.0	30.0
6	デパート（食品売場）	1.0	30.0	17	バー	1.7	17.7
7	デパート（特売場）	0.5	60.0	18	美容室・理髪室	5.0	6.0
8	レストラン・喫茶（普通）	1.0	30.0	19	住宅・アパート	3.3	9.0
9	レストラン・喫茶（高級）	1.7	17.7	20	食堂（営業用）	1.0	30.0
10	宴会場	0.8	37.5	21	食堂（非営業用）	2.0	15.0
11	ホテル客室	10.0	3.0				

（㈳日本建築学会編『建築学便覧 I．計画』丸善による）

$$Q = \frac{K}{P_a - P_o} \quad \text{...} \quad (4\text{-}2)$$

Q：換気量 [m³/h]

K：汚染物質発生量（有毒ガスのとき [m³/h]、[ml/h] 粉塵のとき [mg/h]）

P_a：汚染濃度の許容量（有毒ガスのとき [ml/m³]、[ppm]、粉塵のとき [mg/m³]）

P_o：外気の汚染濃度（有毒ガスのとき [ml/m³]、[ppm]、粉塵のとき [mg/m³]）

上の式でわかるように、K が大きく、$(P_a - P_o)$ が小さいほど、必要換気量は大きい。外気が清浄であるときは、$P_o = 0$ だから $Q = \dfrac{K}{P_a}$ となる。

たとえば、その量の測定が容易であることからよく用いられる CO_2 濃度を上式に代入すれば、CO_2 量の増大を指標とする必要換気量が算出できる。

また、O_2 濃度の減少を指標とする換気量の算出については、上式の K に対して室内の酸素消費量をあてはめ、$(P_o - P_a)$ を分母として計算すればよい。

◆ b　人体発熱量に基づく換気量　　人体などからの発熱による室温の上昇を抑えるための換気量は、近似的に次式により求める。

$$Q = \frac{k}{0.34\,(t_a - t_o)} \quad \text{...} \quad (4\text{-}3)$$

Q：換気量 [m³/h]、k：発熱量 [W]

t_a：室内温度 [℃]、t_o：流入外気温度 [℃]

上式の場合、$(t_a - t_o)$ の値は、上限値として 4～6℃、推奨値として 2～3℃ とされている。

表 4・11　付室の必要換気量暫定値

番号	室名	換気回数排気基準 (回/h)
1	機械室	4～6
2	オイルタンク室	4～6
3	高圧ガス・冷凍機・ボンベ室	4～6
4	水槽室	3～4
5	変電室	8～15
6	分電盤室	3～4
7	バッテリー室	10～15
8	エレベーター機械室	8～15
9	便所（使用頻度大）	10～15
10	便所（使用頻度小）	5～10
11	浴室（窓なし）	3～5
12	湯沸室	6～10
13	厨房（営業用大）	40～60
14	厨房（営業用小）	30～40
15	配膳室	6～8
16	ランドリー	20～40
17	乾燥室	4～15
18	屋内駐車場	10 以上
19	書庫・金庫	4～6
20	倉庫（地階）	4～6
21	暗室	10～15
22	映写室	8～15
23	投光室	15～20
24	奈落	4～6

（㈳日本建築学会編『建築学便覧 I . 計画』丸善による）

> **コラム　CO_2 濃度と換気量**
>
> CO_2 が人体に影響を与え始めるときの室内の許容濃度値を 0.1％ とする。また、外気の CO_2 濃度を 0.04％ とする。さらに、人体からの CO_2 発生量を一人当たり 0.018 m³/h（これは人が静に座っている状態に近い）とする。これらの値を、式 (4-2) にあてはめると
>
> $Q = 0.018/\,(0.001 - 0.0004)$
> 　　$= 30\,\text{m}^3/\text{h}$　となる。
>
> 表 4・10 の単位床面積当たりの必要換気量値は、一人当たりの必要換気量を 30 m³/h として各室の標準占有面積で除した値となっている（標準占有面積と必要換気量を掛け合わせると、その値は 30 m³/h となる）。

◆ c 水蒸気発生量に基づく換気量　室内において発生する水蒸気を排除するための換気量は、次式により求める。

$$Q = \frac{W}{1.2 \ (x_a - x_o)} \quad\cdots\cdots\cdots\cdots\cdots\cdots\cdots\cdots\cdots\cdots\cdots\cdots\cdots\cdots\cdots\cdots\cdots\cdots\cdots\cdots\cdots (4\text{-}4)$$

　　　Q：換気量［m³/h］、W：水蒸気発生量［kg/h］
　　　x_a：許容室内絶対湿度［kg/kg′］、x_o：導入外気絶対湿度［kg/kg′］

◆ d 汚染物質が複合した場合の換気量　汚染物質は、一般に、二種以上になると考えるのが妥当である（表4・12）。この場合、各々の汚染物質の濃度が許容濃度よりも小さくなるように換気量を定めればよい。すなわち、算定した最大の値がその室の換気量となる。また、より安全性を考えて、各々の換気量総和を全体換気量とすることもある。

【例題1】　400 m²の集会室（天井高3 m）に300人が在室しているときのCO₂濃度に基づく必要換気量と換気回数を求めよ。ただし、CO₂の発生量を一人当たり0.017 m³/hとし、室内のCO₂濃度の許容量を0.1 %、外気のCO₂濃度を0.04 %として計算せよ。

【解　答】　式（4-2）において、K = 0.017×300 = 5.1 m³/h
　　　　　　　　P_a = 0.001　　P_o = 0.0004　であるから
　　　　　　　　Q = 5.1÷（0.001 − 0.0004）= 8500 m³/h
　　　また、式（4-1）により、n = 8500÷（400×3）= 7.08 回/h

表4・12　室内で発生する主な汚染物の量

発生源	汚染物	発 生 量			
	作業状態	静かに座っている	事務などの軽い作業をしている	ゆっくり歩いている	急いで歩いている
人体から放出されたもの	粉塵	1～2 mg/h	10 mg/h	20 mg/h	30 mg/h
	CO₂	15 l/h	20 l/h	23 l/h	42 l/h
	H₂O（水蒸気）	40 g/h	60 g/h	80 g/h	200 g/h
	（O₂消費量）	17 l/h	20 l/h	25 l/h	40 l/h
	体臭	人種や性別によって異なる。作業状態によって変化するが、ほぼCO₂発生量に比例すると考えてよい。			
燃焼器具（発熱量1kJ当たり）	燃料の種類	都市ガス	LPガス	灯油	
	CO₂	26 ml	31 ml	36 ml	
	CO※	0.12～0.25 ml	0.15～0.3 ml	0.17～1.35 ml	
	H₂O（水蒸気）	38 mg	34 mg	26 mg	
	NO₂	0.4 ml	0.5 ml	6 ml	
	NO	0.03 ml	0.04 ml	9 ml	
	臭気	ほとんど出ない	ほとんど出ない	点火、消火時に少し出る	
	（O₂消費量）	0.043 l	0.051 l	0.052 l	

※この値は炊事用コンロの場合で、ストーブのときはこの値よりかなり小さい。

（藤井正一『住居環境学入門』彰国社による）

【例題 2】 40 m² の事務室（天井高 2.7 m）に 5 人が在室しているときの酸素消費量に基づく必要換気量と換気回数を求めよ。ただし、軽作業時における酸素消費量は一人当たり 0.020 m³/h とし、室内の酸素濃度の許容量を 16 %、外気の酸素濃度を 21 % として計算せよ。

【解　答】 式（4-2）において、$K = 0.020 \times 5 = 0.1 \, \text{m}^3/\text{h}$

$P_a = 0.16 \quad P_o = 0.21$ であるから

$Q = 0.1 \div (0.21 - 0.16) = 2 \, \text{m}^3/\text{h}$

また、式（4-1）により、$n = 2 \div (40 \times 2.7) = 0.019 \, 回/\text{h}$

このように、在室者の酸素消費量による換気量の計算はできるが、その値は極めてわずかなものであり、実際上は意味をもたず、むしろ他の汚染物質によって換気量は優先されることになる。

演習問題

〈4-1〉20 m² の個室（天井高 2.5 m）で、タバコを平均して 1 時間に 2 本の割合でタバコの長さの 1/2 吸っているときの粉塵を指標とする必要換気量と換気回数を求めなさい。ただし、室内における浮遊粉塵の許容値を 0.15 mg/m³、外気の粉塵濃度を 0.05 mg/m³ とする。また、タバコ 1 本をその長さの 1/2 まで吸ったときに発生する粉塵量を 10 mg とする。

〈4-2〉40 m² の事務室（天井高 2.7 m）に 5 人が在室しているときの人体発熱量に基づく必要換気量と換気回数を求めなさい。ただし、一人当たりの発熱量を 68 W とし、他に熱源がないものとする。また、室温は 25 ℃ であり、外気温は 20 ℃ とする。

コラム　〈換気効率〉

　本節に示す換気計算は、新鮮空気の導入によって瞬時に汚染物質が室内に一様に拡散することを前提としたものである。しかし、実際の室内においては、新鮮空気が供給されると、給気口付近の汚染度は低く、室内の汚染源から排気口にかけての汚染度が高い部分を生じることになる。したがって、室容積の大きい空間の場合には、居住域付近の換気効率を考慮して換気量を増減することにより、効率のよい換気が可能となる。

　給気口から室内のある点までの新鮮空気の到達時間を空気齢といい、この点から排気口までの空気の到達時間を余命という。空気齢が短いほど換気効率は高く、汚染源からの余命が短いほど汚染物質は速やかに排出される。コンピューターによるシュミレーションによって、空気齢や余命の分布を求め、給排気口の位置や換気量、気流速度などを適切に計画することができる。

0.017 m³/h・人 × 300 人 = 5.1 m³/h 発生

外気 CO_2 0.04 %

室内空気 CO_2 許容値 0.1 %

外気 1 m³ 当たり 0.0004 m³

1 m³ の換気により 0.001 − 0.0004 = 0.0006 m³ の CO_2 が失われる

空気 1 m³ 当たり 0.001 m³

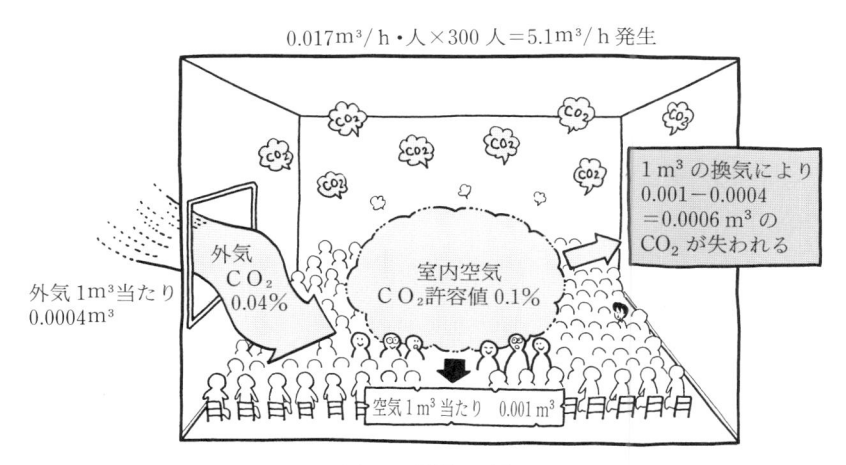

図 4・3　例題 1 の図

3 換気の方式

換気の方式を分類する場合、その原動力をもとに、自然換気と機械換気とに分けられる。また、その汚染空気の捕集方法をもとに、全般換気と局所換気とに分けられる（図4・4）。

1）自然換気

自然換気とは、自然の風あるいは室内外温度差によって生じる気流を期待して行う換気をいう。このうち、外気の風の力によるものを風力換気、室内外の温度差により生じる空気の浮力あるいは重力によるものを重力換気という。

これらは、空気が圧力の高い方から低い方に向かって流れるという性質を、室内の換気に対応させたものと考えればよい。このほかに、自然換気は気体の拡散作用によっても生じるが、その力が微弱なため通常はこれを考慮しない。

自然換気は、建築物に存在する構造上のすきまや開口部周囲のすきまなどを通して自動的に行われる部分もある。しかし、このすきまによる換気は、構造・施工上の精密度によって大きな差異をもち、その量の推測や制御は困難であり、良好な換気の方法とはいえない。したがって、給気口および排気口という特に設けられた開口部を自然換気のために必要な装置とすることが一般的である。

自然換気は機械力に頼らないため、省エネルギーの点からも有効である。また、機械の故障や消耗といったメンテナンスも必要なく、停電時にも関係なく働き、室の換気ができる。

しかし、自然換気だけでは必要な換気量が確実に得られるとは限らず、機械換気との併用や自然換気設備の設置などの対応が講じられている。

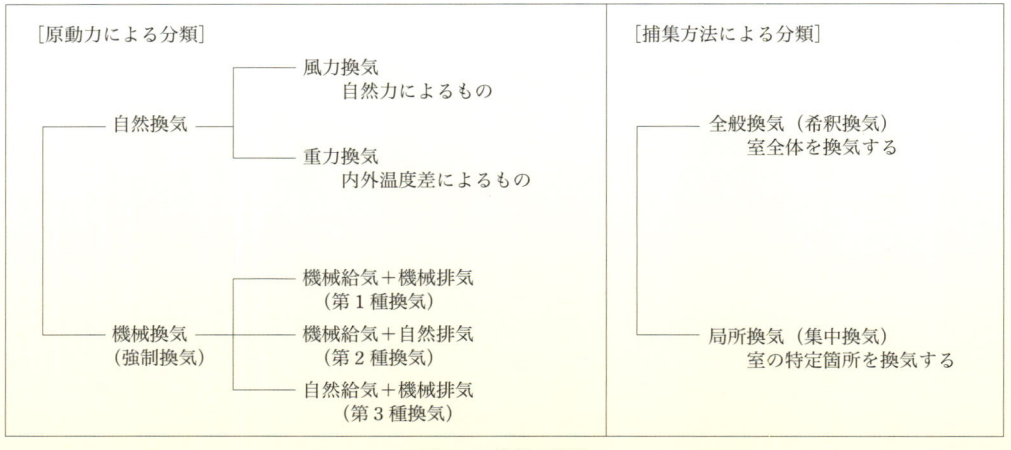

[原動力による分類]

- 自然換気
  - 風力換気　自然力によるもの
  - 重力換気　内外温度差によるもの
- 機械換気（強制換気）
  - 機械給気＋機械排気（第1種換気）
  - 機械給気＋自然排気（第2種換気）
  - 自然給気＋機械排気（第3種換気）

[捕集方法による分類]

- 全般換気（希釈換気）　室全体を換気する
- 局所換気（集中換気）　室の特定箇所を換気する

図4・4　換気の分類

◆ a 風力換気　風圧による換気は、風上から空気が流入し、風下から空気が流出する現象をいう。風上側（風のあたる側）では建築物の外部から内部に圧力が加わり（正圧）、風下側（屋根面の一部や風のあたらない側）では建築物の内部から外部に圧力が加わるため（負圧）、おのおのの面に開口部があれば下図に示すような矢印の空気の流れが生じることになる（図4・5）。風力換気は、換気力が非常に強いが、風速や風上・風下といった建築物の状況などによって大きく左右される。また、風力は変動が大きいため、風がなければまったく効果はない。

風力による換気量は、通風量として表され、次の式による。

$$Q = \alpha A v \sqrt{C_1 - C_2} \quad \cdots \cdots \cdots \cdots \cdots \cdots \cdots \cdots \cdots \cdots \cdots \cdots \cdots \cdots \cdots \cdots \cdots \cdots \cdots \cdots \cdots \cdots \cdots (4\text{-}5)$$

Q：換気量 [m³/h]、α：流量係数、C_1：風圧係数（風上）
C_2：風圧係数（風下）、A：合成開口部面積 [m²]、v：風速 [m/s]

上式において、風圧係数とは建築物模型による風洞実験により求める値であり、建築物の断面形状や風向きによって違いが生じる（図4・6）。

また、流量係数とは開口部に風が侵入する際のその割合を示すものであり、その開口部の種類・形状・摩擦などによって異なる値を示し、たとえばベルマウス型の開口部では、ほぼ100％近い値をとる。流量係数は風量係数とも呼ばれる。また、流量係数のかわりに圧力損失係数を用いて算出することもある（表4・13）。

図4・5　風力換気

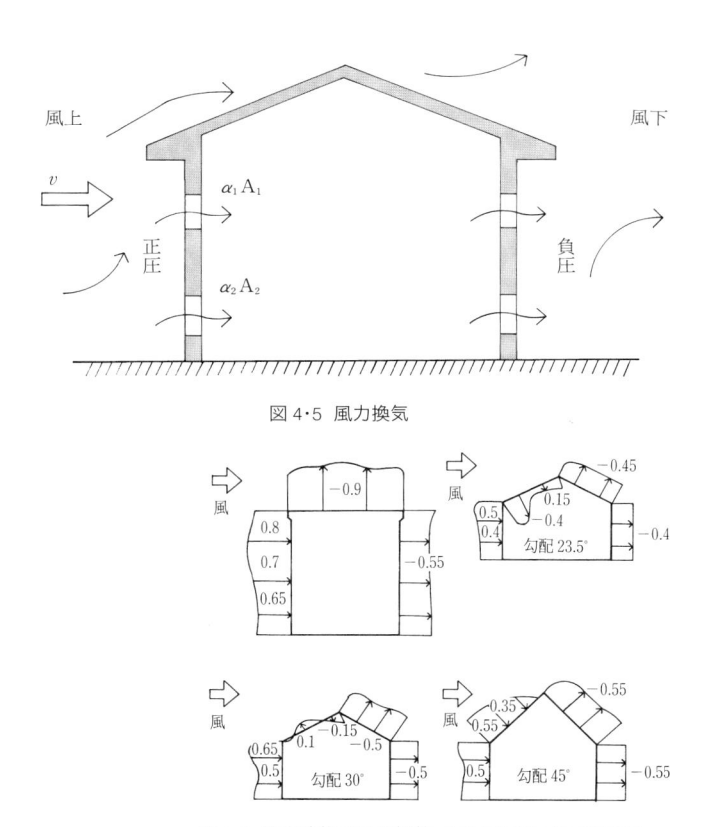

図4・6　独立建物の風圧係数　（㈳日本建築学会編『設計計画パンフレット18　換気設計』彰国社による）

表4・13　開口部の形状と流量係数

名称	形状	流量係数 α	圧力損失係数 ζ	摘要	文献
単純な窓		0.65〜0.7	2.4〜2.0	普通の窓など	
刃形オリフィス		0.60	2.78	刃形オリフィス	Fan Eng. 5th Ed.
ベルマウス		0.97〜0.99	1.06〜1.02	十分滑かな吸込み口	Fan Eng. 5th Ed.
よろい戸	β=90° 70° 50° 30°	0.70 0.58 0.42 0.23			斉藤石原

（㈳日本建築学会編『設計計画パンフレット18　換気設計』彰国社による）

◆**b 重力換気**　室温と外気温に温度差があるとき、空気の比重が異なるため室周壁の内外に圧力差が生じる。室内の方が屋外よりも温度が高い場合、室の上部では室内から室外に向かって空気が流れ、室の下部では室外から室内に空気が浸入して換気が行われる。このとき、下部から流入する空気と上部から流出する空気の質量は等しい。このように、空気の温度差による内外圧力差がその原動力となる自然換気を、重力換気または温度差換気という（図4・7）。

　この場合、圧力差は室の上部と下部とでは正負が異なり、また床や天井に近いほどその圧力は大きく分布している。したがって、上下の換気口ができるだけ離れている方が効果的であるといえる。圧力差の分布をみてわかるように、室内の壁面中央では室内外の圧力の等しい部分があり、この部分を中性帯という。

　この現象はまた、煙突の中の煙の温度が外気温より高いため比重量差も大きく、煙突が高いほど駆動力が大きくなるという効果と同じである。このことから、重力換気のことを煙突効果と呼ぶこともある。

　重力による換気量は、次式による。

$$Q = \alpha A \sqrt{\frac{2gh(t_i - t_o)}{273 + t_i}} \qquad (4\text{-}6)$$

　　Q：換気量 [m³/h]、α：流量係数、t_o：外気温 [℃]、t_i：室温 [℃]
　　A：合成開口部面積 [m²]、g：重力加速度 [9.8 m/s²]
　　h：流入口と流出口との高低差 [m]

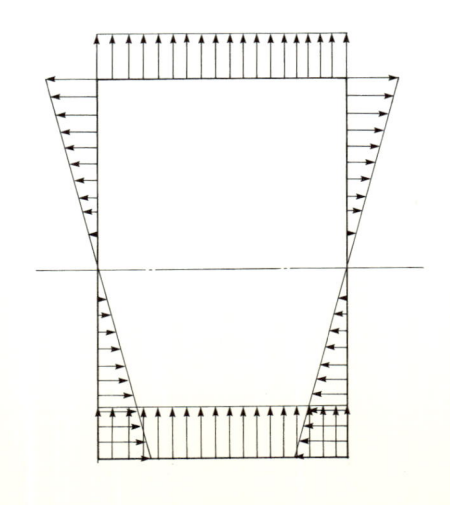

(a) 圧力分布の様子
（室温＞外気温）

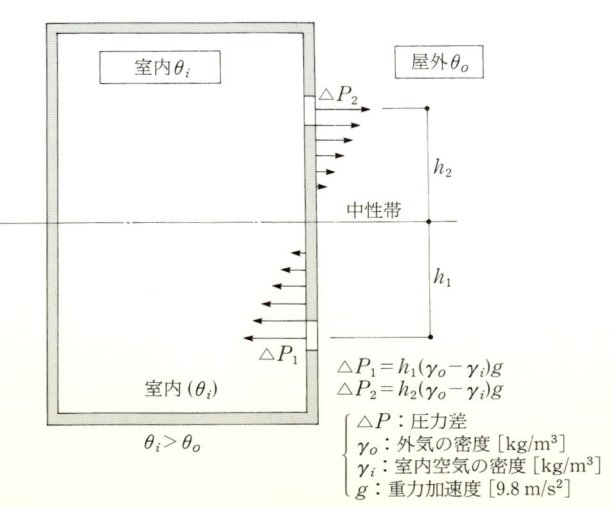

(b) 圧力差の考え方

$\triangle P_1 = h_1(\gamma_o - \gamma_i)g$
$\triangle P_2 = h_2(\gamma_o - \gamma_i)g$

$\triangle P$：圧力差
γ_o：外気の密度 [kg/m³]
γ_i：室内空気の密度 [kg/m³]
g：重力加速度 [9.8 m/s²]

図4・7　重力換気

◆ c 開口部の合成　　壁面に開口部が数箇所ある場合には、換気量を求めるにあたってそれらを合成して計算を行う必要がある。開口部の形状によって実験的に定められている流量係数 $α_i$ と、各開口部の面積 A_i を用いて、以下のように行う。

①並列合成：図4・8(a)のように、同一壁面内に2以上の開口部があるとき、その壁面を通過する風量はそれぞれの開口を通過する風量の和に等しいことから、次の式が成立する。

$$αA = α_1 A_1 + α_2 A_2 + α_3 A_3 \quad \cdots\cdots\cdots\cdots\cdots\cdots\cdots\cdots\cdots\cdots\cdots \text{(4-7)}$$

②直列合成：図4・8(b)のように、いくつかの開口部を順次通過するとき、各開口部を通過する風量が等しいことから、次式が成立する。

$$\left(\frac{1}{αA}\right)^2 = \left(\frac{1}{α_1 A_1}\right)^2 + \left(\frac{1}{α_2 A_2}\right)^2 + \left(\frac{1}{α_3 A_3}\right)^2$$

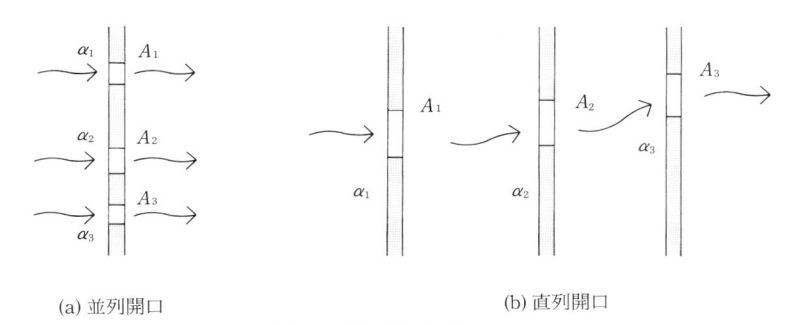

$$∴ αA = \sqrt{\frac{1}{(\frac{1}{α_1 A_1})^2 + (\frac{1}{α_2 A_2})^2 + (\frac{1}{α_3 A_3})^2}} \quad \cdots\cdots\cdots\cdots\cdots\cdots \text{(4-8)}$$

(a) 並列開口　　　(b) 直列開口

図4・8　開口部の合成

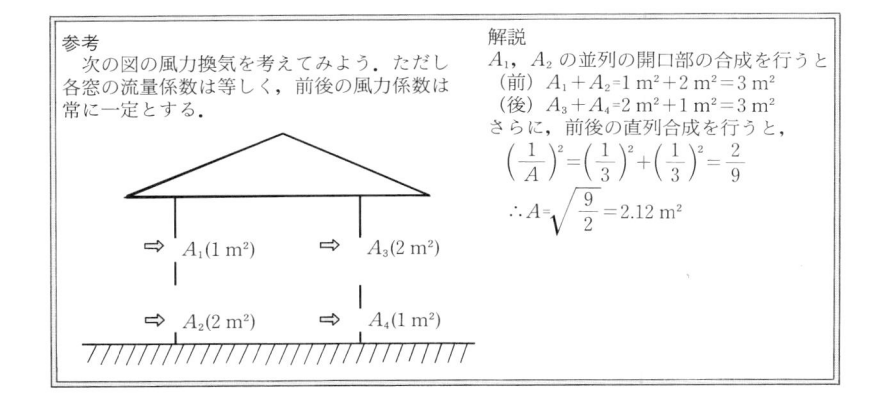

参考
　次の図の風力換気を考えてみよう．ただし各窓の流量係数は等しく，前後の風力係数は常に一定とする．

⇒ $A_1(1\,\text{m}^2)$　　⇒ $A_3(2\,\text{m}^2)$
⇒ $A_2(2\,\text{m}^2)$　　⇒ $A_4(1\,\text{m}^2)$

解説
A_1，A_2 の並列の開口部の合成を行うと
(前) $A_1 + A_2 = 1\,\text{m}^2 + 2\,\text{m}^2 = 3\,\text{m}^2$
(後) $A_3 + A_4 = 2\,\text{m}^2 + 1\,\text{m}^2 = 3\,\text{m}^2$
さらに，前後の直列合成を行うと，

$$\left(\frac{1}{A}\right)^2 = \left(\frac{1}{3}\right)^2 + \left(\frac{1}{3}\right)^2 = \frac{2}{9}$$

$$∴ A = \sqrt{\frac{9}{2}} ≒ 2.12\,\text{m}^2$$

【例題3】 風上・風下それぞれの開口部には回転窓が設置されている。各開口部の面積は $2\,\mathrm{m}^2$ であり、回転窓の流量係数は 0.5 である。いま、風速 $2\,\mathrm{m/s}$ の風が吹いているとすると、そのときの換気量を求めよ。ただし、風上側の風圧係数を 0.8、風下側を -0.4 とする。

【解 答】 まず開口部の合成を行う。

式 (4-8) より、 $\alpha A = \sqrt{\dfrac{1}{\left(\dfrac{1}{0.5 \times 2}\right)^2 \times 2}} = 0.707$

式 (4-5) において、$v = 2\,\mathrm{m/s}$　$C_1 = 0.8$　$C_2 = -0.4$ であるから

$$Q = 0.707 \times 2 \times \sqrt{0.8 - (-0.4)} = 1.55\,\mathrm{m^3/s}$$

【例題4】 室温 $17\,°\mathrm{C}$、外気温 $2\,°\mathrm{C}$ で風のない状態であるとする。流入・流出口の開口部は、引違い窓でその面積は等しく、それぞれ $1.6\,\mathrm{m}^2$ であり、窓の高低差は $3\,\mathrm{m}$ あるとする。流量係数を 0.7 としたときの温度差による換気量を求めよ。

【解 答】 引違い窓の場合は、完全開放したときでも 1/2 しか有効でないため、$A = 1.6 \div 2 = 0.8\,\mathrm{m}^2$

$$\alpha A = \sqrt{\dfrac{1}{\left(\dfrac{1}{0.7 \times 0.8}\right)^2 \times 2}} = 0.396$$

式 (4-6) において、$h = 3\,\mathrm{m}$　$t_i = 17\,°\mathrm{C}$　$t_o = 2\,°\mathrm{C}$

$$Q = 0.396 \times \sqrt{\dfrac{2 \times 9.8 \times 3 \times (17 - 2)}{273 + 17}} = 0.69\,\mathrm{m^3/s}$$

演習問題

〈4-3〉 次の図の自然換気を考えてみよう。ただし、開口部 a、b ともに $1.6\,\mathrm{m}^2$ の回転窓であり、流量係数は、0.4 とする。風圧係数は、風上側が 0.8 で、風下側が -0.5 とする。

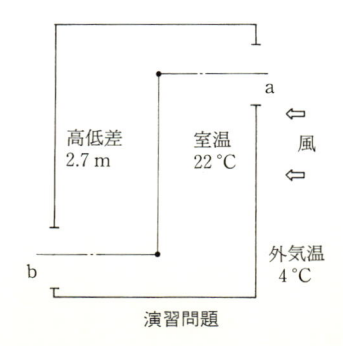

演習問題

◆ d 自然換気の装置　　建築物には、窓以外に、重力や風力による換気を利用した装置を用いることがある。自然換気の装置には次のようなものがある。

①換気筒：換気筒はベンチレーターともいい、図4・9のように屋根などの高所に設置して、煙突効果によって排気する。風力によって換気筒内が負圧になると、換気が促進される。
②モニター：モニターとは、通常の屋根面より一段高く設けた小屋根（越屋根）に換気のための開口部を設けたものや、図4・10のように棟方向に換気筒を長く伸ばした形状の装置をいい、採光を兼ねるものがある。
③屋根裏換気口：夏季の屋根裏空気の温度は60℃を超えることがあるので、屋根裏の換気が十分に行える換気口を設ける必要がある（図4・11、4・12）。
④床下換気口：建築基準法により、木造床の直下の部分に防湿の措置が行われていない場合は、床下部分の防湿のために、外壁の長さ5m以内ごとに300cm^{2}以上の換気口を設けなければならない。

◆ e 法規上の自然換気設備　　建築基準法においては、居室には床面積の20分の1以上の換気上有効な開口部面積を必要とし、その面積が不足する場合は、換気設備で補うこととされている。これに用いる自然換気設備の基準と構造の要点を記すと以下のようになる。また、それらを図解したものを、図4・13に示す。

①換気上有効な給気口および排気筒を有すること。
②給気口は居室の天井の高さの1/2以下の高さの位置に設け、常時外気に開放されていること。
③排気口は、給気口より高い位置に設け、常時開放された構造とし、かつ排気筒の立上がり部分に連結すること。

図4・9　ベンチレーター（三和式ベンチレーター㈱提供）

図4・10　モニター（三和式ベンチレーター㈱提供）

図4・11　屋根裏換気口

図4・12　古民家に設けられた換気の装置

④排気筒は、不燃材料でつくること。
⑤排気筒の有効断面積は、次式によって計算した数値以上とすること。

$$A_V = \frac{A_f}{250\sqrt{h}} \quad \cdots\cdots\cdots\cdots\cdots\cdots\cdots\cdots\cdots\cdots\cdots\cdots\cdots\cdots\cdots\cdots\cdots\cdots\cdots\cdots\cdots\cdots\cdots\cdots\cdots\cdots (4\text{-}9)$$

A_V：排気筒の有効断面積 [m²]
A_f：居室の床面積（換気上有効な開口部がある場合は、その開口部面積を20倍し、その居室の床面積から減じた値）[m²]
h ：給気口の中心から排気筒頂部の外気に開放された部分の中心までの高さ [m]

⑥給気口および排気口の有効開口面積は、排気筒の有効断面積以上とすること。

自然換気設備の法的なフローチャートを、図4・14に示す。なお、火を使用する室については、上記とは別に給気口、排気口、排気筒、煙突、排気フードを有する排気筒の有効断面積の計算式が与えられている。

2）機械換気

機械換気は、室の給気・排気に対し、双方あるいは一方に送風機を使用して換気を行うもので、強制換気とも呼ばれる。機械換気を使用する意味は、室に必要な換気量を確実に確保したい場合や、法規上それが義務付けられる場合である。また、前述の自然換気と比較した場合、機械換気は、設備費・維持費・機械の故障や事故・動力源の遮断（停電時など）、あるいは省エネルギーの面から不利な点もある。しかし、現在の大気汚染・都市事情や室のプライバシーなどの面から、室内の空気環境の調整が機械換気や空調設備に頼ることはやむをえない状況にある。

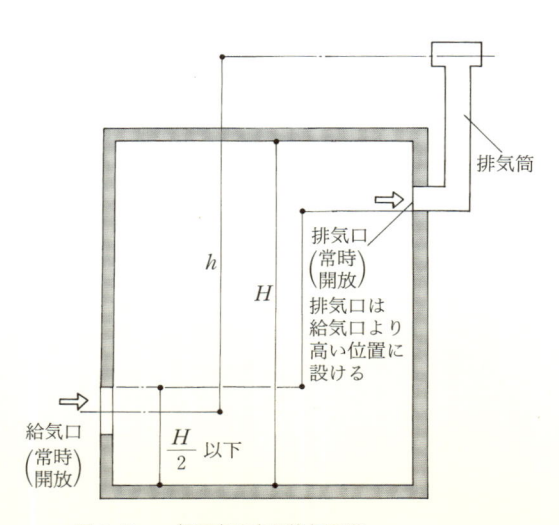

図4・13　一般居室の自然換気設備

図4・14　自然換気設備規定の法規上の流れ

- 建築基準法第28条第2項および第3項
  居室の換気
  火を使う室の換気

- 建築基準法施行令第20条の2および3
  建築基準法施行令第129条の2の5第1項
  換気設備の技術的基準
  自然換気設備の構造

- 旧建設省告示第1826号（昭和45年）
  換気設備の構造方法

機械換気は、その方式により、次のように第1種、第2種、第3種に分類される（表4・14）。
① 第1種換気設備：給気・排気ともに送風機を用いる（図4・15）。設備費は高いが、完全な換気が期待できる。室内の圧力は自由にコントロールが可能であり、室内外の圧力差を生じないようにもできる。大規模の空間、屋内駐車場、機械室などに用いられる。空調設備を伴う場合が多い。
② 第2種換気設備：給気に送風機を用い、排気は自然排気とする（図4・16）。室内の圧力は正圧（＋）となる。室内の空気が周囲に拡散してもよい場合や、周囲の環境が悪い場合に用いる。したがって、臭気・蒸気・汚染物質などの発生しない室（清浄室という）に適する。例としてクリーンルームや手術室などがあげられる。
③ 第3種換気設備：排気に送風機を用い、給気は自然給気とする（図4・17）。室内の圧力は負圧（－）となる。室内の空気は拡散しにくい。したがって、湿気や臭気の多い室（汚染室という）に適する。例として、台所・便所・浴室・湯沸室・コピー室などがあげられる。

3）24時間換気

建築基準法では、石綿その他の物質の飛散または発散に対する衛生上の措置として、汚染源となる物質の使用禁止、使用面積の制限に加えて、原則としてすべての居室について24時間連続換気を行うことが義務づけられている。

これに用いる換気方式として、機械換気とハイブリッド換気がある。ハイブリッド換気方式は、重力と風力による自然換気を基本とし、換気量に不足が生じる場合に機械による換気を行う仕組みになっている。

表4・14　各換気方式の特徴

名称	給気	排気	換気量	室内圧
第1種換気	機械	機械	任意一定	任意
第2種換気	機械	自然	任意一定	正圧
第3種換気	自然	機械	任意一定	負圧

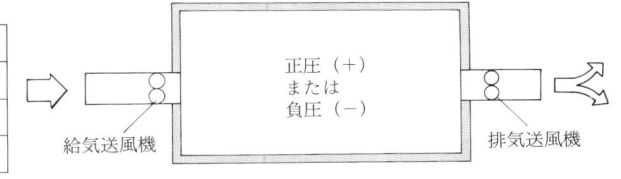

図4・15　第1種換気設備

図4・16　第2種換気設備

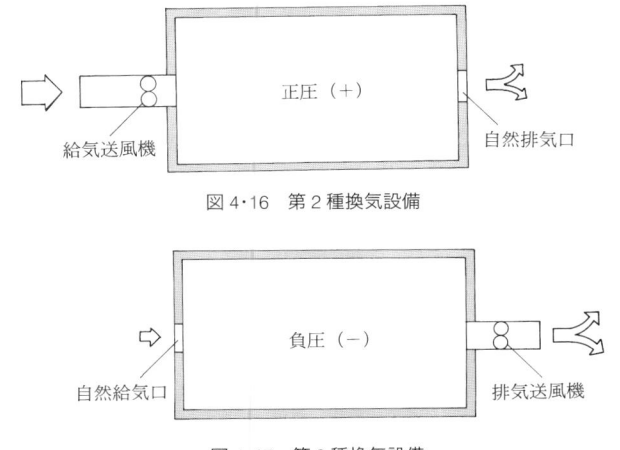

図4・17　第3種換気設備

4）全般換気と局所換気

　室内空気が汚染状態にあるとき、その室全体の空気を換気することを全般換気といい、汚染物質の発生場所近くでその汚染物質を換気することを局所換気という。

　局所換気では、汚染物質である熱気・湿気・臭気・ガス・粉塵などが室内に拡散しないうちにそれらを排除するので効率的かつ経済的である。しかし、局所換気のみで熱・水蒸気・有害物質を完全に排出することは難しく、通常は全般換気と併用する。

　局所換気の場合、機械換気を用いるのが一般的である。排出すべき汚染物質を効率よく捕集する工夫として、次のようなものがある。

①フード：台所・厨房などレンジ台上部の天蓋をいう（図4·18、19(a)(b)）。フードは、発生源を囲うほど、また作業面との間隔が近いほど有効である。

②ドラフトチャンバー：化学物質などを取り扱う室で、有毒ガスなどの汚染物質を捕集用ボックスに収集させるよう、常時室からボックスへ気流をつくり、作業に危険のないよう有毒ガス類の室内拡散を防御するものである（図4·19(c)）。

③グローブボックス：放射性物質などを取り扱うときに用いる操作用の装置。空気が絶対に逆流しないように設計され、その装置の中に手を差し込み、その中で各種物質を操作する。

　これらは、排出ガス類により腐食しない材料のものを選ばなければならない。また、逆流の防止措置を行ったり、有毒ガスの場合には汚染物ろ過装置を設けなければならない。機械換気のための送風機は、排気シャフトのできるだけ末端部に位置させ、騒音などへの配慮が必要となる。

図4·18　台所の局所換気

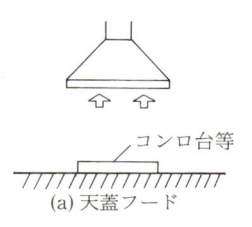

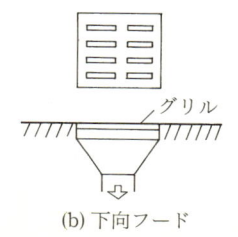

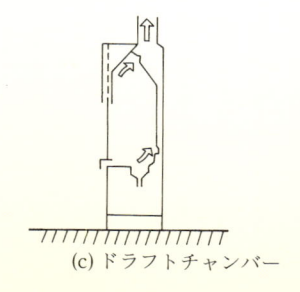

図4·19　フードの種類
(a) 天蓋フード
(b) 下向フード
(c) ドラフトチャンバー

4 換気に関する法的規制

換気に対しての法的な規制は、建築基準法・施行令・国土交通省告示および労働安全衛生規則などにより定められている※。

建築基準法関係において換気設備が義務づけられているのは、次の場合である。

① 居室の換気に有効な部分の開口部の面積が、その居室の床面積の 1/20 未満の居室。
② 劇場・映画館・演芸場・観覧場・公会堂・集会場その他これらに類する建築物の居室。
③ 建築物の調理室、浴室その他の室で、かまど・コンロ、その他火を使用する設備もしくは器具を設けたもの。
④ 気密性の低い建築物の居室を除き、原則としてすべての居室（石綿その他の物質の飛散または発散に対する衛生上の措置として）。

労働安全衛生規則においては、次のような規定がある。

① 作業場の気積は、一人当たりについて、10 m³ 以上としなければならない。
② 作業場において、窓その他の開口部の直接外気に向かって開放することができる部分の面積が、常時床面積の 1/20 以上になるようにしなければならない。
③ 作業場の気温が 10 ℃ 以下であるときは、換気に際し、毎秒 1 m 未満の気流であること。

以上のように、いずれの場合も、換気に必要な給排気口の確保を規定している。また、それ以外にも天井高の下限を設けて、一人当たりの気積の確保も配慮している。

建築物における衛生的環境の確保に関する法律施行令（抜粋 1）

第 2 条　一　空気環境の調整は、次に掲げるところによること。
　　　　　イ　空気調和設備を設けている場合は、居室における次の表の各号の左欄に掲げる事項がおおむね当該各号の右欄に掲げる基準に適合するように空気を浄化し、その温度、湿度または流量を調節して供給すること。

一	浮遊粉塵の量	空気 1 m³ につき 0.15 mg 以下
二	一酸化炭素の含有率	10/100 万以下
三	炭酸ガスの含有率	1000/100 万以下
四	温度	一　17 度以上 28 度以下 二　居室における温度を外気の温度より低くする場合は、その差を著しくしないこと
五	相対湿度	40 % 以上 70 % 以下
六	気流	0.5 m 毎秒以下
七	ホルムアルデヒドの量	空気 1 m³ につき、0.1 mg 以下

事務所衛生基準規則（抜粋 2）

第 3 条　2　事業者は、室における一酸化炭素および炭酸ガスの含有率（1 気圧、温度 25 度とした場合の空気中に占める当該ガスの容積の割合をいう。以下同じ）を、それぞれ 50/100 万以下、および 5000/100 万以下としなければならない。

第 5 条　1　事業者は、空気調和設備または機械換気設備で中央管理方式のものを設けている場合は、室に供給される空気が、次の各号に適合するように、当該設備を調整しなければならない。
　　　一　浮遊粉塵量が、0.15 mg 以下であること（1 気圧、温度 25 度とした場合の当該空気 1 m³ 中に含まれる量。以下同じ）。
　　　二　一酸化炭素および炭酸ガスの含有率が、それぞれ 10/100 万以下（外気が汚染されているために、この数値以下の空気を供給することが困難な場合は、20/100 万以下）および 1000/100 万以下であること。
　　　2　事業者は、前項の設備により室に流入する空気が、特定の労働者に直接、継続しておよばないようにし、かつ、室の気流を 0.5 m 毎秒以下としなければならない。

駐車場法施行令（抜粋 3）

第 12 条　建築物である路外駐車場には、その内部の空気を 1 時間につき 10 回以上直接外気と交換する能力を有する換気設備を設けなければならない。
　　　ただし、窓その他の開口部を有する階でその開口部の換気に有効な部分の面積がその階の床面積の 1/10 以上であるものについては、この限りではない。

※　換気に関するその他の法的規制には、建築物における衛生的環境の確保に関する法律（ビル管理法（抜粋 1））、事務所衛生基準規則（抜粋 2）、駐車場法施行令（抜粋 3）および各地方条例などがある。

4・3 通風

1 通風の目的

　夏の暑い時期に、窓を開放し室内に風を導き、人体からの熱を奪うことで涼を得ることなどを通風という。換気が汚染空気の排出を目的とするのに対し、通風は風が通ること自体を目的としている。

　要するに、通風とは、風上・風下の開口を開放し、室内に気流を与え、人体からの熱放散を大きくし、温感の低下を図ることを意味する。なお、床下や屋根裏の換気に対して通風と呼ぶこともある。

　一般に、換気量に比べて通風量は大きく、通風量を換気回数で表せば、数百回/h程度となる。

　市街地では、過密化や騒音・大気汚染などの影響で十分に窓を開放することが困難となる場合が多く、空気調和設備によって室内を快適な状態にすることが一般化している。しかし、自然風に対する期待感や省エネ対策として、通風が見直されてきている。

　通風の良否は、気象条件（風向・風速）や建築物周辺条件（地形・植生・密集度）により、大きく異なる。特に日本では、夏の高温多湿をしのぐことに対し、通風の効果を期待することが多い。この場合、その地域における季節風の平均的な風向・風速（表4・15）や海陸風・山谷風など（図4・20、4・21）といった、基本的な地理的条件の理解が必要となる。

　室内に通風が要求される場合、少なくとも0.2m/s以上の室内風速が得られないと、その気流は感知されない。また、机上の書類が風で動かない程度の風速は1m/sとされており、この値を通風による室内風速の上限としている。しかし、極暑期ではこの上限を超える風速を期待することもある。

表4・15　月別最多風向と平均風速

地点	1月 最多風向	1月 平均風速 m/s	4月 最多風向	4月 平均風速 m/s	7月 最多風向	7月 平均風速 m/s	10月 最多風向	10月 平均風速 m/s	年 最多風向	年 平均風速 m/s
旭川	S	1.4	WNW	2.0	WNW	1.7	S	1.6	WNW	1.7
網走	SW	3.6	S	3.4	S	2.2	SW	3.6	S	3.1
札幌	NW	1.9	SE	2.9	SE	2.5	SSE	2.1	SE	2.3
釧路	NNE	3.5	S	3.8	S	3.0	NNE	3.7	NNE	3.5
函館	WNW	2.7	W	3.1	W	2.3	WNW	2.7	WNW	2.7
青森	SW	3.4	SW	3.0	ENE	2.1	SW	2.6	SW	2.8
秋田	NW	5.6	SE	4.1	SE	3.0	SE	3.8	SE	4.0
盛岡	W	2.7	S	3.5	S	2.7	S	2.4	S	2.8
山形	SSW	1.4	N	1.9	N	1.4	SSW	1.3	SSW	1.5
仙台	WNW	3.7	SE	3.7	SE	2.7	NNW	3.4	NNW	3.4
福島	WNW	2.5	NE	2.9	NE	2.1	WNW	1.9	NE	2.4
新潟	W	4.6	S	3.4	NNE	2.8	S	3.2	S	3.5
長野	E	1.8	WSW	2.9	WSW	2.3	W	2.2	WSW	2.3
松本	S	2.1	N	2.7	N	2.1	N	1.8	N	2.1
甲府	NNW	1.9	SW	2.1	SW	1.6	WSW	1.4	SW	1.8
東京	NNW	3.4	NNW	3.7	S	3.0	NNW	3.2	NNW	3.4
静岡	WSW	2.3	NE	2.5	S	2.3	NE	2.0	NE	2.3
名古屋	N	2.9	NNW	3.2	SSE	2.5	N	2.5	NNW	2.8
金沢	SW	2.4	E	2.2	E	1.7	E	1.8	E	2.0
福井	S	2.5	SSE	3.1	S	2.5	SSW	2.5	S	2.6
京都	NNW	1.4	N	1.8	NNE	1.7	N	1.4	N	1.6
大阪	W	3.6	NE	3.4	WSW	3.2	NE	3.1	NE	3.3
神戸	WNW	3.7	ENE	3.4	WSW	3.1	N	3.2	N	3.3
鳥取	ESE	3.3	ESE	3.6	ESE	2.7	ESE	2.9	ESE	3.1
岡山	W	2.5	ENE	2.3	ENE	2.1	N	1.9	ENE	2.2
徳島	WNW	3.5	NW	3.5	SSE	2.9	WNW	2.9	WNW	3.1
高知	W	1.8	W	1.9	W	1.6	W	1.7	W	1.8
松山	E	1.7	WNW	2.0	E	1.7	ESE	1.8	WNW	1.9
福岡	SE	3.3	N	3.1	SE	2.7	N	2.7	SE	2.9
長崎	N	2.3	N	2.4	SW	2.3	NE	1.9	N	2.2
熊本	NW	1.8	NNW	2.1	SW	2.2	NW	1.8	N	1.9
鹿児島	NW	2.5	WNW	2.8	WNW	2.6	NW	2.6	NW	2.7
那覇	NE	4.4	SSW	4.4	SW	4.4	NE	4.7	NE	4.6

注　最多風向は、平成8年版『理科年表』より作成。平均風速は、平成3年版『日本気候表』より作成（1975年〜1990年までの資料による）

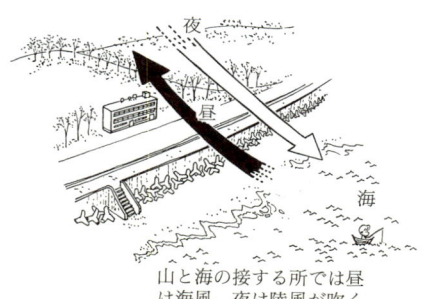

山と海の接する所では昼は海風、夜は陸風が吹く

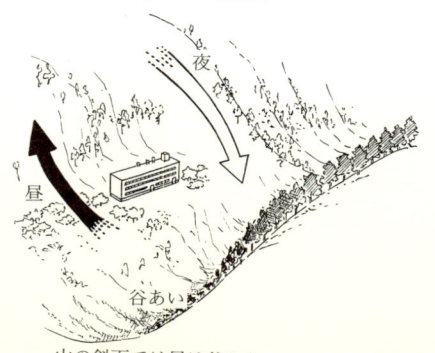

図4・20　海陸風

山の斜面では昼は谷から、夜は山から風が吹いてくる

図4・21　山谷風

2 通風経路

建築物の室内へ風が流入し、室内気流を形成して、屋外へと流出していく空気の経路のことを、通風経路または通風輪道という。室内全体の自然換気を偏らない状態で居住域・作業面に対して効果的に行わせるためには、この経路をよく把握することが必要である。

通風経路に影響を与える要素として、次の4点について考えておかなければならない。

①建築物周辺の樹木類や塀、および建築物壁面の突起物：道路境界や隣地境界付近などの生垣・塀などは、一般に目隠しの機能を目的として設置されることが多い。この場合、これらを通風の手段として利用することもできる（図4・22）。図中に見られるように、それらの配置の仕方によって風がコントロールされ、通風量を増加させたり、また逆に通風の妨げとなる場合もある。ひさしや障壁についても同様の影響があり、壁面からの出の寸法によって、室内の通風経路は変動する（図4・23）。

②開口部の位置：開口部の室内壁面内での位置関係によっても気流は変化し、停滞空間の表れ方が異なる。その場合、平面的な差異（図4・24）と断面的な差異（図4・25）とがある。

③開口部の形式：開口部に設ける建具類の開放の形式が、通風経路に影響を及ぼす場合がある（図4・26）。100％の開口が可能な形式の窓は少なく、回転窓（縦軸・横軸）・すべり出し窓などによる差異が見られる。これは、流量係数 α とも関係する。

④開口面積比：流入・流出の開口部の面積比は、導入される風速に大きく影響を与える。一般に、流出側開口部が大きい場合の方が、外気は流入しやすい（図4・27）。

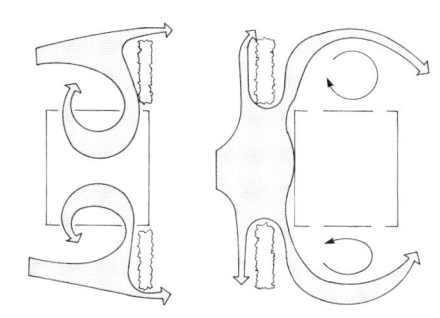

図4・22 生垣・塀と通風経路

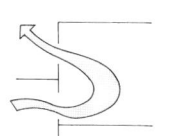

図4・23 庇・障壁と通風経路

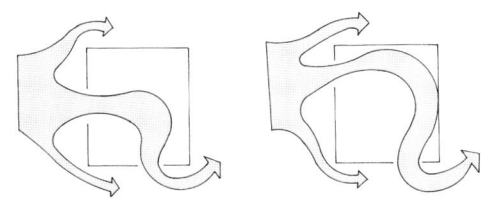

図4・24 開口部の位置と通風経路（平面）

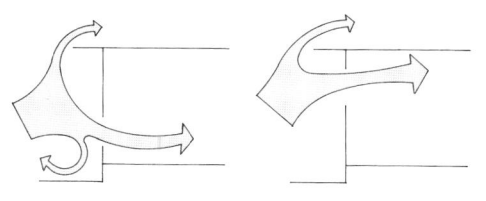

図4・25 開口部の位置と通風経路（断面）

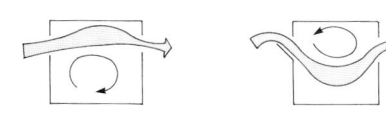

図4・26 開口部の形式と通風経路

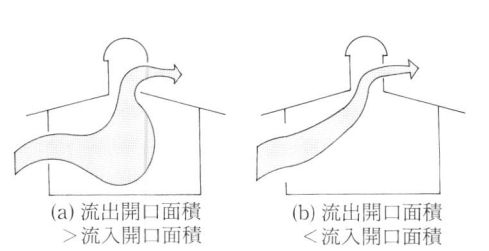

図4・27 開口面積比と通風経路
(a) 流出開口面積＞流入開口面積
(b) 流出開口面積＜流入開口面積

5章　日照と日射

5・1　日照と住環境

1 日照の効果

太陽は核融合反応により、$3.83×10^{26}$ W のエネルギーを放出している。そのうちのわずか22億分の1が地球に届くに過ぎないが、そのエネルギーは、熱や光を大気や地表の動植物や鉱物に与え、気候を形成し、水分を蒸発させ、雨を降らせ、風を起こすなど、さまざまな現象の源である（図5・1）。

太陽エネルギーのうち、主として直射光の光効果や保健衛生的効果を日照と呼び、熱効果を日射と呼ぶが、あまり厳密ではない。日照権という場合は、日光が当たることによるさまざまな恩恵を受ける権利をいい、その意味から、日照とは漠然とした日当たりの問題であるということもできる。いずれにせよ日照は私たちの生活に欠くことのできない自然の要素であり、建築基準法にも日照確保のための日影規制が盛り込まれている。

太陽の放射エネルギーは、その波長によって、紫外線、可視光線、赤外線に分けられる（図5・2）。紫外線は、成層圏のオゾン層によって大部分が吸収される。赤外線は、波長により大気中の水蒸気や二酸化炭素によって吸収されやすいものがあり、それらが部分的に吸収される（図5・3）。

図5・1　太陽エネルギーの作用

波長		放射線名
単位 m	単位 nm	
10^{-13}	10^{-4}	γ線
10^{-12}	10^{-3}	
10^{-11}	10^{-2}	X線
10^{-10}	10^{-1}	
10^{-9}	1	
10^{-8}	10	
10^{-7}	10^2	紫外線
10^{-6}	10^3	可視光線
10^{-5}	10^4	赤外線
10^{-4}	10^5	遠赤外線

図5・2　太陽放射の波長と線名

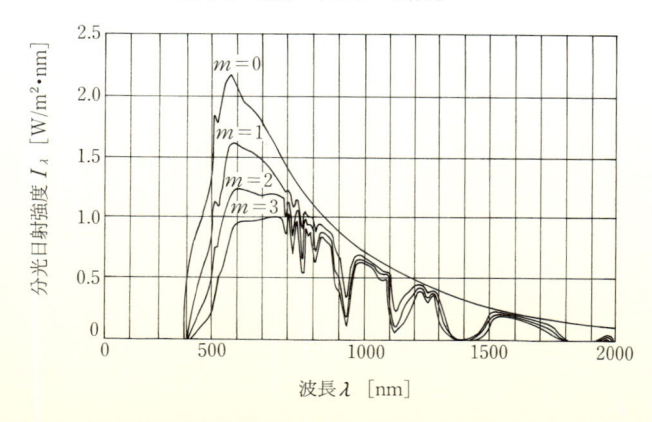

図5・3　太陽放射の波長分布図（㈳日本建築学会編『建築設計資料集成1. 環境』丸善より作成）

1）熱効果

　全波長域の太陽放射によって大地や大気は熱を受け、気温が形成されている。建築物への日射は、屋根や外壁を通じて、あるいは窓ガラスを透過して室内に流入することで、室内の熱環境に大きな影響を与える。冬季の日射は建築物の保温や湿気の防除に効果的だが、夏の日射は室内の熱負荷を増大させる。

2）光効果

　太陽放射のうち、380～780 nm[※]の波長のものは可視光線と呼ばれ、人間に明るさや色彩を感じさせる光としての効果をもつ。昼光照明として利用されるのは、主に大気中で散乱して地表に届く天空光である。直射光の照度（p.104参照）は数万lx（ルクス）から10万lxにも達し、照度が過大で陰陽のコントラストが大きいので、照明としては不向きである。しかし、省エネルギーの観点から、日照調整装置のコンピューター制御により、直射光の照明への利用も可能になっている。

3）保健衛生的効果

　太陽放射のうち波長が380 nm以下の紫外線は、数時間の照射で病原菌が死滅するなど、強い化学作用をもっている。建築物に対しては内装材や家具の色あせをもたらし、人体に対しても皮膚癌や白内障の原因になる。しかし、紫外線のうち300～320 nmの波長のものは、ドルノ線または健康線と呼ばれ、体内でカルシウムをつくるのに必要である。ドルノ線の欠乏は、クル病の原因となるので、人体は1日数分以上の日照を受ける必要がある。

4）住居環境の総合的指標としての日照

　太陽高度が低く、日の出から日没までの時間が短い冬季において、建築物の南側が開けていなければ、十分な日照を得ることはできない。いいかえれば、日照が得られるということは、敷地の南側に高い建築物が迫って圧迫感があったり眺望を損なうということがなく、風通しもよく、樹木もよく成長し、明るく健康的で、生理的にも安定する健全な環境にあることを意味している（図5・4）。このように日照の良否は、住居環境の良否の総合的指標ともいえるのである。

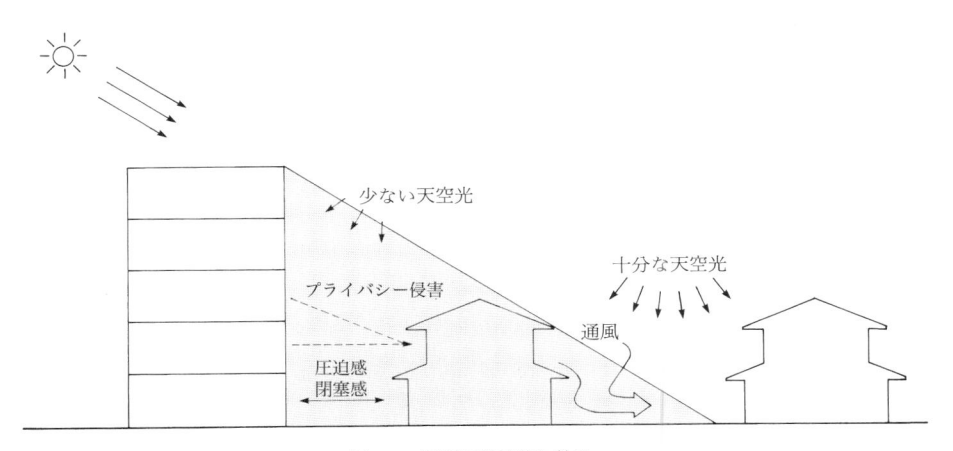

図5・4　日照の間接的な効果

※　ナノメーターと読む。1nm = 10^{-9}m。詳しくは、巻末の「単位の接頭語」参照。

2 日照と建築計画

　日照は、建築計画の中で欠くことのできない検討要素である。この場合、計画建築物自体の日照の確保とともに、計画建築物による周辺への日影の影響にも目を向けなければならない。

1）建築物の配置と平面計画

　日照の検討の前提として、まず第一に、地上からみた各季節の太陽の運行軌道を知らなければならない。その上で、主な居室への日照の導入や植栽への日当たりなどを考え、敷地内における建築物の配置や各居室の配置を決める。さらに、開口部の位置や大きさによって、室内のどの部分にどの程度の日照が得られるかが決まる。また、日照調整装置を設けることで、日射を遮ったり、適度な日照を室内に導き入れることができる。

2）敷地周辺への日影

　計画建築物により、その敷地の北側に長時間の日影を生じないよう、建築物の配置や形態が法的に規制されている。敷地の周辺に対しては、法的規制の対象区域の内外を問わず、日影を十分に考慮した計画を行い、地域全体の環境向上をも視野に入れた建築計画を行うべきである。

　日影の検討は、日照図表や日影曲線、太陽位置図などを用いて行うことができる（p.85 参照）。

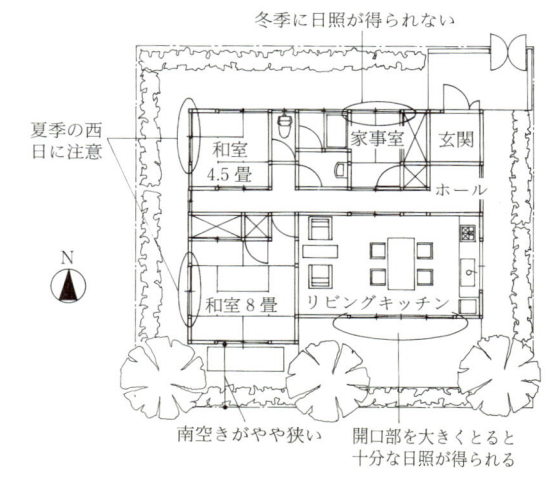

図5・5　建築物平面と日照

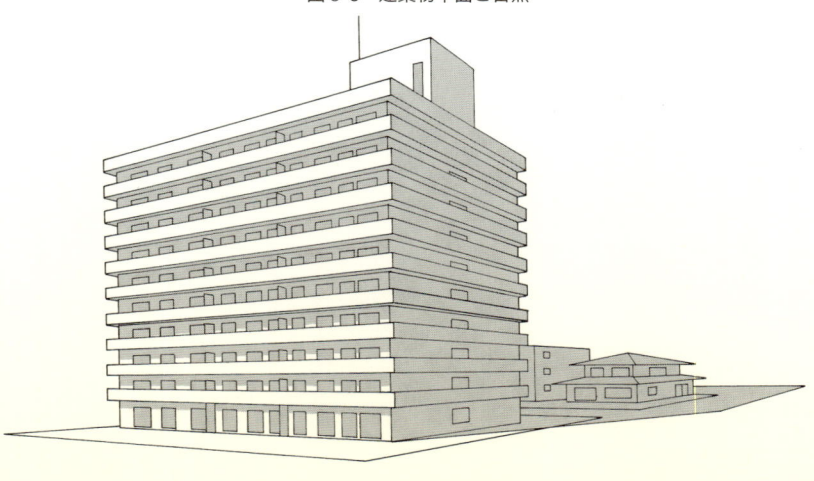

図5・6　隣地への日影

5・2 太陽の位置

◧ 地表からみた太陽の動き

1) 地球の公転と自転

地球は、公転面に対して地軸を 23°27′ 傾けて、太陽の回りを公転している（図5・7）。この太陽と地球の関係を、地球を中心にして考えると図5・8のようになる。この図に示した δ は、地球の赤道面と太陽のなす角で、日赤緯という。表5・1に示すとおり、日赤緯は季節によって変化する。

2) 天　球

図5・8の点Aは、赤道から ϕ の角度（緯度 ϕ）にある地球表面上の点である。この点Aを中心にして無限に広がる空間を有限半径の球とみなし、太陽、月、星などの天体は、この球面上の点とみなす。この仮想の球を天球と呼ぶ（図5・9）。太陽光は平行光なので、点Lが天球上の太陽の位置となる。

3) 太陽の高度と方位角

図5・10の点Aを観測者、天球上の点Lを太陽とするとき、ALと地表面のなす角 h を太陽高度という。天頂Zと天底Z′を通る円のうち、真南（南点）Sを通るものを子午線という。天頂と天底と太陽を通る円ZZ′Lと子午線のなす角 α を方位角という。方位角 α は、真南を0とし、西点が＋90°、東点が－90°となる。

天球上の両極 P_nP_s と点Lを通る円を時円という。時円と子午線のなす角 t を時角という。時角 t は、太陽が真南にきたとき（南中）が0で、15°が1時間に相当する。観測点の緯度 ϕ、その季節の日赤緯 δ、任意の時刻の時角 t により、太陽の高度 h と方位角 α は、次式で表すことができる。

表5・1　日赤緯 δ

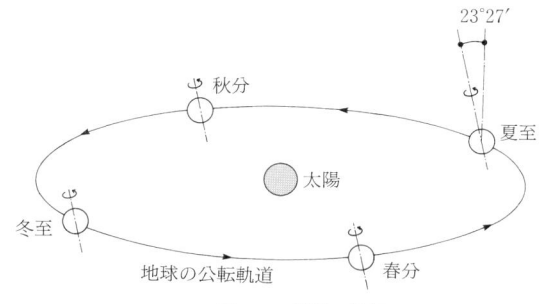

立春	2月 4日	－16°20′
春分	3月21日	0°00′
夏至	6月22日	23°27′
立秋	8月 8日	16°20′
秋分	9月23日	0°00′
冬至	12月22日	－23°27′

図5・7　地球の公転

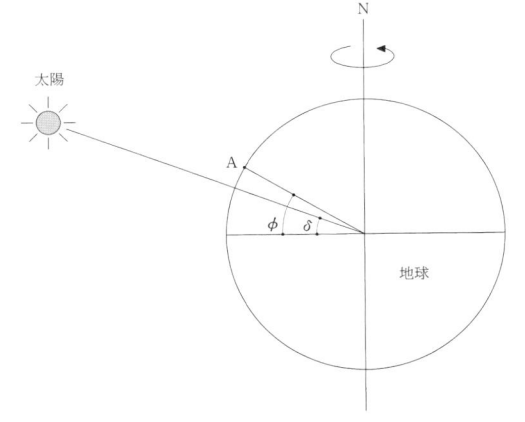

図5・8　地球を中心にした夏至の太陽

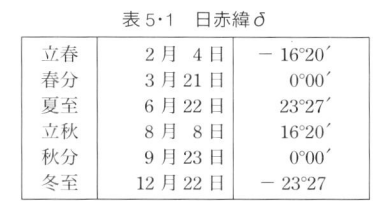

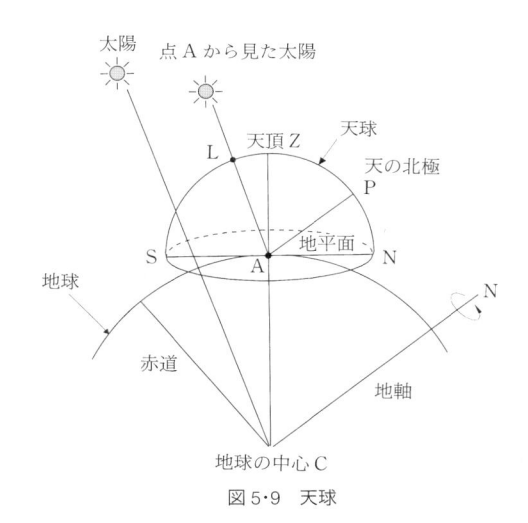

図5・9　天球

$$\sin h = \sin \phi \sin \delta + \cos \phi \cos \delta \cos t \quad \cdots\cdots\cdots\cdots\cdots\cdots\cdots\cdots\cdots\cdots\cdots\cdots\cdots (5\text{-}1)$$

$$\sin \alpha = \frac{\cos \delta \sin t}{\cos h} \quad \cdots\cdots\cdots\cdots\cdots\cdots\cdots\cdots\cdots\cdots\cdots\cdots\cdots\cdots\cdots\cdots\cdots\cdots (5\text{-}2)$$

式（5-1）において $t = 0$ とすると、南中時における太陽高度（南中高度）が求まる。

$$h = 90° - \phi + \delta \quad \cdots\cdots\cdots\cdots\cdots\cdots\cdots\cdots\cdots\cdots\cdots\cdots\cdots\cdots\cdots\cdots\cdots\cdots\cdots\cdots (5\text{-}3)$$

太陽の天球上の軌道を、夏至、春秋分、冬至について描くと、図5・11のようになる。太陽高度と方位角により、建築物の各面への日射量や建築物による日影の影響範囲が大きく異なるので、各季節の太陽の位置を知ることは重要である。

4）太陽位置図

天球上の太陽の軌道、高度円、方位円、時円を平面上に射影したものを、太陽位置図という（図5・12）。天球上の同じ高度を結んだ高度円は同心円状に、同じ方位を結んだ方位円は放射線状に、等時刻を結んだ時円は曲線状に射影される。この太陽位置図により、任意の時刻の太陽高度や方位角を知ることができ、太陽位置図と同じ射影方式で作成した建物の射影図と重ね合わせれば、日影の検討をすることができる（p.90 参照）。なお、太陽位置図の射影方式には、正射影、等距離射影、等立体角射影、極射影がある。

図5・10　太陽高度と方位角

図5・11　太陽の軌道

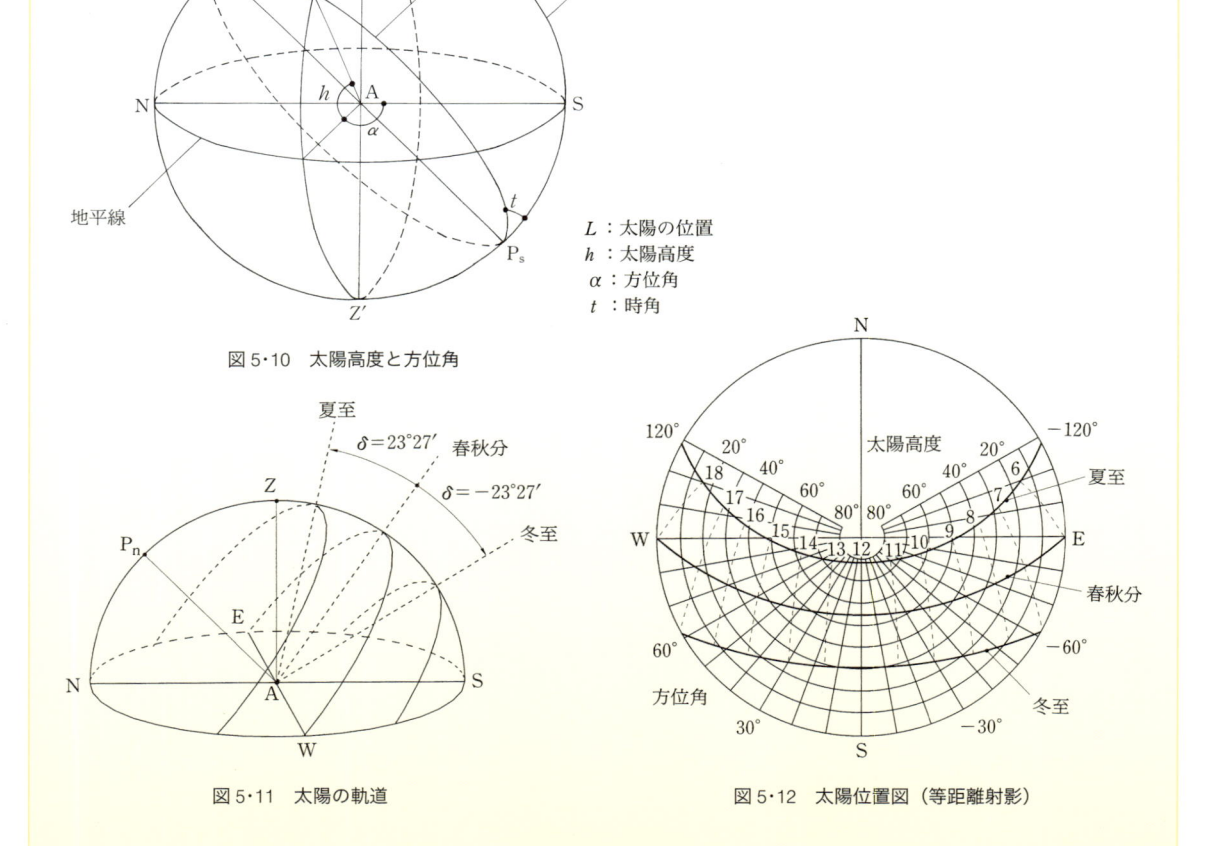

図5・12　太陽位置図（等距離射影）

2 真太陽時

　太陽が南中したときを正午、再び南中するまでを1日と定めて、その1/24を1時間とする時刻系を真太陽時という。地球の自転速度は一定であるが、公転軌道が楕円であることなどにより、真太陽時の1日の長さ（真太陽日）は1年を通して一定とならない。そこで、真太陽日の1年間の平均を平均太陽日とし、それを1/24にしたものを平均太陽時とする。わが国では東経135°（兵庫県明石市）における平均太陽時を日本標準時としている。

　各地における真太陽時と平均太陽時の差を均時差といい、図5・13に示すとおり年変化する。また、ある地点における平均太陽時と標準時との差は、経度差15°当たり1時間（1°当たり4分）となる（図5・14）。したがって、日本標準時をT'、均時差をe、東経をLとすると、真太陽時Tは次式で表される。

$$T = T' + e + \frac{L - 135}{15}\text{時間}$$
$$= T' + e + 4(L - 135)\text{分} \quad \cdots\cdots\cdots\cdots\cdots\cdots\cdots\cdots\cdots\cdots\cdots (5\text{-}4)$$

【例題1】　北緯36°、東経136°の地点における、春分の日の真太陽時正午は、日本標準時で何時になるか。

【解　答】　図5・13より均時差は約−7.48分である。式(5-4)を変形して日本標準時を求めると、
$$T' = T - e - 4(L - 135)$$
$$= 12\text{時} - (-7.48)\text{分} - 4 \times (136 - 135)\text{分} = 12\text{時}3\text{分}29\text{秒}$$

演習問題

〈5-1〉北緯34°、東経134°の地点における、冬至の日の真太陽時午前10時は、日本標準時で何時になるか。

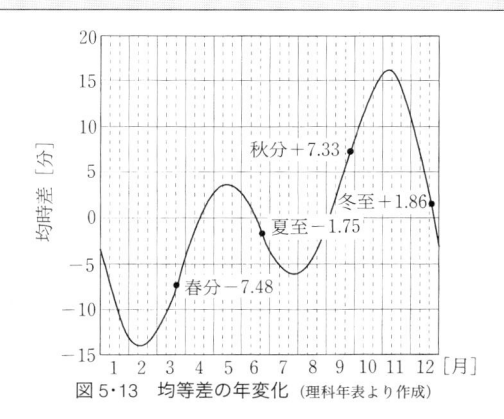

図5・13　均等差の年変化（理科年表より作成）

春分 −7.48　夏至 −1.75　秋分 +7.33　冬至 +1.86

表5・2　都市の緯度、経度、時差

都市名	緯度	経度	$4(L-135°)$
根　室	43°20′	145°35′	42.3
札　幌	43°03′	141°20′	25.3
盛　岡	39°42′	141°10′	24.7
東　京	35°41′	139°46′	19.1
長　野	36°40′	138°12′	12.8
名古屋	35°10′	136°58′	7.9
大　阪	34°41′	135°31′	2.1
高　松	34°19′	134°03′	3.8
広　島	34°24′	132°28′	10.1
福　岡	33°35′	130°23′	18.5
那　覇	26°12′	127°41′	29.3

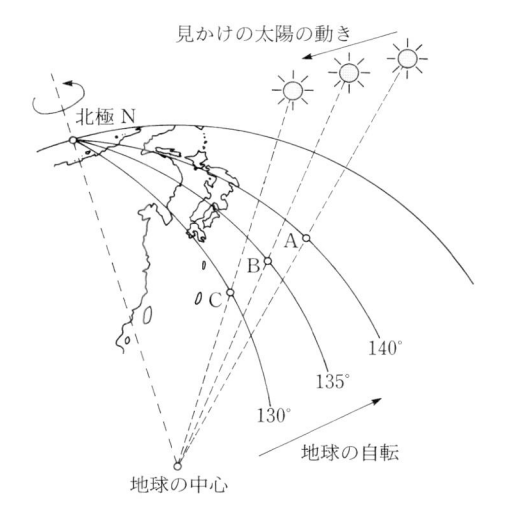

図5・14　時差

3 日影曲線と日ざし曲線

1）日影曲線

　水平面上の基準点Oに垂直に立てた棒の、日影の先端の軌跡を日影曲線という（図5・15、5・16）。日影曲線は太陽の方位角や高度によって決まるので、各季節毎の日影曲線は異なる。日影曲線によって、ある季節、ある時刻の日影の方位と、基準長さの棒に対する日影の長さの倍率を知ることができる。また、日影曲線を用いて、日影の先端から逆に、太陽の方位角と高度を求めることもできる。たとえば、冬至の午後2時の日影長さの倍率は約2.15、太陽高度は25°、方位角は30.5°となる。

2）水平面日ざし曲線

　図5・17に示すように、ある水平面上の基準点Oの鉛直下方の点O′と太陽を結ぶ線が、この水平面と交わる点の軌跡を、水平面日ざし曲線という。図5・18は各季節毎の日ざし曲線を表したものであるが、ちょうど日影曲線と点対称の関係になっている。

【例題 2】　日影曲線図（図5・16）を見て、冬至の午前9時の日影長さの倍率と、太陽の方位角、高度を求めよ。

【解　答】　図5・16より、おおよその日影長さの倍率は3.2、太陽の方位角は－43°、高度は17.5°となる。

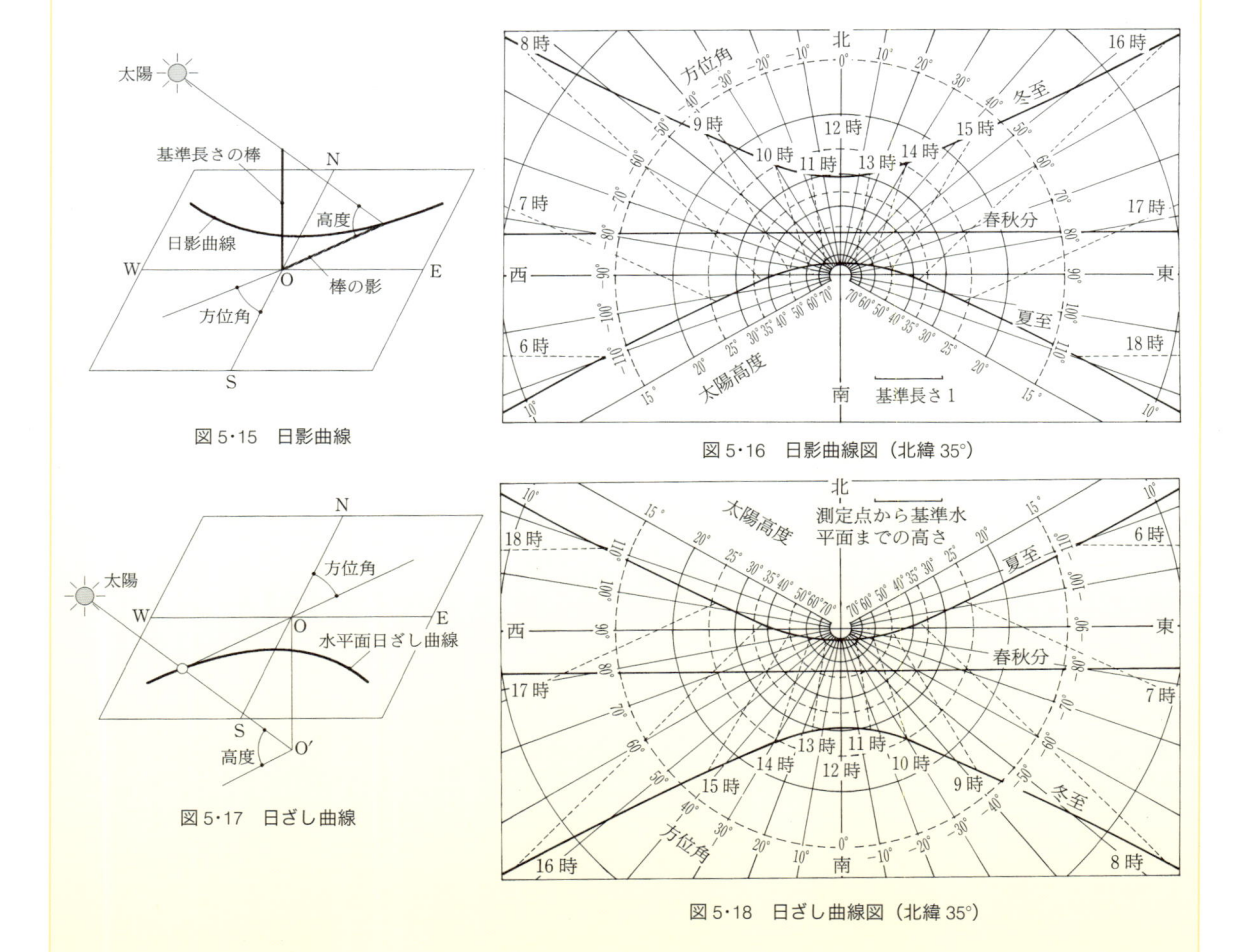

図5・15　日影曲線

図5・16　日影曲線図（北緯35°）

図5・17　日ざし曲線

図5・18　日ざし曲線図（北緯35°）

5・3 日照と日影の検討

1 日影曲線による検討

1) 日影図

日影曲線を用いて、基準点に立てた基準長さの棒の影の長さを知ることができる（p.84 参照）。したがって、建築物の各点を基準点に合わせれば、各時刻の建築物の影の方向と建築物の高さに対する影の長さの倍率を知ることができる。図 5・19 は、冬至の日の 14 時に、高さが基準長さの 1.5 倍の直方体の建築物の影を描いたものである。

建築物の日影を一定時間間隔で連続的に描いたものを日影図という。図 5・20 は 1 時間毎の日影を描いた日影図の例である。

2) 日影時間図

建築物の日影によって、周辺の各地点が何時間日影になるかを示す図を日影時間図という。日影時間図の各曲線は、建築物の周辺で等時間日影となる点を結んだもので、等時間日影線という。

日影時間図は、手作業で短時間に正確に描くことはできないので、コンピューターを用いて作成される。しかし、日影時間の見当をつけるためのおおよその図でよければ、日影図から簡単に作図することができる。たとえば図 5・21 において、8 時の日影と 9 時の日影の交点は、8 時に日影となり 9 時以降は日影とならないので、ちょうど 1 時間日影となる点である。同様に 1 時間毎の日影の交点はちょうど 1 時間日影となるので、それらの交点を結ぶ。さらに、日影の検討は 8 時から 16 時までについて行うので、8 時の日影に含まれる 9 時の日影の線と、16 時の日影に含まれる 15 時の日影の線も 1 時間の日影線になる。以上の線を結んだものが 1 時間の等時間日影線となる。2 時間、3 時間の等時間日影線も同様である。

> **演習問題**
> 〈5-2〉下図の建築物の 8 時から 16 時までの日影図を描きなさい。また、描いた日影図を利用して、1 時間と 2 時間の日影時間図を描きなさい。ただし、建築物の高さは、日影曲線の基準長さと等しいとする。

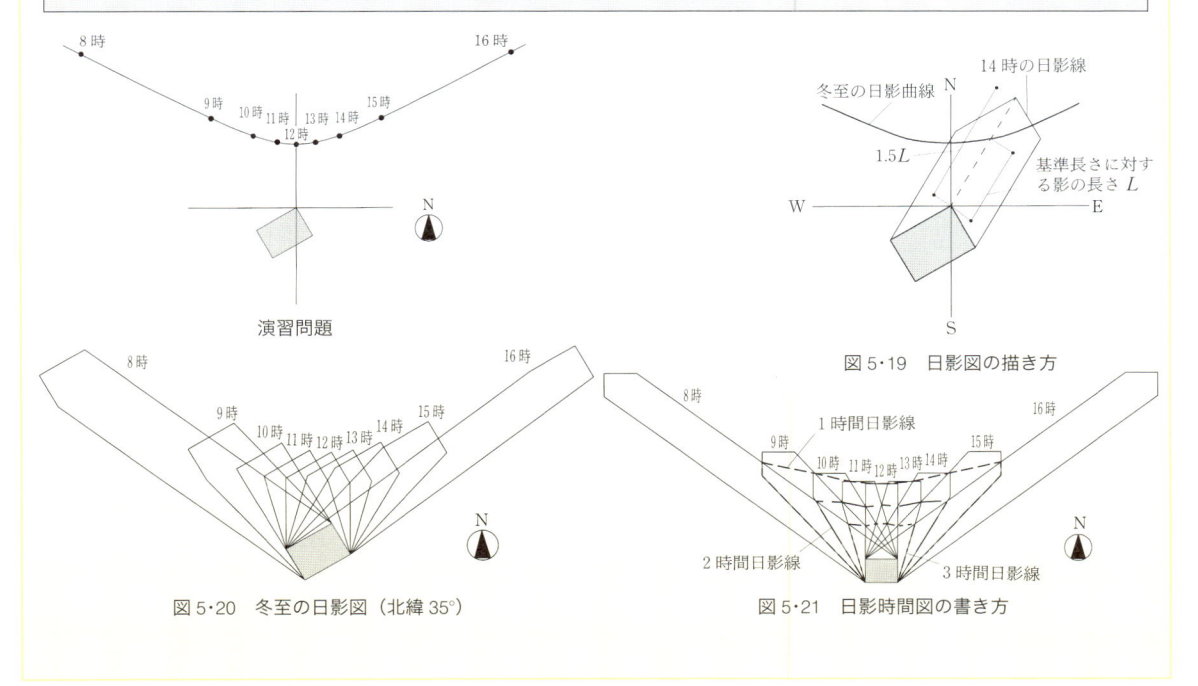

演習問題

図 5・19　日影図の描き方

図 5・20　冬至の日影図（北緯 35°）

図 5・21　日影時間図の書き方

3）建築物の形態と日影時間図

建築物の形が大きく高くなると、日影の及ぶ範囲も拡大する。しかし、長時間日影の影響範囲は単純ではない。図5・22は、建築物のヴォリュームと方位による日影時間の違いを示したもので、次のことがわかる。

①底面の形と大きさが同じ場合、一定の高さを超えると長時間日影の及ぶ範囲は変化しない。
②形と大きさが同じ場合、南北方向より東西方向に長い建築物の方が北側への影響は大きい。
③東西方向に棟が長くなるほど長時間日影の範囲が飛躍的に広がる。

図5・23に示すように、日の出から日没まで一日中日影になる場所を、終日日影という。建築物の形態によっては、夏至にも終日日影ができるが、この場所は年間を通じて日影になるので永久日影と呼ぶ。終日日影や永久日影は植栽にも影響を与える。また、高層棟が二棟並ぶ場合、建築物のすぐ北側の他に、少し離れた場所に長時間日影を生じることがある。この場所に、二つの棟が午前と午後の一定時間日影を落とすためで、これを島日影という（図5・24）。

日影の検討は、一つの敷地内の建築物について行われるが、実際には、日影は既存の建築物と新しく建てる建築物によって複合的に形成されるので、その影響範囲は飛躍的に大きくなるおそれがある。

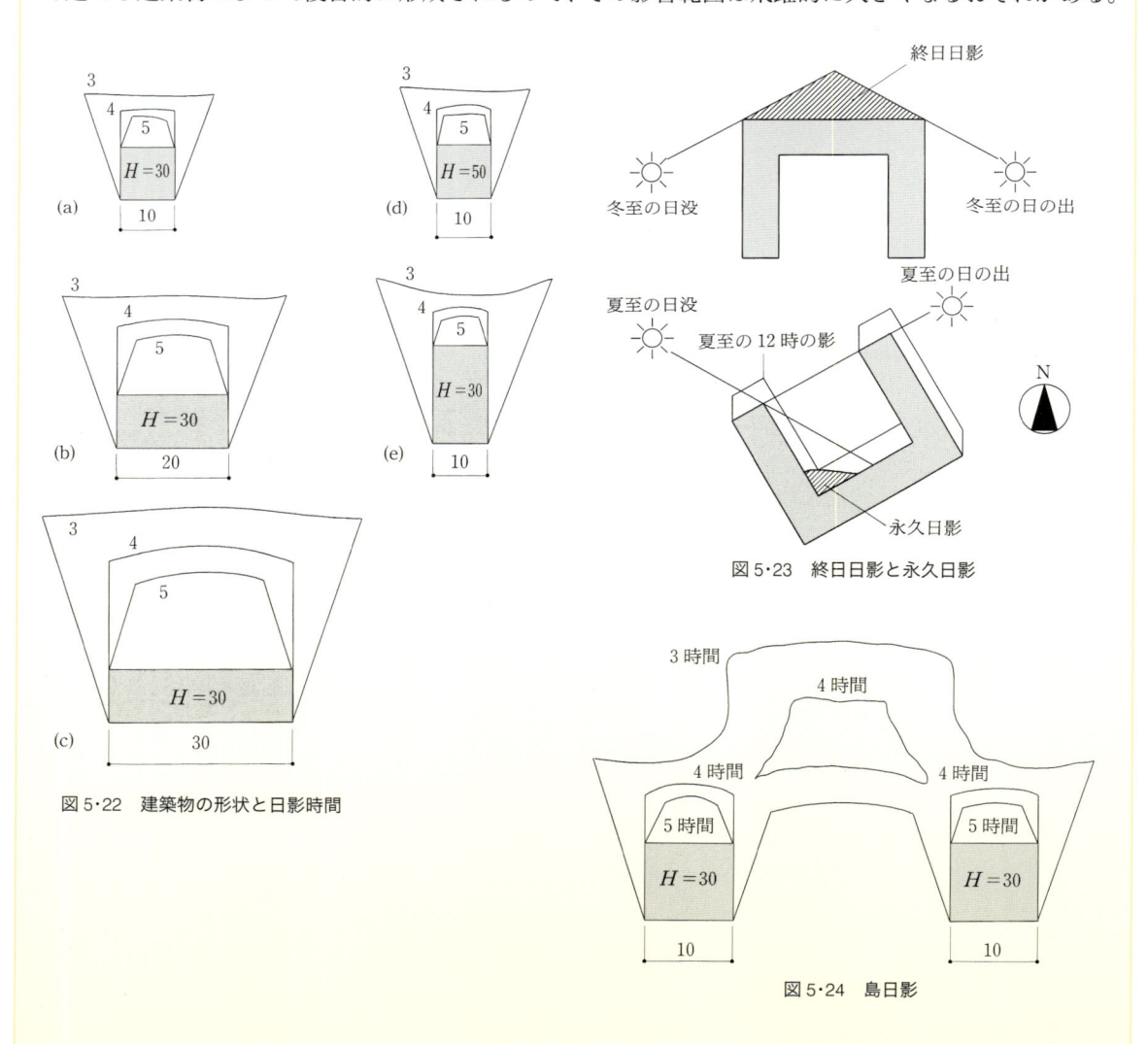

図5・22　建築物の形状と日影時間

図5・23　終日日影と永久日影

図5・24　島日影

4）隣棟間隔

東西に長い棟が連続して建つ場合、北側の棟に一定時間以上の日照を確保するためには、適当な隣棟間隔が必要である。

図5·25において、日影曲線の基準長さと同じ高さの直方体の建築物Aの日影は図示したとおりとなるので、北棟Bをεだけ離せば、9時以降しばらく日影を生じない。εを前面隣棟係数という。図5·26に東西に長い棟の連続する建築物の、冬至における緯度別の前面隣棟係数を示す。前面隣棟係数は、基準長さ1に対する倍率なので、南棟の高さをHとすると隣棟間隔dは次式で表される。

$$d = \varepsilon H \quad \cdots\cdots\cdots\cdots\cdots\cdots\cdots\cdots\cdots\cdots\cdots\cdots\cdots\cdots\cdots\cdots\cdots\cdots\cdots\cdots (5\text{-}5)$$

【例題3】 図5·25に示す直方体の建築物の北棟に、冬至日に9時以降しばらくの間日照を得るための隣棟間隔を求めよ。ただし、南棟の高さは20mとする。

【解　答】 図よりεの値は2.9となるので、

$$d = 2.9 \times 20 = 58\,\text{m}$$

5）窓からの日照

日影曲線の基準点に、棒を立てる代わりに窓の内法高と腰高を取れば、窓からさし込む日照の分布範囲を求めることができる。図5·27は、冬至、春秋分、夏至の同じ窓からの日照を描いたものである。冬至の日照は室の奥まで届き、夏至の日照は短いひさしで容易に防ぐことができることがわかる。

> **演習問題**
>
> 〈5-3〉北緯37°の地点において、下図のような東西に長い棟を南北に設ける場合、冬至日において、北棟に4時間の日照を得るためには、隣棟間隔は何mにすればよいか（図5·26参照）。ただし、南棟の高さは15mとする。

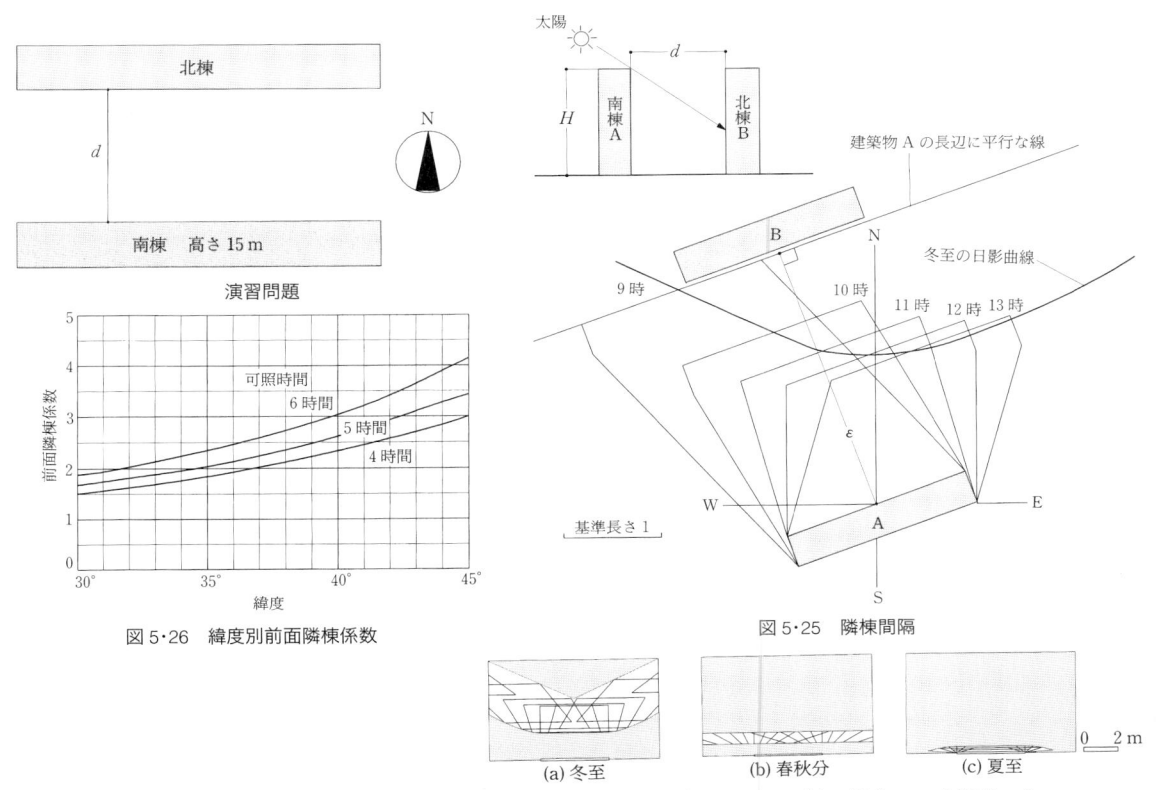

図5·26　緯度別前面隣棟係数

図5·25　隣棟間隔

図5·27　窓からの日照（窓の腰高1m、内法高2m）
(a) 冬至　(b) 春秋分　(c) 夏至

2 日照図表による検討

1）日ざし曲線と日影時間

　図5・28を見てみよう。直方体の建築物の北側に測定点Oがあり、建築物と同じ高さHの水平面を仮定する。点Oと太陽を結ぶ線と水平面との交点の軌跡は、日ざし曲線である。いま、建築物の上面より日ざし曲線は南にあり、点Oから見て日ざし曲線が建築物によってかくれる間、点Oから太陽は見えない。したがって、水平面日ざし曲線上ではt_1からt_2まで点Oは日影となる。

2）日ざし曲線と日照図表

　測定点Oの上に等間隔の水平面を仮定し、点Oと太陽を結ぶ直線と水平面の交点の軌跡を描けば、点Oから一定間隔に並ぶ日ざし曲線が描ける。図5・29は、それを側面と平面でみたものである。側面からみると、建築物Bによって測定点Oが一定時間日影となることがわかる。これを平面でみると、建築物の高さと同じ高さの水平面日ざし曲線が、その建築物と交わるかまたは建築物の南を通るとき、日影になることがわかる。

　このように、測定点からの高さを一定間隔で変えて、冬至の日ざし曲線を一つの図に表したものを日照図表という。

3）日照図表による日影の検討

　日照図表に表記された縮尺で配置図を描き、測定点を日照図表の基準点に重ねて方位を合わせる。基準点から放射状に描かれている線は、真太陽時の時刻を示している。建築物と同じ高さの日ざし曲線と建築物の平面の位置を見れば、日影になる時刻と時間がわかる。図5・30の建築物A（縮尺1/200）の場合、網掛けで示された部分が太陽を遮るため、9時から10時30分まで1時間30分日影となる。

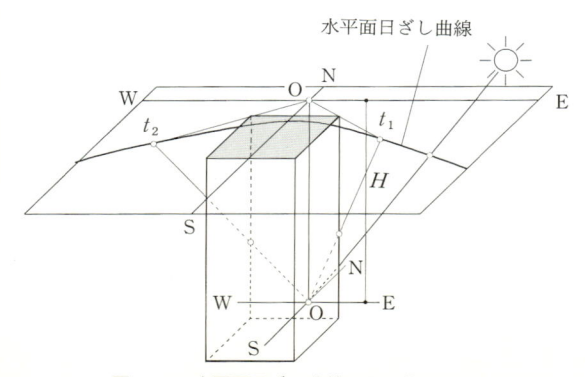

図5・28　水平面日ざし曲線による検討

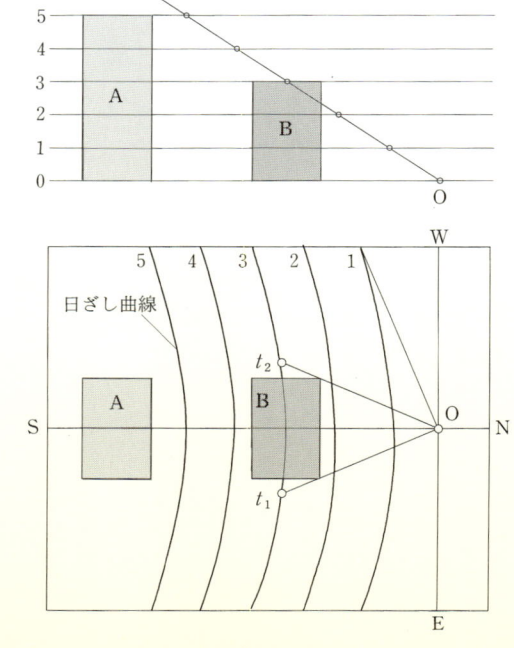

図5・29　日照図表の概念図

日照図表を用いて、日影図を描くこともできる。日照図表上の日ざし曲線は、日影曲線を基準点の回りに180°回転したものである。したがって、日照図表の東西南北を逆に考え、計画建築物の平面上の一点に基準点を合わせれば、建築物の高さと同じ高さの水平面日ざし曲線上の点がその建築物の日影の先端になる。図5・31は、日照図表を用いて高さ15mの建築物の10時、12時、14時の日影を描いたものである。

【例題 4】 図5・30の建築物Bの日影時間は、何時から何時まで、何時間の日影となるか。

【解　答】 建築物Bの測定面からの高さと同じ15mの日ざし曲線より北側の建築部分によって、12時25分から15時まで、2時間35分日影となる。

演習問題

〈5-4〉下図の建築物A、B（縮尺1/500）により、O点はそれぞれ何時から何時まで日影になるか。

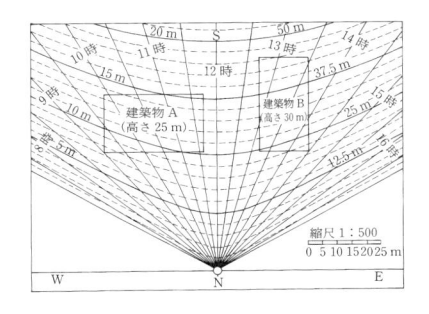

演習問題

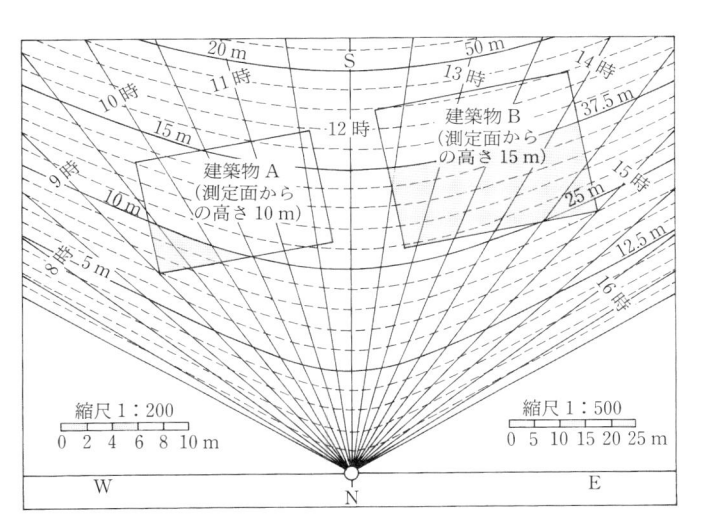

図5・30　日照図表（北緯35°）

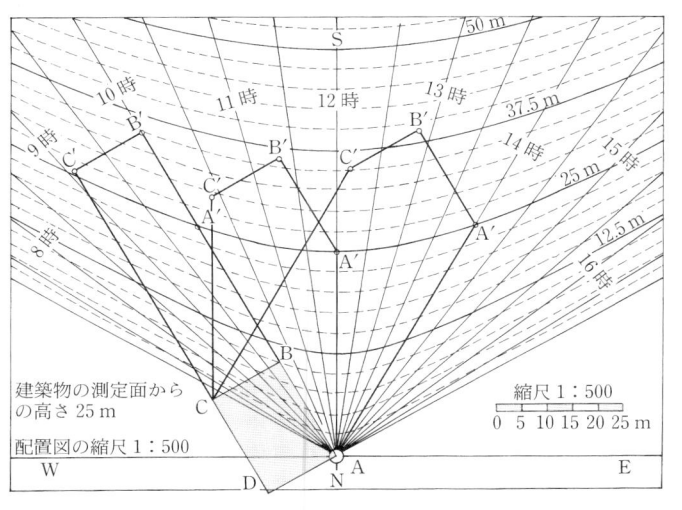

図5・31　日影図表（北緯35°）

3 太陽位置図による検討

1) 既存の建築物による日照阻害の検討

太陽位置図は、測定点からみた天球上の太陽の軌道を平面上に射影した図である。これを用いて、ある点における周辺の建築物などによる日照阻害の状況を調べることができる。

図5·32は、測定点において、真上に向かって魚眼レンズで写真を撮り、レンズと同じ射影形式の太陽位置図と重ね合わせたものである。太陽軌道が建築物などによって隠れている間、測定点は日影になる。日影になる時刻は時円から読み取り、それによって日影時間がわかる。また、鉛直面に射影された太陽位置図と、正南に向けて写した魚眼レンズの写真を重ね合わせても、同様に日影時間を求めることができる。

2) 計画建築物による日照阻害の検討

計画建築物の場合は、その立体形状を作図によって平面に射影し、写真のときと同様に同じ射影形式の太陽位置図と重ね合わせて検討する。

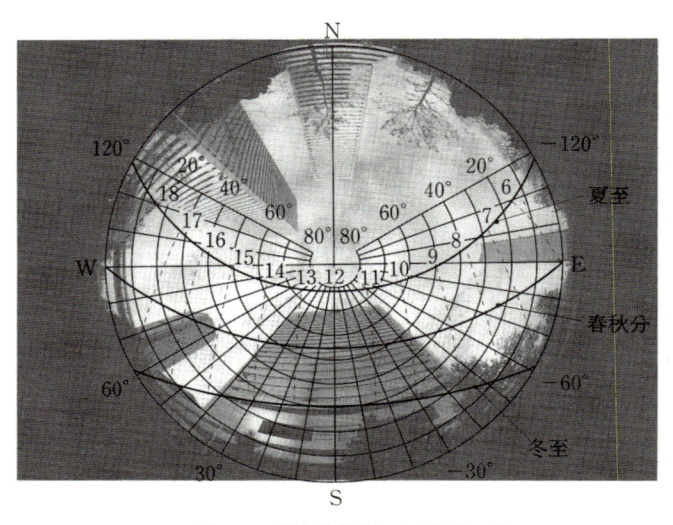

図5·32　既存建築物による検討の例

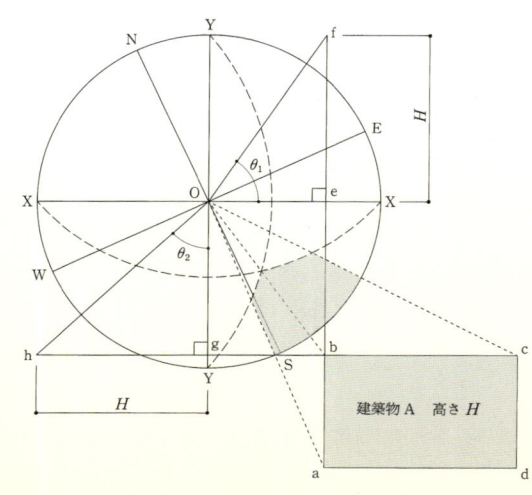

図5·33　建築物の射影

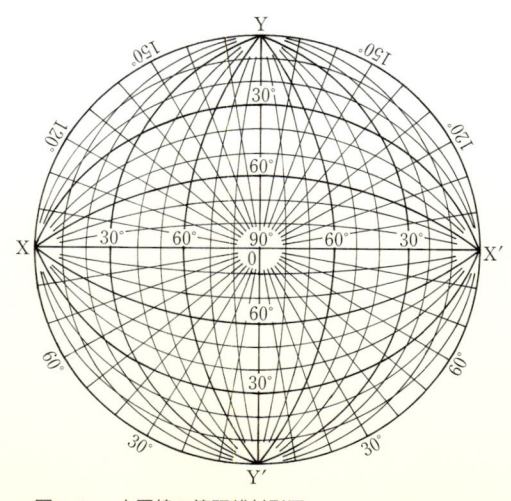

図5·34　水平線の等距離射影図（㈳日本建築学会編『設計計画パンフレット24　日照の測定と検討』彰国社による）

ここでは、最も単純な直方体の射影方法を図5・33に示す。高さHの建築物Aを、測定点Oを中心とする円内に射影する。まず、点Oとa、b、cの各点を結び、点Oを通り辺abと辺bcに平行な線を引く。この2線とab、bcを延長した線との交点から、建築物の高さHをとる。$\angle eOf$、$\angle gOh$はそれぞれ直線ab、bcに対する点Oからの見上げの角度（仰角）である。水平線は仰角に応じて図5・34のように平面上に射影されるので、それぞれの仰角に応じて直線ab、bcを図中に射影する（破線）。以上の方法により、建築物Aは図中の斜線部分に射影されたことになる。なお、実際の建築物は複雑なので、建築物全体を包み込む単純な立体図形に置き換えて平面上に射影し、方位を合わせて太陽位置図に重ね合わせれば、計画建築物による日照阻害の状況を知ることができる。

【例題 5】 図5・35に示す、A、B、Cの直方体の建築物を、点Oを中心とする円の中に射影し、冬至の日に点Oが日影となる時刻を求めなさい。

【解　答】 図3・36(a)に示すように、建築物Aの各頂点a、b、cと点Oを結ぶ。辺ab、bcをそれぞれ延長し、e、gから高さ25mをとると、辺ab、bcの見上げの角度がそれぞれ49°、52°であることがわかる。図(b)に示すように、それぞれの角度に見合った水平線の射影を描き込めば、建築物Aの射影ができる。図(c)は、建築物B、Cについて同様に作図したものと、太陽位置図を重ねたもので、冬至の日にO点が、9:25〜11:50、13:30〜15:47、および16:30から日没まで日影になることがわかる。

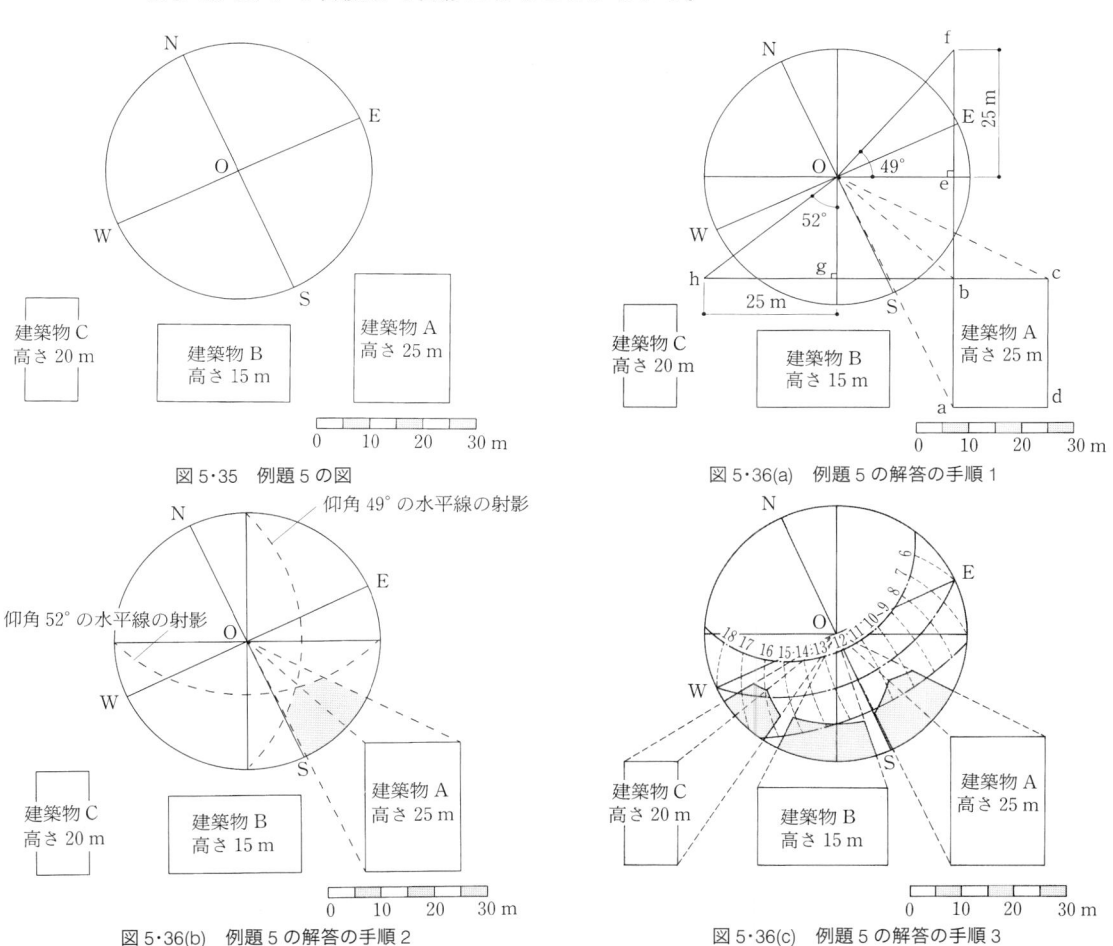

図5・35　例題5の図

図5・36(a)　例題5の解答の手順1

図5・36(b)　例題5の解答の手順2

図5・36(c)　例題5の解答の手順3

4 天空率と天空比

居住環境の良否は、直接日照が得られることの他に、周囲に高い建築物が迫っていないことによる明るさや開放性にもよる（p.78 参照）。明るさの指標となるものに天空率、開放性の指標となるものに天空比がある。

1) 天空率

天空率 U は、測定点から見える天空部分の立体角投射率、すなわち、天空部分 S の水平面への正射影面積 S'' の、全天空の正射影面積（円の面積）に対する割合である（図5・37）。地平線に近い部分の天空は面積の割に正射影面積は小さく、同じ面積でも天頂に近いほど立体角投射率が大きくなる。すなわち、天頂に近いほど明るさに寄与する割合が高いことがわかる。

実際に建築物が立ち並ぶ場所におけるある測定点の天空率を知るには、まず正射影形式の魚眼レンズで全天空を撮影する。また、計画建築物による測定点の天空率を知るには、正射影形式によってp.90 と同様に作図する。そして、いずれの場合も天空部分の面積を求め、円の面積に対する割合を求めればよい。

また、ある射影形式の全天空写真や図と、同じ射影形式の天空率算定図（図5・38）を重ね合わせて、天空率を求めることもできる（図5・39）。天空率算定図の点一つが 0.1 % であるから、天空部分の点の数が 600 個の場合、天空率は 60 % になる。

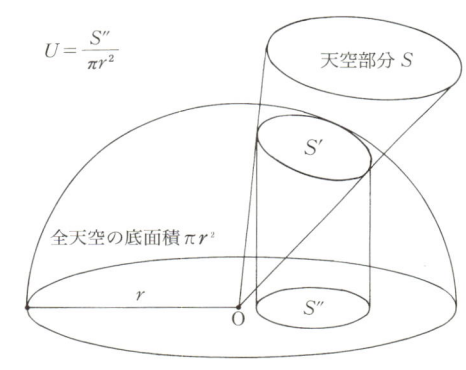

$$U = \frac{S''}{\pi r^2}$$

図5・37　天空率

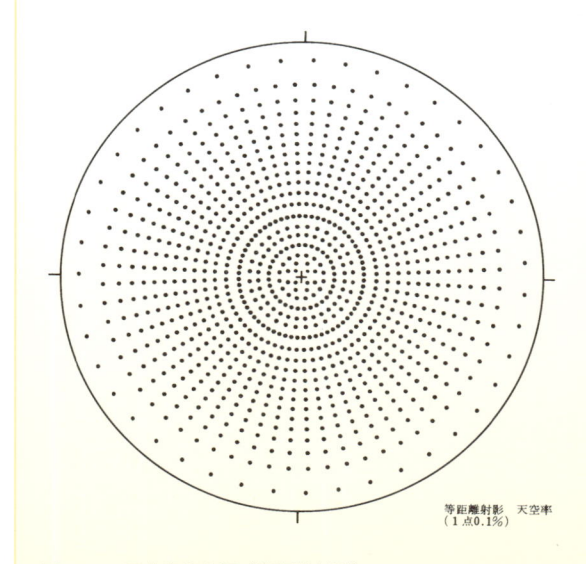

図5・38　天空率算定図（等距離射影）（㈳日本建築学会編『設計計画パンフレット 24 日照の測定と検討』彰国社による）

図5・39　天空率の算定

2) 天空比

測定点から見える天空部分が大きく広がっているほど開放的である。したがって開放性の指標としての天空比 F は、天空部分の全天空中に占める割合、すなわち、天空部分 S の立体角 ω の半球の立体角（2π sr：ステラジアン）に対する割合で表す（図 5・40）。天空比は天空率と違い、天空の場所によってその大きさが異なることはない。

天空比を求めるには、等立体角の射影形式による魚眼レンズ写真や図の天空部分の面積の、円の面積に対する割合を求めるか、天空率と同様に、天空比算定図（図 5・41）を用いて天空部分の点の個数を数えて求める。

3) 街並みの様子と天空率、天空比

図 5・42 は、街中の特徴的な場所における全天空写真と、その場所の天空率、天空比を示している。(a)の美観地区に立つ公会堂前の広場は、開放的で圧迫感もない。(b)は超高層建築群内の路上で、150m 程度の超高層建築に囲まれ、やや圧迫感はあるものの、空地率が高く明るい。(c)の商業地域内の路上は、建築物の高さは低いが道幅が狭く、開放感はない。

$$F = \frac{\omega}{2\pi}$$

$$\omega = \frac{S'}{r^2}$$

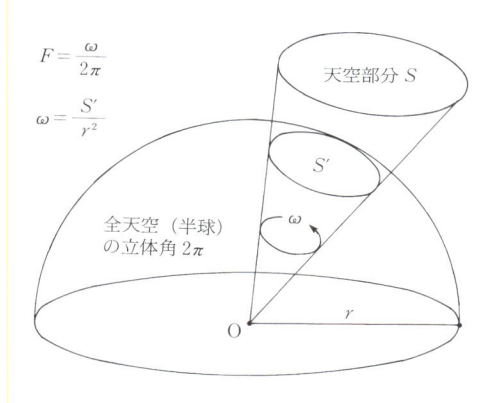

図 5・40　天空比

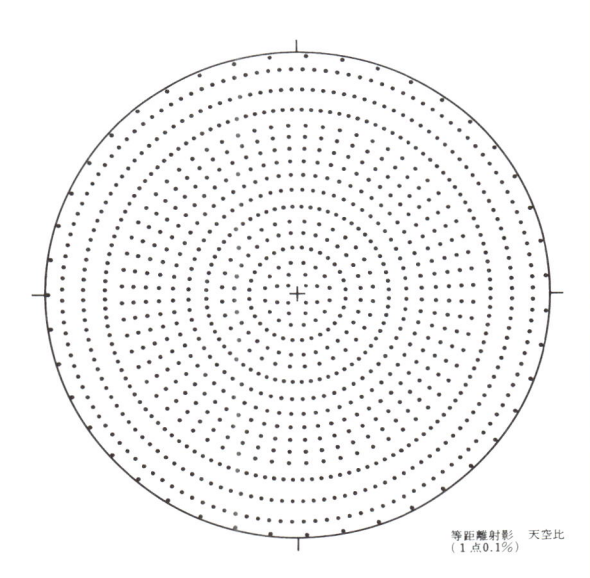

図 5・41　天空比算定図　（(社)日本建築学会編『設計計画パンフレット 24 日照の測定と検討』彰国社による）

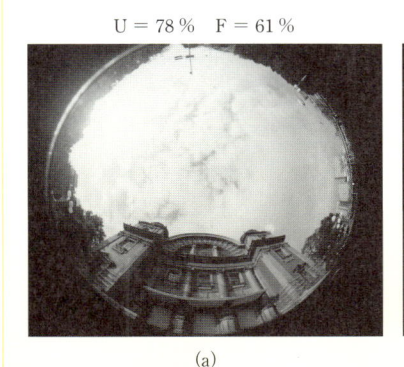

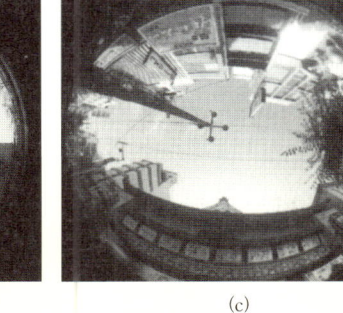

(a) U = 78%　F = 61%
(b) U = 69%　F = 52%
(c) U = 37%　F = 27%

図 5・42　天空率と天空比の例

5 日影の法的規制

1960年代の急激な都市への人口集中の中で、高層建築物による低層住宅への日照阻害の問題が深刻になり、1976年には建築基準法第56条の2に日影規制が盛り込まれた。日影規制は、一つの敷地に建つ建築物に適用されるので、周囲の建築物と複合してできる日影は問題にされないなどの欠点はあるものの、今日まで、住環境を守る重要な法文の一つとなっている。

1) 日影規制の対象となる建築物

表5・3は、建築基準法第56条の2および別表第4による日影規制の一覧である。この表の(い)欄の地域のうち、地方公共団体の条例で指定する区域を対象区域と呼び、それぞれの対象区域内において(ろ)欄に該当する建築物が、日影の規制を受ける。対象区域外にある建築物でも、冬至に対象区域内に日影を生じるものは、規制の対象となる。また、(ろ)欄の建築物の高さについては、屋上階の階段室などの塔屋で、その部分の床面積が建築面積の1/8以下の場合、塔屋部分の高さ5mまでは高さに算入しないという緩和規定がある。ただし、規制の対象建築物になった場合は、建築物全体について日影を検討しなければならない。

2) 日影の測定面

日影図や日影時間図を描く場合、日影は地盤面に描くのではなく、平均地盤面から表5・3の(は)欄の高さにある水平面上に描く。実際には、表の数値だけ建築物の高さを低くして描けばよい。この数値の1.5mはちょうど1階窓台付近を、4mは2階窓台付近を、6.5mは3階窓台付近を意味している（図5・43）。

表5・3 日影による中高層建築物の制限（建築基準法第56条の2および別表第4による）

(い)地域・区域		(ろ)対象建築物		(は)測定面の高さ	(に)日影時間の限度（条例で号を定める）		
					号	敷地境界線から5mを超え10m以内の範囲（ ）内は北海道	敷地境界線から10mを超える範囲（ ）内は北海道
(1)	第一種低層住居専用地域 第二種低層住居専用地域 田園住居地域		軒高>7m または 階数≧3 （地階を除く）	1.5m	(一)	3(2)時間	2(1.5)時間
					(二)	4(3)時間	2.5(2)時間
					(三)	5(4)時間	3(2.5)時間
(2)	第一種中高層住居専用地域 第二種中高層住居専用地域		高さ>10m	4m または 6.5m	(一)	3(2)時間	2(1.5)時間
					(二)	4(3)時間	2.5(2)時間
					(三)	5(4)時間	3(2.5)時間
(3)	第一種住居地域、第二種住居地域 準住居地域、近隣商業地域 準工業地域		高さ>10m	4m または 6.5m	(一)	4(3)時間	2.5(2)時間
					(二)	5(4)時間	3(2.5)時間
(4)	用途地域の指定のない区域注	イ	軒高>7m または 階数≧3 （地階を除く）	1.5m	(一)	3(2)時間	2(1.5)時間
					(二)	4(3)時間	2.5(2)時間
					(三)	5(4)時間	3(2.5)時間
		ロ	高さ>10m	4m	(一)	3(2)時間	2(1.5)時間
					(二)	4(3)時間	2.5(2)時間
					(三)	5(4)時間	3(2.5)時間

注　対象建築物は、地方公共団体が、イまたはロのうちから条例で定める。

3）日影時間の規制

前記の測定面において、敷地境界からの水平距離が5mを超え10m以内の範囲と、10mを超える範囲において、冬至の真太陽時8時から16時（北海道は9時から15時）の間に、表5・3の(に)欄に掲げる時間以上日影を生じさせてはならない。この数値の選択は、地方公共団体が、その地方の気候や土地の利用状況を考えて条例で指定する。

図5・44の場合、10m以内の範囲においては規制値を満足するが、10mを超える範囲において日影時間が規制値を超えるので、敷地内で建築物を南に寄せるか、建築物の形態を変えるかして、規制値の範囲内に納まるように計画を変更しなければならない。

4）日影規制の緩和

建築物の敷地が道路や川などに面する場合は、それらの幅の1/2だけ敷地境界線が外側にあるものとみなすことができる。ただし、道路幅などが10mを超える場合は、道路などの反対側の境界線から敷地の側に5mの距離にある線を敷地境界線とみなす（図5・45）。

計画建築物の敷地の平均地盤面が、隣地の地盤面より1m以上低い場合は、その高低差から1mを減じたものの1/2だけ、敷地の平均地盤面が高い位置にあるものとみなすことができる（図5・46）。

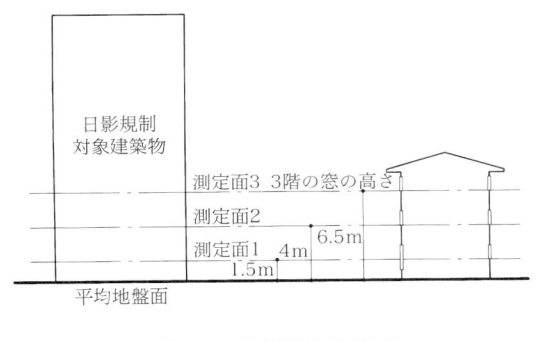

図5・43　日影規制の測定面

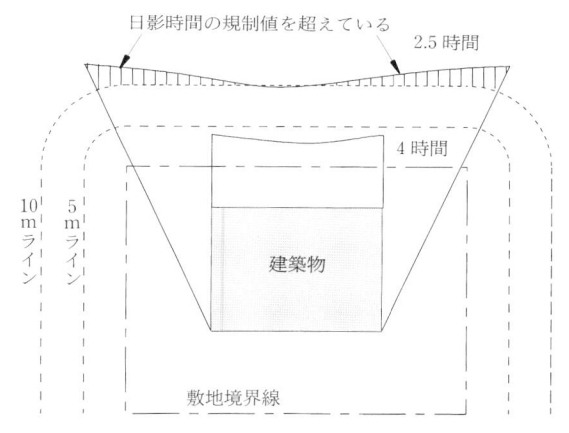

図5・44　日影時間の規制

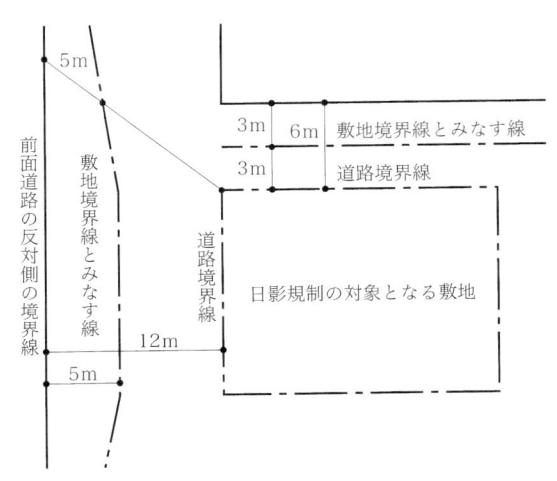

図5・45　敷地境界線の緩和

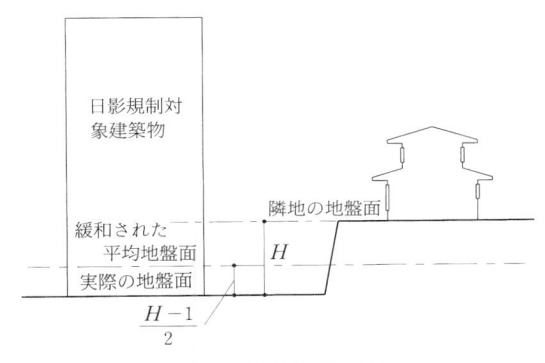

図5・46　平均地盤面の緩和

6 日影検討の留意点

1）真北を決める

　さまざまな日影の検討について述べてきたが、いずれの場合も方位を正確に合わせなければならず、そのためには敷地の真北方向を知らなければならない。真北方向は、天球上において観測点の天頂と北極を結ぶ大円が地平線と交わる北の点、すなわち北極点の方向である。

　方位磁石の指す方向を磁北と呼ぶが、わが国において真北と磁北には5〜10°の差がある。この差を偏角という。各地の偏角の値を知ることはできるが、真北を求めるのに磁北を偏角で修正する方法は採用できない。なぜなら、日影の検討はほとんど市街地で行われ、そこにはコンクリートや鉄骨などの磁気に影響を与える建築物が建ち並んでいるからである。

　真北方向は、真太陽時の正午（太陽の南中時）に敷地の実測図上で下げ振りの影の方向に線を引いて求めればよい（図5・47）。その場所のその日の真太陽時正午が日本標準時で何時何分かを知る方法は p.83 で述べたとおりである。また、任意の時刻でも、その時刻(真太陽時)の太陽の方位角がわかれば、その時刻の下げ振りの影の方向を太陽の方位角で修正して真北を求めることができる（図5・48）。

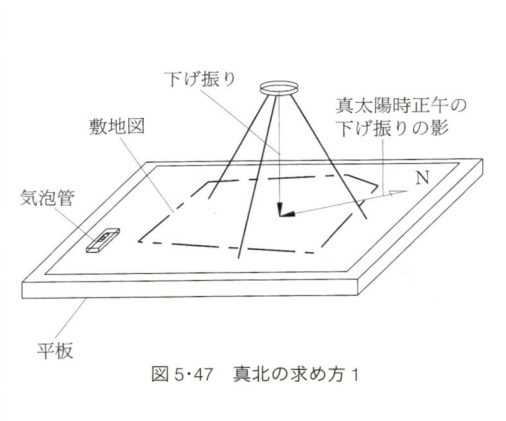

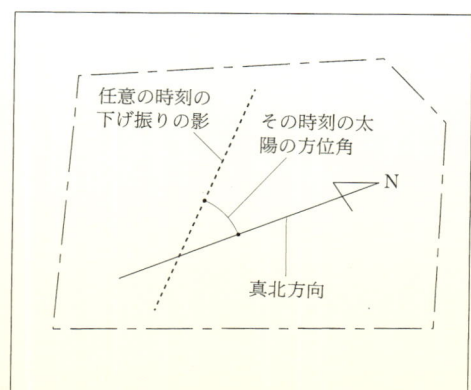

図5・47　真北の求め方1

図5・48　真北の求め方2

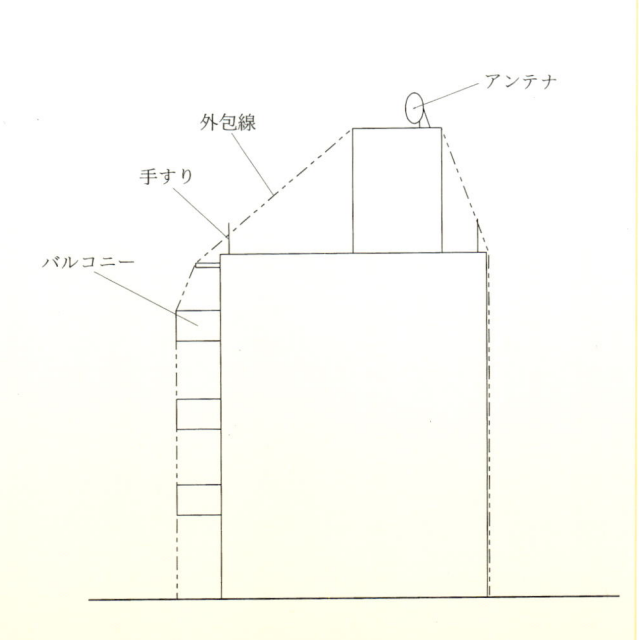

図5・49　建築物の簡略化

2）建築物の簡略化

実際の建築物は複雑な形態をしているので、そのままの形で日影の検討をすることは難しい。そこで建築物を簡略化するが、その場合、建築物をできるだけ単純な立体で外包するのがよい（図5・49）。ただし、金属製の手すりやアンテナなどの小さく細い部分は省略してもよい。簡略化して描いた日影は、実際より大きくなっているので、わずかに規制値を超えた測定点については、日照図表などを用いて、実際に近い形で再検討すればよい。

3）コンピューターの利用

日影の検討は、コンピューターでより早く正確に行える（図5・50）。日影検討用のソフトを使用し、敷地と真北方向、緯度、測定面の高さ、建築物の形状などを入力すれば、任意の時間間隔の日影図、任意の等時間日影線を描く日影時間図、任意の測定点の日影時間などが出力できる。

逆日影図（鳥かご図）を描くソフトを用い、敷地形状、日影規制の条件、斜線制限、敷地境界からの建築物の後退距離などを入力すれば、どの空間範囲まで建築できるかを知ることができ、計画建築物の容積検討に用いられている（図5・51）。

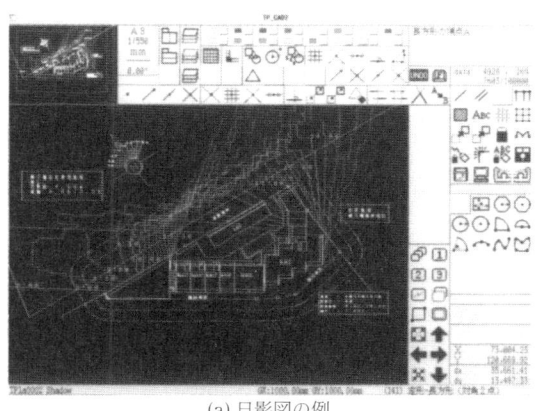

(a) 日影図の例

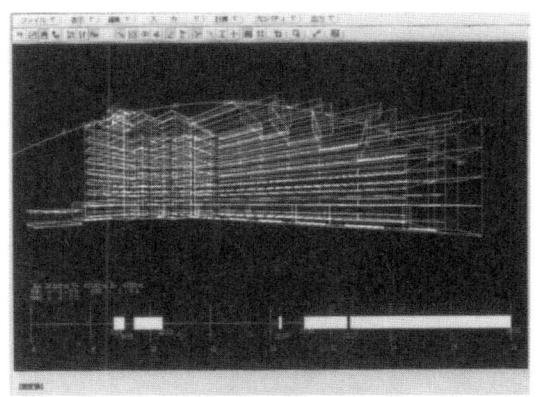

(b) 太陽軌道による検討の例

図5・50　コンピューターによる日影検討 (㈱コミュニケーションシステム「TP－PLANNER」カタログによる)

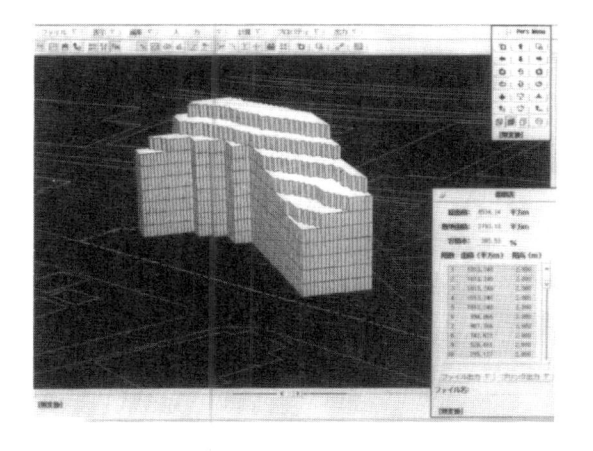

図5・51　逆日影図の例 (㈱コミュニケーションシステム「TP－PLANNER」カタログによる)

5・4 日射

1 直達日射と天空放射

1) 地表における日射と熱放射

建築物が受ける日射は、太陽放射が大気を透過して直接地表に到達する直達日射、大気中で散乱した後地表に到達する天空放射、それらが地表面で反射した地物反射に分けられる(図5・52)。この太陽放射の大気中での散乱は、空気を構成する分子や水蒸気、塵によって起こる。

建築物や地表面は、その温度に応じて、周辺や大気に向かって遠赤外域の長波長放射を放出している。一方、大気中の二酸化炭素や水蒸気は、太陽放射の中のある波長のものを選択的に吸収し(図5・3参照)、地表面からの長波長放射も吸収する。これらによって与えられた熱で、大気はある温度を形成し、宇宙空間と地表に対して長波長放射を放出している(図5・53)。この大気から地表に対する放射を大気放射といい、地表面からの放射と大気放射との差を実効放射という。

2) 直達日射

地球の大気圏外に到達する日射の強さ I_o は、図5・54に示すとおり地球と太陽との距離の変化に伴い年変化する。その年平均値 $\overline{I_o}$ は太陽定数と呼ばれ約 1370 W/m² である。大気外日射のうち、大気を透過して直接地表に到達する直達日射を入射方向に垂直な面(法線面)でとらえた日射の強さ I_n は、次式で示される。

$$I_n = I_o P^m \quad \cdots\cdots (5\text{-}6)$$

図5・52 建築物が受ける日射

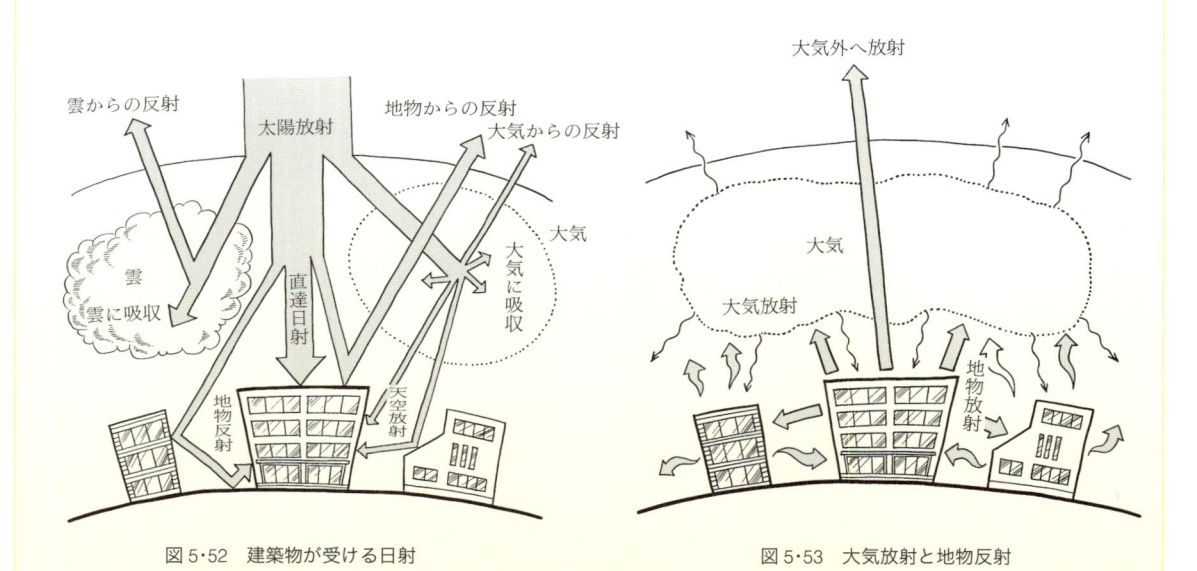

図5・53 大気放射と地物反射

P は大気透過率で、太陽が天頂にあるときの直達日射量の大気外日射量に対する割合である。この大気透過率は、大気の澄みぐあいを表す数値で、水蒸気の多い夏季や塵埃の多い都市部でその値は小さくなる。m は日射が大気を透過する距離の割合で、太陽が天頂にあるとき $m=1$ とし、一般に太陽高度を h として $m=1/\sin h$ で近似される（図5・55）。

【例題 6】 $P=0.7$、$h=30°$、$I_o=1350\,\mathrm{W/m^2}$ のとき、単位面積当たりの法線面日射量を求めよ。

【解　答】 $m=1/\sin 30°=2$、$I_n=1350\times 0.7^2=661.5\,\mathrm{W/m^2}$

3）建築物の各面への直達日射量

実際の建築物の各面は、入射角 0° の法線面となることはまれである。入射角 i の面における単位面積当たりの日射量 I_i を求めてみよう。図5・56を見ると、法線面（面積 S_n）と入射角 i の面（面積 S_i）に入射する日射量は同じである。したがって、

$$I_n S_n = I_i S_i \quad\cdots\cdots (5\text{-}7)$$

$S_n = S_i \cos i$ を上式に代入して S_i を消去すると、

$$I_i = I_n \cos i = I_o P^{1/\sin h} \cos i \quad\cdots\cdots (5\text{-}8)$$

となる。太陽の方向と建築物の各面の関係から、入射角 i は、

$$\cos i = \sin h \cos\theta + \cos h \sin\theta \cos(\alpha - \alpha') \quad\cdots\cdots (5\text{-}9)$$

で表される。ただし、h は太陽高度、α は太陽の方位角、θ は受熱面が水平面となす角、α' は受熱面の方位角である（図5・57）。また、$\cos i < 0$ のときは $\cos i = 0$ とする。こうして求めた各面の日射量の年変化と日変化を図5・58、5・59に示す。

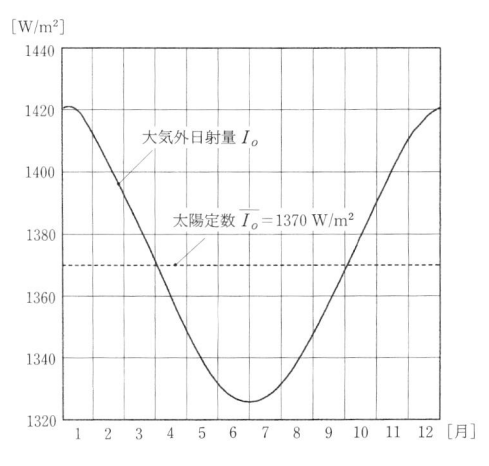

図5・54　大気外日射量

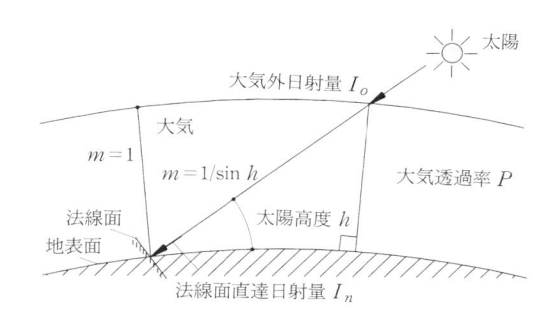

図5・55　法線面直達日射量

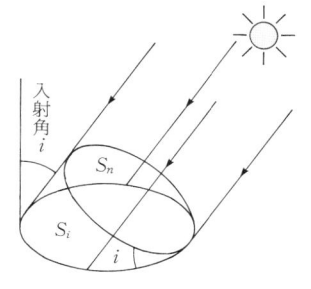

図5・56　入射角 i の面における日射量

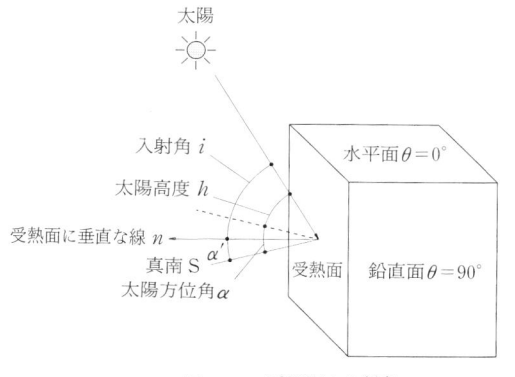

図5・57　受照面の入射角

4）天空放射量と地物反射日射量

　大気中の空気分子や水蒸気、塵などによって太陽放射は散乱し、地表に届く。この天空放射量の快晴時の水平面における値 I_{sh} は次式で求められる。

$$I_{sh} = \frac{0.5 I_o \sin h (1 - P^{1/\sin h})}{1 - 1.4 \log_e P} \quad\quad\quad (5\text{-}10)$$

　この式をベルラーゲの式といい、ほかにも種々の式が提案されている。鉛直面の天空放射量 I_{sv} は、次式で求められる。

$$I_{sv} = \frac{1}{2} I_{sh} \quad\quad\quad (5\text{-}11)$$

　天空放射量は、大気透過率が小さいほど、太陽高度が高いほど、大きな値となる（図5・60）。また、一般にうす曇りのときの方が快晴時より天空放射量は大きな値となる。

　直達日射と天空放射が地上の道路や建築物、樹木などに反射して拡散した日射成分である地物反射日射量は、水平面全日量の1/10程度であるが、受熱面の方位や地物の反射率などにより大きく左右される。地物反射は、晴天日の北面は南面より大きく、周囲が砂地の場合よりコンクリート舗装面の方が大きくなる。

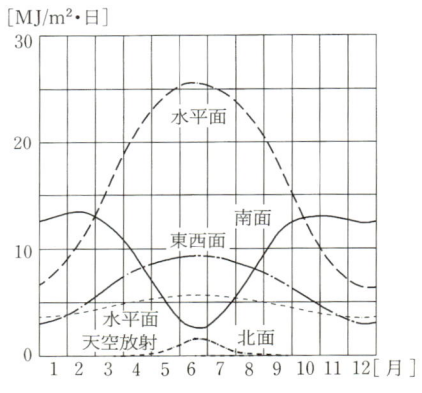

図5・58　日射量の年変化

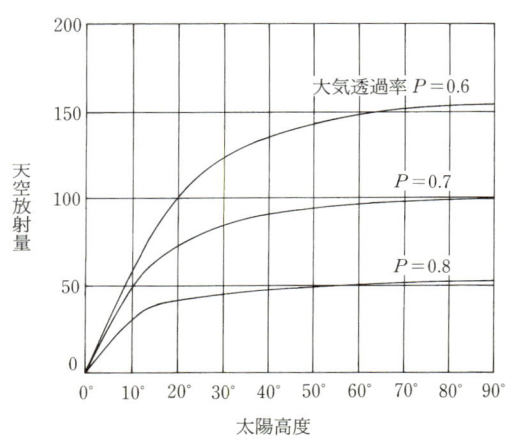

図5・60　水平面天空放射量

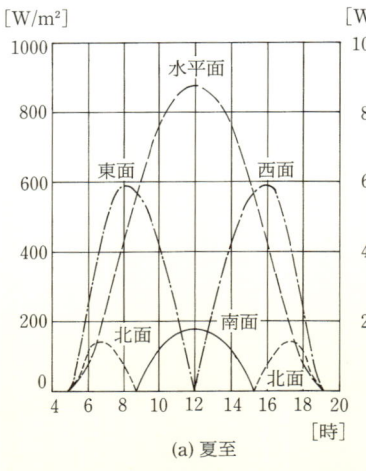

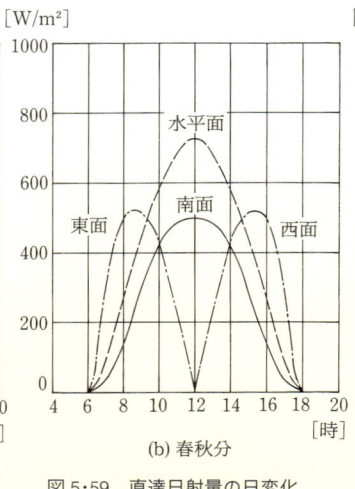

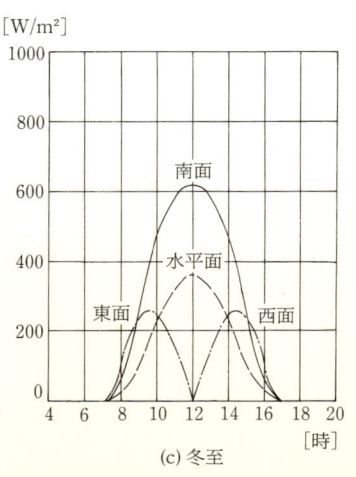

(a) 夏至　　(b) 春秋分　　(c) 冬至

図5・59　直達日射量の日変化

2 日射熱の流入

1) 壁面からの流入

建築物の壁面に入射した日射は、壁表面に吸収されて室内に流入し、夏季の冷房負荷を増大させる。日射熱（直達日射、天空放射、地物反射の合計）を I、壁表面の日射吸収率を a、外気側の熱伝達率を α_o とすると、$t = aI/\alpha_o$ だけ外気温が上昇したのと同じ熱が熱貫流によって室内に流入する（図 5·61）。この t を日射の等価気温と呼び、t に外気温 t_o を加えたものを相当外気温 t_e という。日射の受熱を考慮した熱貫流量 Q は、相当外気温と室温 t_i との差に比例し、熱貫流率を U、壁面積を S とすると、次式で求められる（p.40 参照）。

$$Q = US(t_e - t_i) \quad \cdots\cdots\cdots\cdots\cdots\cdots\cdots\cdots\cdots\cdots\cdots (5\text{-}12)$$

【例題 7】 日射吸収率 0.6、日射量 500 W/m²、外気側熱伝達率 20 W/(m²·K) のとき、日射の等価気温を求めよ。

【解　答】 $t = 0.6 \times 500 \div 20 = 15\,°C$

2) ガラス面からの流入

ガラス面に入射する日射は、一部は反射し、一部はガラスに吸収され、残りは透過して室内の熱負荷になる。ガラスに吸収された日射熱も、時間の経過とともに室内外に放射される（図 5·62）。図 5·63 は、ガラスの種類と反射、吸収、透過の割合を示したものである。熱線吸収ガラス（吸熱ガラス）は直接透過する量は少ないが、吸収された後に放射する量と合わせると、日射防除の点で普通ガラスよりややまさる程度である。熱線反射ガラス（ミラーガラス）は、日射防除の点ではすぐれているが、反射による他の建築物への影響や、室内が暗くなるなどの欠点もある（p.114 参照）。

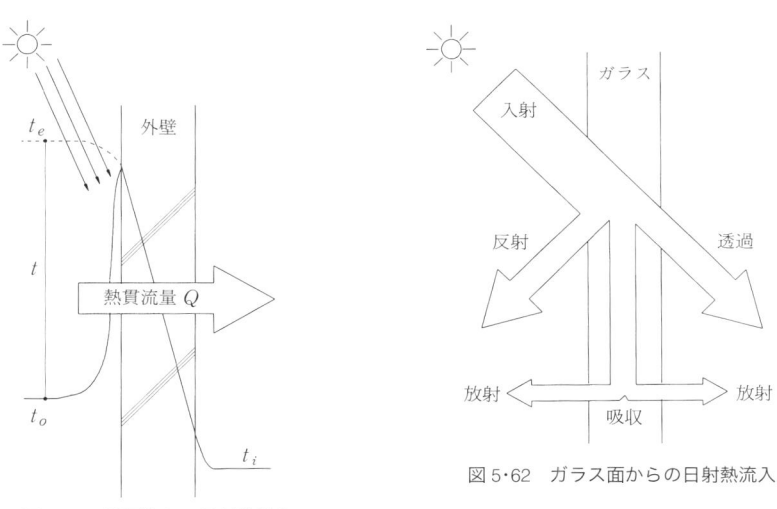

図 5·61　壁面からの日射熱流入

図 5·62　ガラス面からの日射熱流入

図 5·63　各種ガラスの日射熱透過（日本板硝子提供）

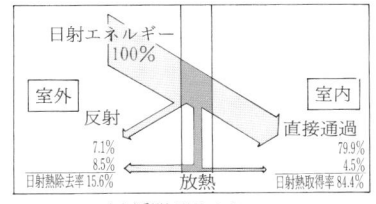

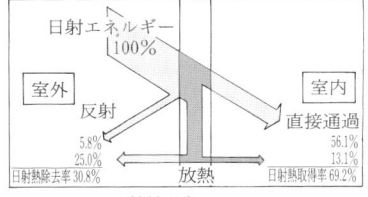

(a) 透明ガラス 6 mm
(b) 熱線吸収ガラス 6 mm
(c) 熱線反射ガラス

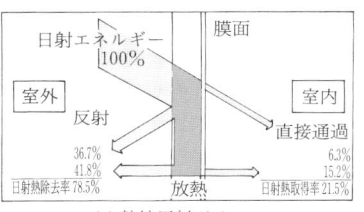

3 日照調整

1) 日照調整の意義

冬季の日射は室温を高め、結露を防ぐ効果が期待できるが、夏季の日射は冷房負荷を増大させる。直射光による過大な照度は大きなコントラストやグレア（p.105参照）を生じるなど、視環境を悪化させる。また、紫外線の強い化学作用は、家具などの色をあせさせる。したがって、建築物自体への日射や窓を通しての日射は、必要なときに取り込み、不要なときには遮蔽する必要がある。

2) 日照調整装置

ひさしは、最も単純な日照調整装置である。北緯35°における南中時の太陽高度は、夏至で78°27′、冬至で31°33′である。したがって、わずかなひさしの出は、容易に夏季の日射を防ぐことができ、同時に冬季の日射が室内に流入することを妨げない（図5・64）。図5・65はひさしの水平面への射影と太陽位置図を重ねたもので、点Oに各季節において直達日射が当たるかどうかを検討したものである。その他の窓面における日照調整装置には、図5・66に示すようなものがある。水平ルーバーはひさしと同様に南面に効果があり、縦ルーバーは西日を遮るのに効果がある。

ガラスの片面に特殊な金属膜を形成したものをLow-Eガラスまたは低放射ガラスという。これを複層ガラスの室内側に用いたものを高断熱複層ガラス、外気側に用いたものを遮熱高断熱複層ガラスという。単板の熱線反射ガラスの日射熱の透過率が60％程度であるのに対し、遮熱高断熱複層ガラスの日射熱の透過率は40％程度である。複層ガラスの中間空気層にブラインドを内蔵したものがあり、ブラインドの開閉やフィン（スラット）の角度調整により日照の調整を容易に行うことができる。

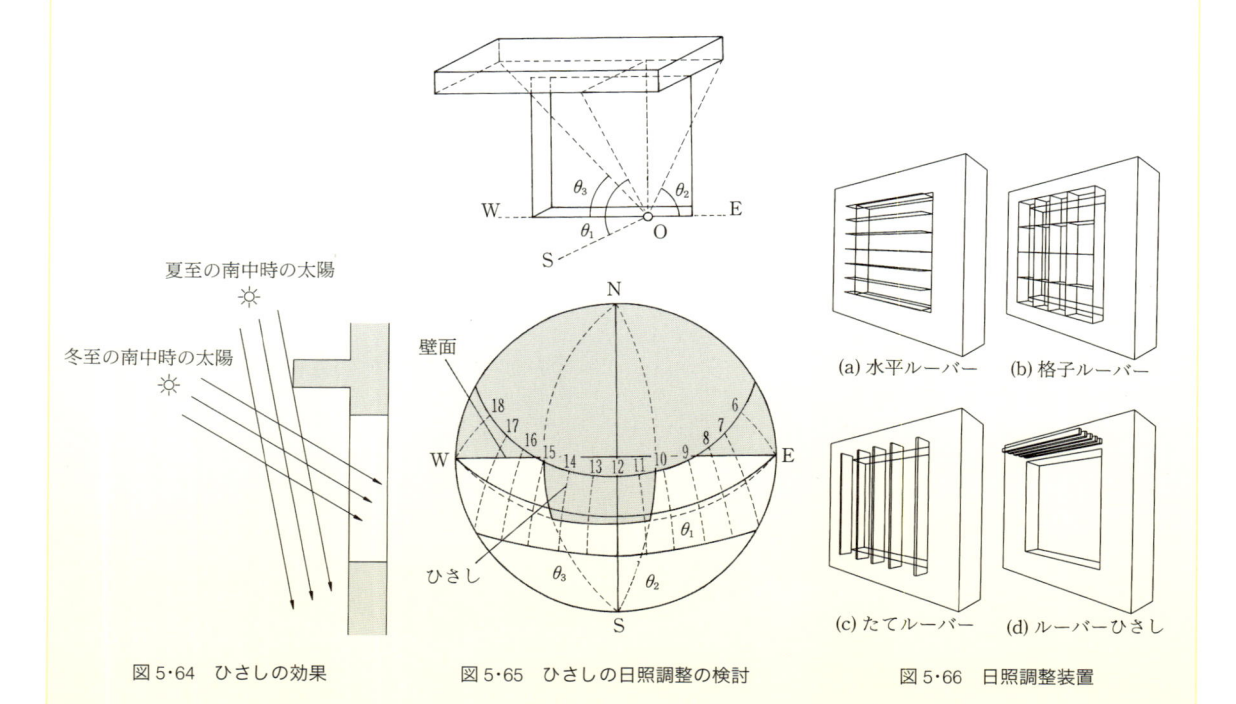

図5・64 ひさしの効果

図5・65 ひさしの日照調整の検討

図5・66 日照調整装置
(a) 水平ルーバー (b) 格子ルーバー (c) たてルーバー (d) ルーバーひさし

3）屋根・外壁の日射熱

このほか、落葉樹や図5・67に示すような落葉性のつた植物は、夏季には繁った葉で日射を遮り、冬季に落葉して日射を壁面や室内に導く一種の日照調整装置である。p.98でみたように、日射の等価気温は壁面に吸収される日射量によって決まるので、外壁の色を白くするなど壁表面の日射反射率を高めることも日射熱の建築物内への流入量を減らすのに役立つ。また、図5・68のように、壁体内通気によって、外壁表面から吸収した熱を内部に伝えにくくすることも有効である。

温暖な地域では、夏季に日射量が大きい屋根面に、日射熱を反射する性能の高い高日射反射率塗料を用いると、冷房負荷を削減するうえで効果的である。普通の塗料は、赤外線領域の日射熱の反射率が30％程度であるのに対し、この塗料はその反射率が90％程度となっており、この塗料を用いた屋根面は、クールルーフと呼ばれる。

夏季に、貯留した雨水などを屋根に散水し、気化熱を奪うことで建築物内の気温を下げることができる。図5・69は、体育館のテフロン製膜屋根に湧水を利用した散水装置を設けた例である。

図5・67　壁面のつた植物　　図5・69　屋根散水装置のある体育館（広島学院提供）　　図5・68　壁体内通気

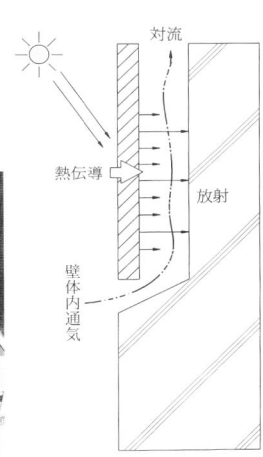

コラム〈冷房期の平均日射熱取得率〉

建築物省エネルギー法による建築物エネルギー消費性能基準では、冷房期の平均日射熱取得率（η_{AC}値）の基準を定めている(p.44コラム参照)。ここでいう冷房期とは、1年のうち1日の最高気温が23℃以上となる期間をいう。

η_{AC}値は、屋根・外壁・開口部からの日射熱の影響の程度を示す指標であり、次式で求められる。

$$\eta_{AC}値 = \frac{単位日射量あたりの総日射熱取得量(W/(W/m^2))}{外皮面積（m^2）}$$

単位日射量あたりの総日射熱取得量は、屋根・外壁・開口部からの単位日射量1W/m²あたりの取得日射量の合計である。

η_{AC}値は、建築物エネルギー消費性能基準の地域区分ごとに定められた値以下としなければならない。

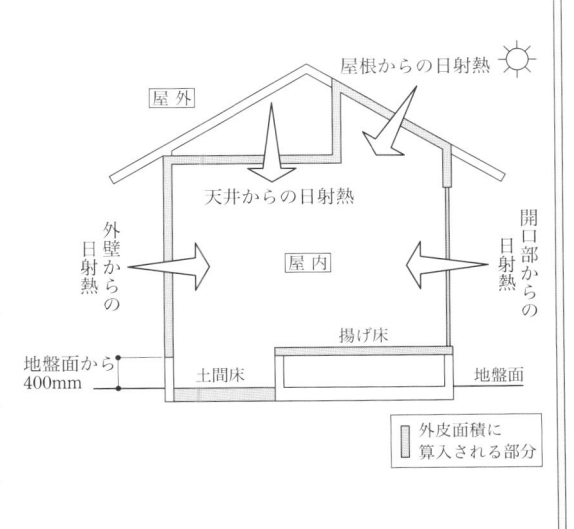

6章　採光・照明と色彩

6・1　測光量

■1 光の量と単位

1）光　束

　光束とは、光源から放射され、空間を流れ、ある面に入射する単位時間当たりの光のエネルギー量で、視感（p.106参照）に基づいて測った量である。単位はlm（ルーメン）を用い、Fの記号で示す。同じワット数でも、白熱電球より蛍光灯を用いた方が室が明るく感じられるのは、蛍光灯の方が効率がよく、この光束の値が大きいためである（図6・1）。

2）光　度

　光度とは、点光源の、ある方向の光の強さを示す量をいい、点光源からある方向へ発する単位立体角（単位sr：ステラジアン）当たりの光束の量を表したものである（図6・2）。単位はcd（カンデラ）を用い、Iの記号で示す。なお、周波数540×10^{12} Hz（ヘルツ）の単色放射を放出する光源の放射強度が$1/683$ W/srである方向の光度が1cdである。

3）照　度

　照度とは、単位面積当たりに入射する光束の量で、受照面の明るさを表す（図6・3(a)）。単位はlx（ルクス）を用い、Eの記号で示す。点光源の場合は、照度は光源からの距離の2乗に反比例する（図6・3(b)）。

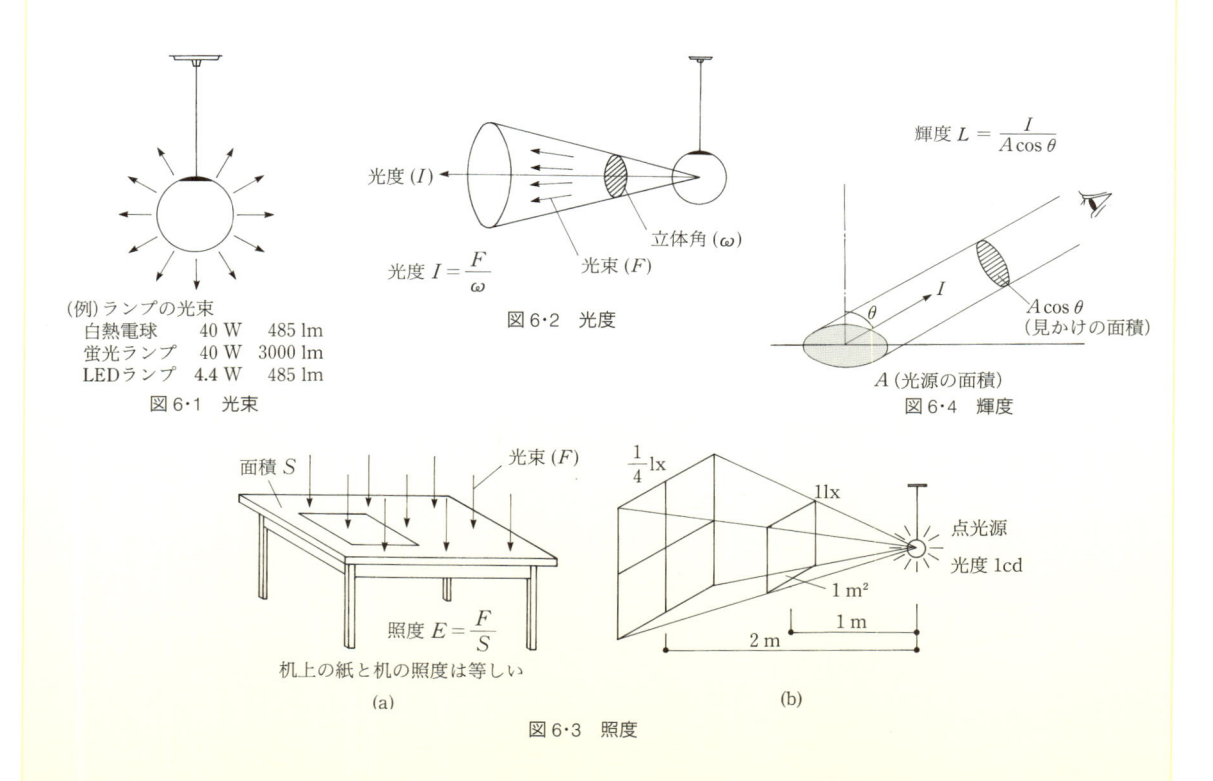

(例) ランプの光束
白熱電球　　40 W　　485 lm
蛍光ランプ　40 W　　3000 lm
LEDランプ　4.4 W　　485 lm

図6・1　光束

図6・2　光度

図6・4　輝度　　輝度 $L = \dfrac{I}{A\cos\theta}$

図6・3　照度
(a) 机上の紙と机の照度は等しい　　照度 $E = \dfrac{F}{S}$
(b)

4) 輝　度

輝度とは、光源からある方向への光度を、その方向への光源の見かけの面積で割った値をいう。単位は cd/m² を用い、L の記号で示す。輝度が高すぎるとグレア（まぶしさ）を生じ、不快感や疲労を起こさせる（図 6・4）。

2 光の測定

1) 照度計

照度の測定には、普通、光電池照度計（図 6・5）が用いられる。光電池は、あたった光の強さに比例して電流が生じる半導体で、その発生電流の大きさを測ることによって照度を知ることができる。測定範囲は、機種により異なるが 0.01～100,000 lx で、レンジの切り替えなしで測定できる。光電池照度計は、取り扱いが簡単なため広く使用されており、同図(b)のような受光部を分離して測定ができる機種もある。受光部の分光感度は人間の目に感じる明るさと等しいことが理想であるが、実際は光の波長によりわずかに異なる。そのため視感度補正フィルターを用いる機種もある。なお、一般に、照度計の取り扱いにあたっては、次のような点に注意する必要がある。

① 測定者の影などが受光部に影響を与えないこと。
② 測定レンジよりも過大な光を当てないこと。
③ 受光部を正しく配置すること。
④ 照度計は長い年月の間に指示値に誤差が生じるので、適宜検査を行うこと。

2) 輝度計

輝度計は、壁面の各部や照明光源の輝度を測定するものである。受光部には、一般に光電素子式のものが使用されている。測定をする開口角は通常 0.1°～3° 程度までで、輝度の測定範囲は 10～10⁶ cd/m² 程度までである。

輝度計の使用にあたっては、輝度を測定する対象物の大きさと輝度計を設置する位置とに応じて、適切な開口角の機種を用いるようにする。図 6・6 に輝度計の例を示す。

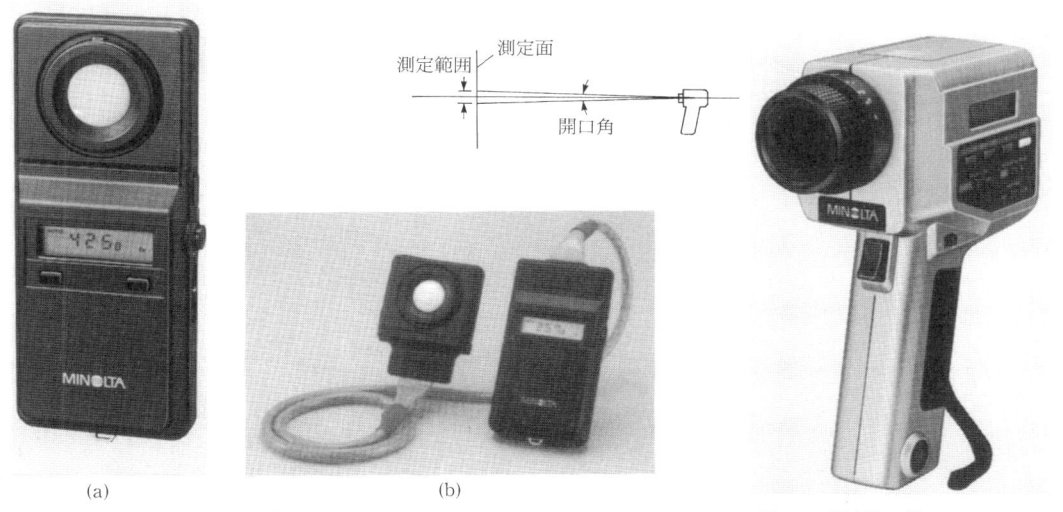

図 6・5　照度計の例（ミノルタ㈱提供）

図 6・6　輝度計の例（ミノルタ㈱提供）

6・2 視覚と見やすさ

1 目のはたらき

1) 眼球のしくみ

人間の眼球は、図6・7のように非常に精巧な構造をしている。視覚は、網膜に映る像を錐状体と桿状体の二つの視細胞が受けた刺激を脳に伝えて認識するために起こる。錐状体は、網膜の中央部に多く、桿状体は周辺部に多く分布している。錐状体は色を識別する細胞で、明るいところではたらき[※1]、桿状体は明暗を識別する細胞で、暗いところではたらく[※2]。

2) 明順応と暗順応

暗いところから明るいところへ急に出たときなど、瞬間的にまぶしく感じるが、すぐものが見えるようになる。このような明るさに慣れる作用を目の明順応という。一方、明るいところから暗いところに入ったときなどには、しばらくは何も見えず、だんだんと物の区別ができるようになってくる。このような暗さに慣れる作用を目の暗順応という。これらの順応の過程を図6・8に示す。

3) 比視感度

人間の目に感じる光は、波長が380～780 nmの光であるが、波長によって明るさの感じ方(視感度)が異なる。明るいところでは波長が555 nm(黄緑色)の光に最も敏感であり、暗いところでは波長507 nm(青緑色)の光に最も感度がよい。このときの視感度に対する他の波長の光に対する視感度を比視感度といい、各波長について表したものが図6・9の比視感度曲線である。

なお、暗所視では、波長の短い光に感度がよいため、暗くなってくると、青色が赤色より明るく感じ、周りの景色が青みがかって感じられる。これをプルキンエ現象という。

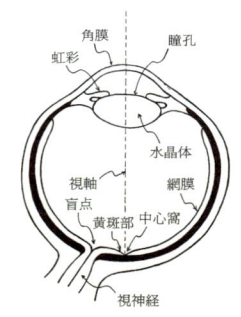

図6・7 眼球の構造

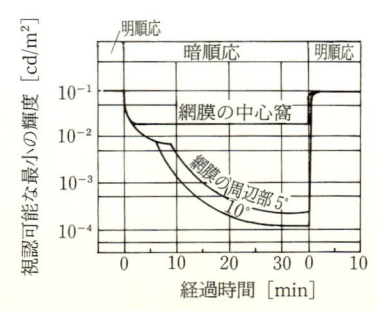

図6・8 順応の過程 (㈳日本建築学会編『建築環境工学用教材 環境編』丸善による)

図6・9 比視感度 (㈳日本建築学会編『建築環境工学用教材 環境編』丸善による)

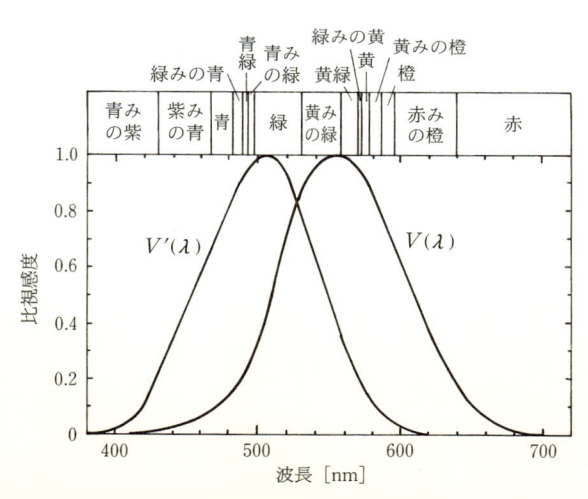

$V(\lambda)$：明所視(最大視感度 683lm/W(555nm))
$V'(\lambda)$：暗所視(最大視感度 1725lm/W(507nm))

※1 明所視という。
※2 暗所視という。

2 見やすさ

1) 見やすさの条件

一般にものが見えるための最も基礎的な条件として、

① 物の大きさ（視角で測る）
② 明るさ（輝度で測る）
③ 視対象と背景の明るさの違い（輝度対比）または色の違い（色相対比）
④ 見るのに要する時間

の四つの条件がある。このうち、どの一つが欠けてもその物を見ることができず、どれかが悪条件になると他の条件がこれを補わないと見えない。たとえば、小さい物を見るとき照明をさらに明るくするのはこのためである。明るさ、対比と視力の関係を図6・10に示す。

2) グレア

われわれが何かを見ようとする場合、視野内に明るいランプや昼間の明るい窓など輝度の高い部分があって、不快なまぶしさを感じたり、見やすさが損なわれたりすることがある。このような現象をグレアといい、前者を不快グレア、後者を不能グレアと呼ぶ。照明設計においては、不能グレアは、著しい障害が伴うためこれを完全に防止する必要があり、不快グレアは、グレアを不快と感じる限界以下になるようにしなければならない。グレアはさらに次のようにも分けられる。

① 直接グレア：輝度の高い部分が視線やその近くにある場合に生じるもの。照明器具では、ルーバーやアクリルカバーを付けるなどの工夫がされている。
② 反射グレア：輝度の高い部分が対象物の表面で反射し、対象物そのものの輝度対比が低下するもので光幕反射ともいう。天井照明による机上面での光幕反射を防ぐには図6・11のPの範囲に高輝度の光源を置かないようにする。また、採光窓による黒板面での光幕反射を防ぐ方法として、カーテンや袖壁をつけたり曲面黒板を用いるなどの方法がある。

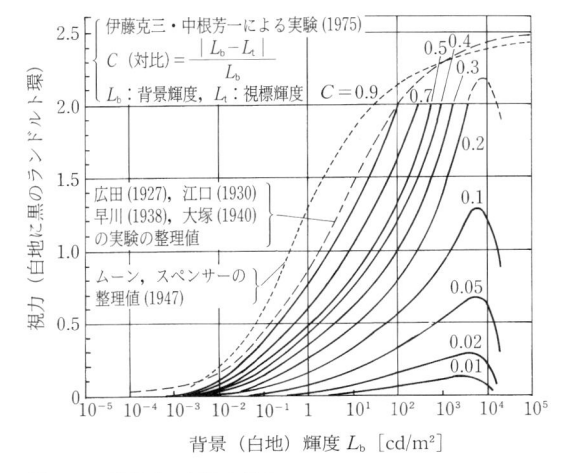

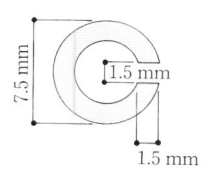

ランドルト環

視力は、2個の点を別々に識別できるときの視覚（分）の逆数で表し、目から5mの距離でランドルト環の切れ目を見分けられるときの視力が1である。

図6・10 明るさ、対比と視力（(社)日本建築学会編『建築環境工学用教材 環境編』丸善による）

図6・11 光幕反射を生じさせない光源の位置（(社)日本建築学会編『建築環境工学用教材 環境編』丸善による）

③反射映像：美術品やショウウィンドウの展示では、ガラス面に背後の輝度の高い部分が反射されて像が映り中が見えにくくなる。これを反射映像といい、照明の角度やガラス面の角度を変えて正反射を防いだり、OA機器のCRT画面などでは画面に反射防止フィルターをかけるなどの工夫がされている。また、照明器具にルーバーを用いたグレア防止形のものもある。

不快グレアの評価方法には、アメリカ照明学会の評価法・イギリス照明学会の評価法・ヨーロッパ輝度制限法などあるが、基本的には不快グレアに関する指数を求め評価基準と比べるものである。

3）照度の分布

事務室などのように、室内のどの位置でも同じ作業が行われる場合、その作業環境が同じになるように、照度分布も均一化する必要がある。照度分布の均一化の状態を表すものとして、均斉度があり、次の式で求められる。

$$均斉度^※ = \frac{最小照度}{最大照度} \cdots\cdots (6\text{-}1)$$

なお、均斉度は1に近いほど好ましいが、その推奨値を表6・1に示す。図6・12はある製図室の人工照明による照度分布の例である。

4）輝度の分布

先に述べたように、視野の中に鋭い輝きなど大きな輝度対比があると、グレアの原因となり、見やすさを損ない、作業能率に影響する。一般に、視対象の背景間の輝度対比が大きすぎると目に疲労がおきるが、その限界は作業内容によって異なる。室内の輝度の分布については一般に、視対象付近とその周辺の輝度比を3：1以下に、視対象付近とそこから少し離れた所の輝度比を10：1以下にするのが望ましい。

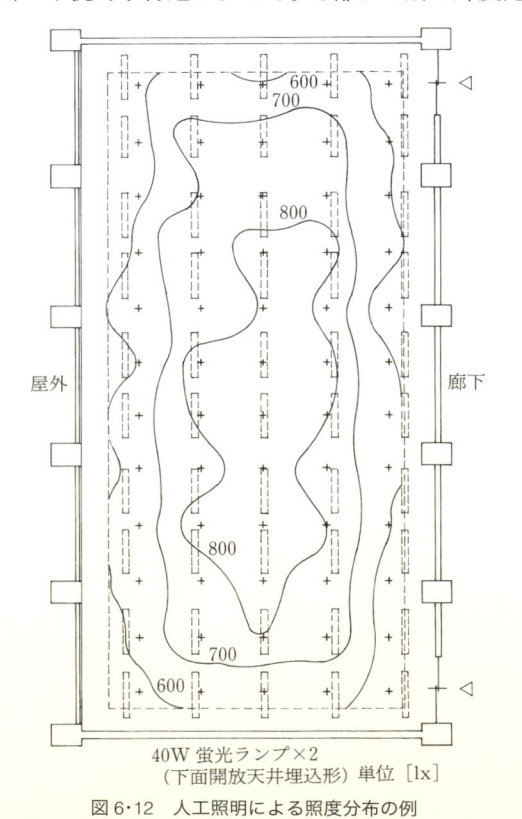

表6・1 均斉度

種　類	均斉度
人工照明	1/3 以上
併用照明	1/7 以上
昼光照明	1/10 以上
同一作業範囲内	2/3 以上

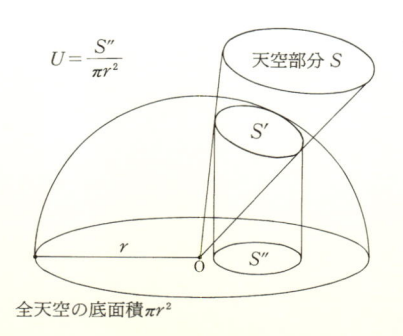

図6・12 人工照明による照度分布の例（40W蛍光ランプ×2 下面開放天井埋込形）単位［lx］

図6・13 立体角投射率 U

$$U = \frac{S''}{\pi r^2}$$

※ JISでは、平均照度に対する最小照度の割合を照度均斉度と呼んでいる（p.118参照）。

6・3 採光

太陽からの光は、直射光と、直射光を除く天空からの天空光とに分かれる。採光は、建築物内の空間に必要な照度を、主として天空光によって確保するものである。

■1 昼光率

1）昼光率とは

室内の照度を採光によって得る場合、屋外の昼光照度は時々刻々と変化するので、室内の照度もこれに伴って変化する。採光設計において、このように変化する照度を室内の明るさの基準とすることは不都合であるため、これに代わるものとして昼光率が用いられる。昼光率 D は、次の式で表される。

$$D = \frac{E（室内のある点の照度）}{E_s（そのときの全天空照度※）} \times 100\,\% \quad \cdots\cdots (6\text{-}2)$$

たとえば、屋外の照度が 5000 lx で室内のある点の照度が 100 lx のとき昼光率 D は 2 % となる。

昼光率には、窓を光源とする直接照度による成分と、室内の反射光の照度による成分があり前者を直接昼光率、後者を間接昼光率という。直接照度と間接照度を E_d と E_r、直接昼光率と間接昼光率を D_d と D_r とすると、昼光率は次の式で示すことができる。

$$D = \frac{E_d + E_r}{E_s} = D_d + D_r \quad \cdots\cdots (6\text{-}3)$$

窓ガラスのない天空が直接見える窓では、直接昼光率は立体角投射率（図 6・13）に一致する。立体角投射率は図 6・14、6・15 から容易に求められる。

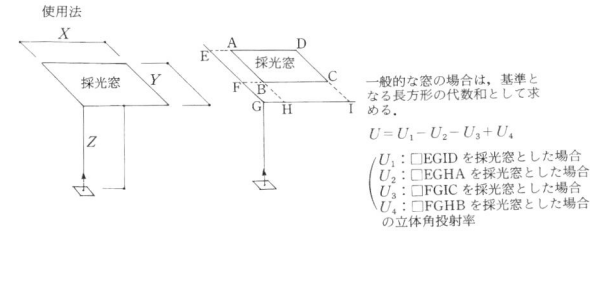

表 6・2 昼光率の基準

作業または室	基準昼光率 [%]	全天空照度が 15,000 lx の場合の値 [lx]
精密な視作業・一般製図	3	450
読書・事務室一般	2	300
会議・教室一般	1.5	230
短時間の読書・住宅の居間	1	150
病院の病室・事務所廊下	0.75	110

（日本建築学会編『設計計画パンフレット 16 採光設計』彰国社による）

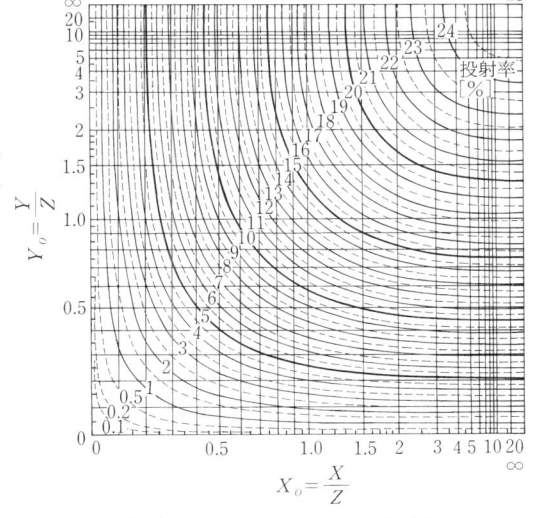

図 6・14 立体角投射率（受照面と平行長方形光源の場合）（㈳日本建築学会編『建築環境工学用教材 環境編』丸善による）[7]

※ 全天空照度とは、地平面から天頂にかけてさえぎるもののない完全天空によって得られる水平面上の照度である。全天空照度は太陽高度や天候などによって変わるが、一般に全天空照度の基準値としては、5000 lx が採用されている。

2）昼光率の計算

昼光率は、直接昼光率と間接昼光率を別々に求め、これらを合計して求める。

【例題 1】 図6・16のような採光窓をもつ室のA点の昼光率を求めよ。

【解　答】　ア）直接昼光率の計算

①立体角投射率U：窓を点線のように分割し、各部分の立体角投射率を求めたあと、それを合計して窓全体の立体角投射率を算出する。各部分のA点における立体角投射率U_1、U_2は、グラフ（図6・15）より次のように求められる。

$U_1 : X_0 = \dfrac{X}{Z} = \dfrac{6}{4} = 1.5 \qquad Y_0 = \dfrac{Y}{Z} = \dfrac{2}{4} = 0.5 \qquad$ よって $U_1 = 2.4$

$U_2 : X_0 = \dfrac{X}{Z} = \dfrac{2}{4} = 0.5 \qquad Y_0 = \dfrac{Y}{Z} = \dfrac{2}{4} = 0.5 \qquad$ よって $U_2 = 1.4$

したがって、全体の立体角投射率Uは、$U = U_1 + U_2 = 2.4 + 1.4 = 3.8\%$

②窓の透過率τ・保守率m：透明ガラスの透過率τは、入射角がほとんど60°以下であるから、図6・23より$\tau = 0.91$とする。窓ガラスの保守率mは住宅地域として、表6・3より$m = 0.80$を用いる。

③窓面積有効率R：窓面積有効率R＝窓サッシによる有効率R_1×壁厚さによる有効率R_2
$R_1 = 1 -$（窓サッシ面積/窓面積）で求められるが、アルミサッシでは$R_1 = 0.90$を用いる。R_2は壁厚さを20cmとして、図6・17より$R_2 = 0.88$。したがって、$R = 0.90 \times 0.88 = 0.79$となる。

④直接昼光率D_d：$D_d = U\tau\,mR = 3.8 \times 0.91 \times 0.80 \times 0.79 = 2.19\%$

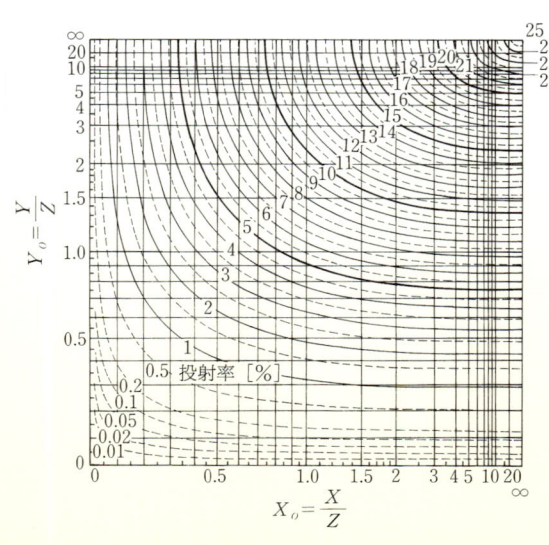

図6・15　立体角投射率（受照面と垂直な長方形光源の場合）
（㈳日本建築学会編『建築環境工学用教材　環境編』丸善による）[7]

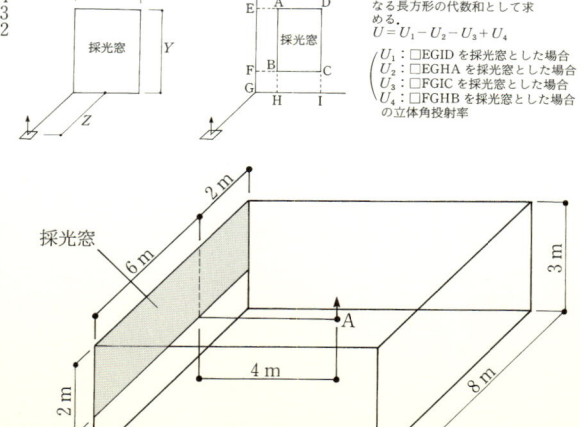

図6・16　例題1の図

イ）間接昼光率の計算

間接照度の精算はかなり繁雑な計算を必要とする。しかし、間接照度は室内にほぼ一様に分布するとみなせるので、次のような簡易計算式による室内面平均値の式を用いるのが一般的である。

$$D_r = \frac{E_r}{E_s} = \frac{F_d \rho_m}{E_s S (1-\rho_m)} \quad \cdots\cdots\cdots\cdots\cdots\cdots\cdots\cdots\cdots\cdots\cdots\cdots\cdots (6\text{-}4)$$

ここに、

$$F_d = D_w S_w \tau m R E_s \quad \cdots\cdots\cdots\cdots\cdots\cdots\cdots\cdots\cdots\cdots\cdots\cdots\cdots (6\text{-}5)$$

F_d：窓からの入射光束 [lm]、ρ_m：室内の平均反射率
S：室内全表面積 [m²]、D_w：窓面昼光率、S_w：窓面積 [m²]
τ：窓材料の透過率、m：保守率、R：窓面積有効率

ここで、窓面昼光率 D_w は外部から窓面へ入射する下向き光による昼光率 D_{w1} と、上向き光による昼光率 D_{w2} を合計したものである。普通窓外が開けている場合 $D_{w1}=50\%$、$D_{w2}=5\%$ をとる。窓面積 $S_w=16\,\text{m}^2$、窓ガラスの透過率・保守率・窓面積有効率はそれぞれ直接昼光率の計算で用いた $\tau=0.91$、$m=0.8$、$R=0.79$ をとる。また、室内全表面積は $S=224\,\text{m}^2$、室内の平均反射率を $\rho_m=0.3$ とする。なお、各種材料の反射率は表 6・4 に示す。これらの値を式 (6-5) に代入すると、

$$F_d = 0.55 \times 16 \times 0.91 \times 0.8 \times 0.79 \times E_s = 5.06\, E_s$$

となる。これを式 (6-4) に代入すると間接昼光率 D_r は、

$$D_r = \frac{5.06 \times 0.3 \times E_s}{E_s \times 224 \times (1-0.3)} = 0.0097 = 0.97\,\%$$

となる。

ウ）全昼光率 ($D = D_d + D_r$)

したがって、全昼光率は、$D = 2.19 + 0.97 = 3.16\,\%$ となる。

演習問題

〈6-1〉図 6・16 の室の A 点の床面での昼光率を求めなさい。ただし、他の条件は例題 1 と同じとする。

表 6・3 窓ガラスの保守率 m

地域	分類	傾斜角		
		0°〜30°	30°〜60°	60°〜90°
田舎・郊外	清潔	0.8	0.85	0.9
	汚染	0.55	0.6	0.7
住宅地域	清潔	0.7	0.75	0.8
	汚染	0.4	0.5	0.6
工場地域	清潔	0.55	0.6	0.7
	汚染	0.25	0.35	0.5

(㈳日本建築学会編『昼光照明の計算法』丸善による)[7]

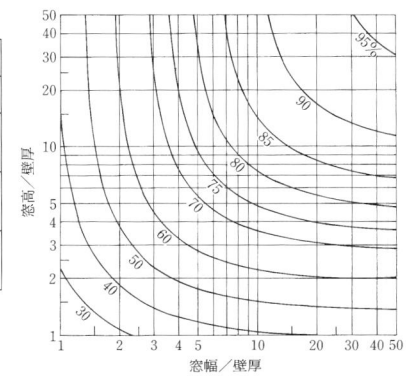

図 6・17 壁厚による窓の面積有効率 R_2
(㈳日本建築学会編『昼光照明の計算法』丸善による)

表 6・4 各種材料の反射率

材料	反射率 [％]
白しっくい	60〜80
白壁	60
うすクリーム色壁	50〜60
こい色の壁	10〜30
木材（白木）	40〜60
木材（黄ニス塗り）	30〜50
障子紙	40〜50
赤れんが	15
灰色テックス	40
コンクリート（生地）	25
白タイル	60
畳	30〜40
リノリウム	15
白ペイント	60〜80
うす色ペイント	35〜55
こい色ペイント	10〜30
黒ペイント	5

(㈳日本建築学会編『建築環境工学用教材 環境編』による)

2 採光計画

1）採光方法

採光方法は窓の位置によって次のように分類される。

◆ a　側窓採光　　壁面に設けられた鉛直な窓を側窓という（図6・18）。側窓採光（サイドライト）は最も一般的な採光方法であり、次のような特徴がある。

①構造・施工・開閉操作・保守などが容易で、雨仕舞がしやすい。
②開放感が得られ、通風に有利。
③室内の照度分布が不均衡になりやすく、隣接する建築物などの影響を受けやすい。

なお、窓面の数によって、片側採光（一面採光）・両側採光（二面採光）・多面採光（三面以上の場合）、目の高さより高い位置の側窓からの高窓採光、方位によって北側採光・南側採光などがある。

◆ b　天窓採光　　窓面が水平か水平に近く屋根面に設けられたものを天窓という（図6・19）。天窓採光（トップライト）には、次のような特徴がある。

①高い採光効果が得られ、室内の照度分布が均一化されやすい。建築基準法では、天窓は、側窓の3倍の採光効果があるとみなしている。
②隣接する建築物などの影響を受けにくい。
③構造・施工・操作・保守などが不利で、雨仕舞がしにくい。
④閉塞感を受けやすく、通風に不利である。

なお、図6・19(a)のように、室内から見上げると井戸のように見える天窓を光井という。また、図6・19(b)のように、天窓からの光を天井面で拡散させたものを光天井といい、天井面の輝度対比も少なく、やわらかい光環境となる。

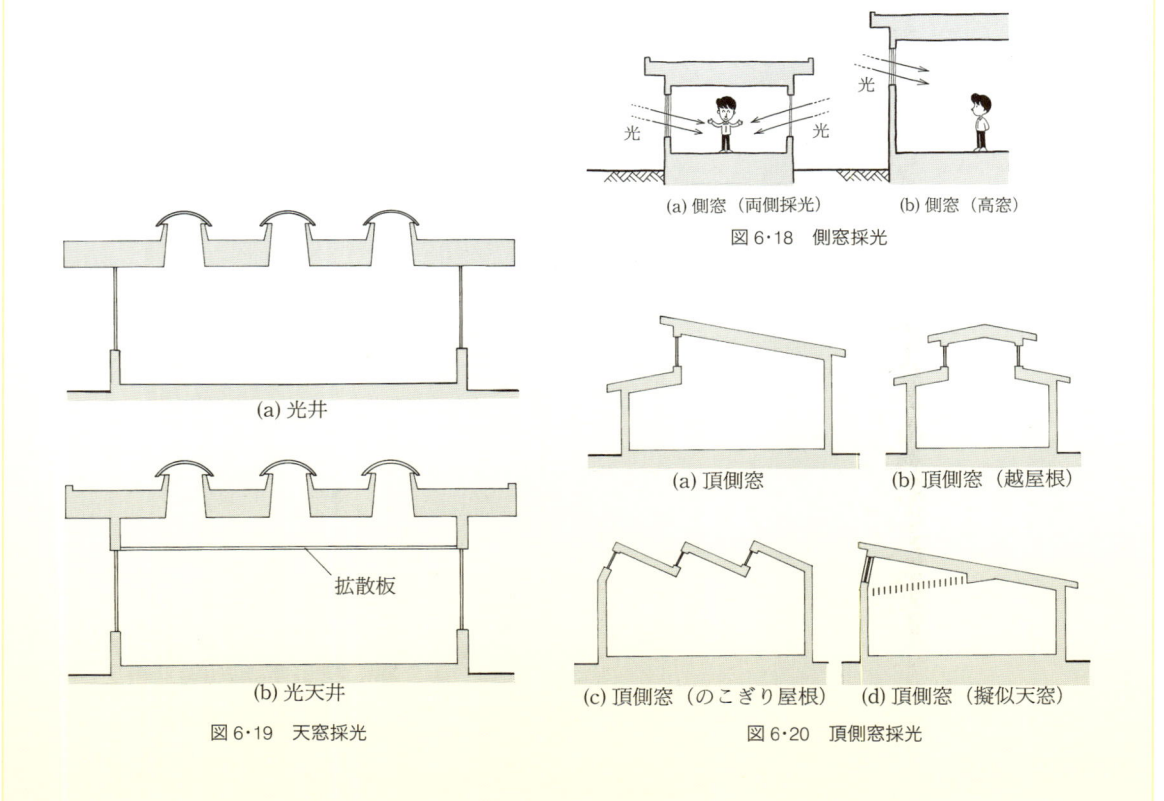

(a) 側窓（両側採光）　　(b) 側窓（高窓）
図6・18　側窓採光

(a) 光井
(b) 光天井
図6・19　天窓採光

(a) 頂側窓
(b) 頂側窓（越屋根）
(c) 頂側窓（のこぎり屋根）
(d) 頂側窓（擬似天窓）
図6・20　頂側窓採光

◆ c 頂側窓採光　　天面より高い位置に設けられた鉛直な窓を頂側窓という（図6・20）。頂側窓採光（ハイサイドライト）には、次のような特徴がある。

①室内の鉛直壁面の照度をあげられるので、美術館の展示室などに適する。
②面積の大きい室内に比較的分布よく採光できる。
③天窓より雨仕舞がよい。

同様の採光方式にのこぎり屋根採光・越屋根採光や擬似天窓採光などがあり、工場や美術館の展示室などに用いられる。

◆ d 特殊な採光　　以上のような窓からの採光のほかに、表6・5のような方式も用いられている。

①建築物の屋上などに設置した反射鏡（日照鏡）で直射日光を建築物内部に導くもので、反射鏡を固定した方式のものと、コンピューターにより太陽を自動的に追尾する方式のものがある。日照鏡は、高層建築による日影対策として用いられたり、ビルのアトリウムなどに採用されている。この方式は光の通路が直線でなければならず、設置上制約が多い。

②天空光を図6・21のような導光ダクトによって室内へ導くもの。ダクト長さが10m程度と制約がある。

③底光採光によるもので、出窓の底面から地面の反射光を採光する方式であるが、室内への採光量は少ない。

④光ファイバーを用いて屋上からの光を建築物内に導くもので、光ファイバーによって光を自由に導けるため、日照鏡より自由に利用でき、直射日光の届かない室内の植物などにあてられている。

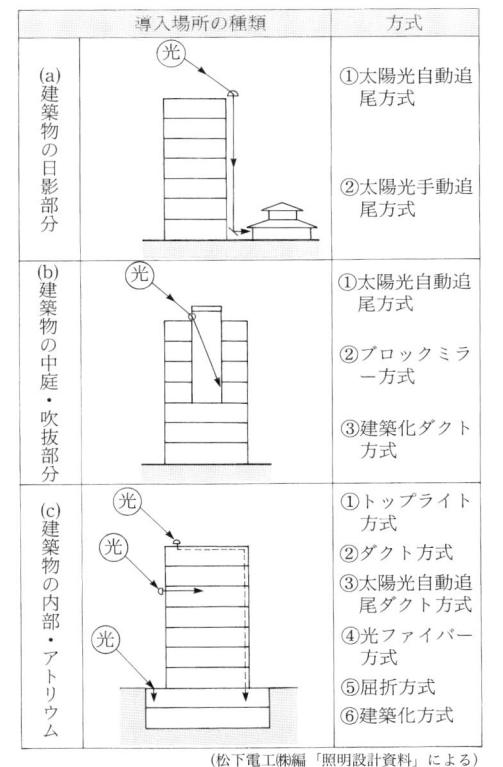

表6・5　太陽光導入の方式

導入場所の種類	方式
(a) 建築物の日影部分	①太陽光自動追尾方式　②太陽光手動追尾方式
(b) 建築物の中庭・吹抜部分	①太陽光自動追尾方式　②ブロックミラー方式　③建築化ダクト方式
(c) 建築物の内部・アトリウム	①トップライト方式　②ダクト方式　③太陽光自動追尾ダクト方式　④光ファイバー方式　⑤屈折方式　⑥建築化方式

（松下電工㈱編「照明設計資料」による）

図6・21　水平型採光ダクトの構成

2) 窓の材料

建築物の採光窓に用いられる材料には、表6・6に示すように、板ガラス・ガラス加工製品・紙・布・プラスチックなどの種類がある。これらのうち、建築物には主としてガラスおよびガラス加工製品が用いられている。ガラスは、光を反射・吸収・透過させる性質をもっているが、その特性は、ガラスの種類や厚さ、表面の性状、入射する光の波長や入射角度によって異なる（図6・22）。ガラスに入射する光の屈折率は、光の波長が長いほど大きく、吸収率は、板厚が厚くて着色の濃いものほど大きい、また、図6・23に示すように光の入射角が大きいほど透過率は小さく、普通板ガラスでは、入射角が50°以下では透過率はほぼ一定である。なお、透過率は、ガラスの取り付け状態や保守の程度によっても異なる。ここでは、ビルのカーテンウォールなどによく用いられている熱線吸収ガラスおよび熱線反射ガラスの特徴について述べる。

◆ **a 熱線吸収ガラス**　　熱線吸収ガラスは、ガラスの成分に微量の鉄やニッケルなどの金属を加えて作られたものである。このガラスは、太陽の放射熱を比較的よく吸収するため、普通ガラスに比べて夏季の冷房負荷を少なくすることができる（p.101 図5・63(b) 参照）。

◆ **b 熱線反射ガラス**　　熱線反射ガラスは、ガラスの表面にチタンなどの金属を、100〜5000オングストロームのごく薄い膜にして形成させたものである。この金属の膜は非常に薄いので半透明となる。つまり、明るい所からガラス面を見れば、その金属の膜が光を反射して鏡のように見える。ところが暗い所から明るい所を見ると、金属面は透過して普通のガラスのように見える。このガラスは、太陽の放射熱を比較的よく反射・遮断するので断熱性を高めることができる（p.101 図5・63(c) 参照）。

表6・6　窓の材料の透過性状と透過率

	材料	板厚[mm]	透過性状	透過率[%]
板ガラス類	透明板ガラス	1.9〜19.0	透明	80.9〜91.5
	すり板ガラス	1.9〜5.0	半透明 半拡散	75〜85
	型板ガラス	2.2〜6.8	半透明	60〜90
	乳白すきがけガラス		拡散	40〜60
	全乳白ガラス		拡散	8〜20
	網入・線入磨き板ガラス	6.8〜10.0	透明	80.5〜86.5
	熱線吸収板ガラス	3.0〜15.0	半透明	35.1〜82.1
ガラス加工製品類	合せガラス	6.3〜24.3	透明	77.3〜88.8
	熱線反射ガラス	6.0〜12.0	半透明	19.2〜65.1
	ガラスブロック		拡散	23〜33
	指向性ガラスブロック		指向性	23.6
	熱線反射ガラスブロック		半透明	16.0
	プリズムガラス		半透明	19.6〜34.0
紙類	トレーシング・ペーパー		半拡散	65〜75
	障子紙（美濃紙）		拡散	35〜50
布類	木綿（薄地・白）		拡散	2〜5
	カーテン（薄地・淡色）		拡散	10〜30
	カーテン（薄地・濃色）		拡散	1〜5
	カーテン（厚地）		拡散	0.1〜1
	ナイロン（透明）		半透明	65〜75
プラスチック類	アクリライト（無色）		透明	70〜90
	アクリライト（濃色）		透明	50〜75
	プラスチック（白色）		拡散	30〜50
	プラスチック（濃色）		半透明	1〜10

((社)日本建築学会編『設計計画パンフレット30　昼光照明の計画』彰国社による)

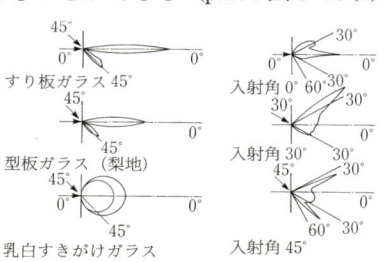

(a) 板ガラス　　(b) 指向性ガラスブロック
図6・22　窓ガラスの透過指向性 ((社)日本建築学会編『設計計画パンフレット30　昼光照明の計画』彰国社による)

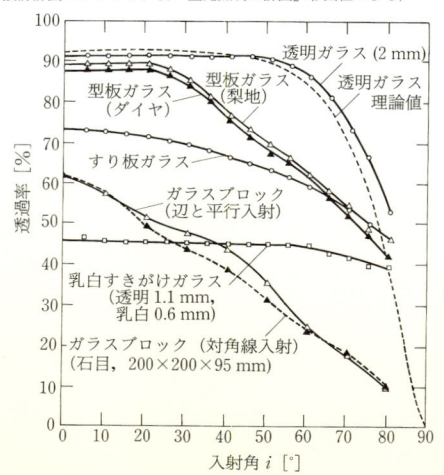

図6・23　窓ガラスの入射角別透過率 ((社)日本建築学会編『設計計画パンフレット30　昼光照明の計画』彰国社による)

3） 法的規制について

　学校の教室や住宅の居室などの室内を明るく健康的な環境にする目的で、建築基準法では、最低限の自然採光を確保するための窓の面積が居室の床面積に比例して定められている。居室の床面積に対する有効採光面積の割合は表6・7に示すように、対象となる居室の種類により異なっている。

　有効採光面積とは、各開口部の面積に、表6・8に示す採光補正係数（λ）を掛けて得た数値を居室ごとに合計したものである。なお、居室の外側に幅90cm以上の縁側のある場合の採光補正係数は、表6・8で求めた数値に0.7を掛けて計算する。反対に、天窓は表6・8で求めた数値を3倍する。また、ふすまや障子などで仕切られた2室は、1室とみなして計算することができる。

表6・7　居室の床面積に対する有効採光面積の割合

建築物の種類	対象となる室	有効採光面積／室の床面積
保育所	保育室	$\frac{1}{5}$ 以上
幼稚園・小学校・中学校・高等学校・中等教育学校	教室	
住宅	居室	$\frac{1}{7}$ 以上
病院・診療所	病室	
寄宿舎	寝室	
下宿	宿泊室	
児童福祉施設などの各種福祉施設	寝室・主な居室	
上記以外の学校	教室	$\frac{1}{10}$ 以上
病院・診療所・児童福祉施設など	談話室・娯楽室	

表6・8　採光補正係数

	用途地域	採光補正係数（λ）
(ｱ)住居系	第一種低層住居専用地域　第二種低層住居専用地域　第一種中高層住居専用地域　第二種中高層住居専用地域　第一種住居地域　第二種住居地域　準住居地域　田園住居地域	$\frac{6D}{H} - 1.4$
(ｲ)工業系	準工業地域　工業地域　工業専用地域	$\frac{8D}{H} - 1.0$
(ｳ)商業系他	近隣商業地域　商業地域　指定のない区域	$\frac{10D}{H} - 1.0$

注1　(ｱ)はD≧7m、(ｲ)はD≧5m、(ｳ)はD≧4mであれば、数値が1.0未満となる場合でも1.0とする。
　2　開口部が道に面し、数値が1.0未満となる場合は1.0とする。
　3　数値が3.0を超える場合は3.0に、負数になる場合は0とする。

6・4 照明

1 人工光源

1）光源の種類

　照明用の光源の種類には表6・10に示すようなものがある。まず大きく白熱電球と放電灯の二つに分けられ、さらに放電灯は蛍光ランプとHIDランプに分けられる。HIDランプは、High Intensity Discharge Lampの略で、高輝度放電灯といわれ、水銀ランプ・メタルハライドランプ・高圧ナトリウムランプなどの総称として用いられる。HIDランプは、小形で高出力、ランプ効率が高く寿命が長いなどの特徴をもつ。また、ランプ効率が高く、著しく長寿命のLEDランプが、白熱電球や蛍光ランプに代替する形で普及している。以下に各光源の特徴を述べる。

　①白熱電球は、蛍光ランプとともに最も普及しているランプで、透明電球の他、ガラス内面に白色シリカ粉末を塗布したシリカ電球、ガラス内面にアルミニウムを蒸着させ光線のビーム特性をよくした反射形電球などがある。また、不活性ガスとハロゲン元素を封入したハロゲン電球、不活性ガスを封入したクリプトン球、キセノン球なども白熱電球の一種である。

　②蛍光ランプは、効率が高く、低輝度、長寿命、発熱量が少ないなどの特徴があり、照明用として広く使用される。管内面に塗布する蛍光物質によって分光エネルギー分布の異なるものができる。色温度[※1]によって、昼光色・昼白色・温白色がある。また、演色性[※2]を改善した高演色形蛍光ランプ、効率・演色性ともすぐれている高周波点灯型(Hf)蛍光ランプなどもある。

　③水銀ランプは、水銀蒸気中の放電によって発光する。照明に使用されているのは水銀蒸気圧の高い高圧水銀ランプで、外管の内面に蛍光物質を塗布し演色性を改善したものを蛍光水銀ランプという。水銀ランプは、2020年から「水俣条約」により製造が禁止されている。

表6・9　主な光源の種類と特徴

特性 \ 光源の種類		白熱電球	ハロゲン電球	蛍光ランプ	蛍光水銀ランプ	メタルハライドランプ	高圧ナトリウムランプ	LEDランプ
発光原理		温度放射		ルミネセンス (低圧放電)	ルミネセンス			エレクトロルミネセンス
消費電力 [W]		57～60	50～100	36	500	150～400	360～400	4.4～7.4
全光束 [lm]		705～840	900～1600	3000	22000	10500～38000	23000～47500	485～810
効率 [lm/W]		12～14	16～19	83	55	70～95	58～132	80～110
始動時間		0	3min (再始動時間10)	2～3s（予熱形） 0（ラピッドスタート形）	5min	5min	5min (再始動時間1～2)	0
寿命 [h]		1000～2000	1500～2000	12000	12000	6000～9000	12000	40000
演色性 (平均演色評価数Ra)		良い、赤味が多い (100)	良い (100)	比較的良い、演色を改善したものもある (61～84)	あまり良くない (44)	良い、高演色形は非常に良い (70～96)	良くない、高演色形は良い (25～85)	良い、高演色形は非常に良い (70～90)
色温度 [K]		2850	3000	4200（白色）	4100	3800～4300	2100～2500	5000（昼白色）
コスト	設備費	安い	比較的高い	比較的安い	やや高い		やや高い	安い
	維持費	比較的高い	比較的高い	比較的安い	比較的安い			安い
保守・取扱いなど		極めて容易	普通	比較的繁雑	普通			極めて容易
構造		口金・ステム・ガラス球（バルブ）・導入線・アンカ・フィラメント・封入ガス（アルゴン＋窒素）	口金（セラミック）・モリブデン箔・バルブ（石英ガラス）・封止部・封入ガス・アンカ・ターミナル・フィラメント（タングステン）・封止部	可視線・紫外線・蛍光体・口金・ピン・封入ガス・フィラメントコイル（電子放射物質塗布）	口金・蛍光体・封入ガス（水銀＋アルゴン）・発光管	口金・始動抵抗・バイメタル・助電極・主電極・始動補助電極・発光管・封入ガス（水銀＋アルゴン＋ハロゲン）・ゲッタ	口金・ゲッタ・真空・発光管・封着用キャップ・拡散板・封入ガス（ナトリウム＋水銀＋キセノン）	アルミダイキャスト（放熱部）・口金・点灯回路・LED・LED実装基板・ガラス球
用途		住宅・商店・事務所	投光用・商店	住宅・商店・事務所・工場	高天井工場・商店街	高天井工場・体育館・商店街	高天井工場・ガソリンスタンド	住宅・商店・街路
その他		高輝度・表面温度が高い	一般電球より高効率高寿命	周囲温度により効率が変化する	点灯後の光束安定に時間を要する 耐振性が良い	高効率と高演色性の兼備	白色光源中、効率最高、点灯方向が任意	小型軽量、光色豊富、調光可能

水銀ランプは2020年に製造禁止

(社)日本建築学会編「建築環境工学用教材　環境編」（丸善）より作成

※1　色温度：光源の色が黒体の放射する色と等しいとき、光源の色をその黒体の温度で表示したもの。
※2　演色性：光源の種類による物体色の見え方のことで、一般に、平均演色評価数が100に近いほど演色性が良い。

④メタルハライドランプ（マルチハロゲン灯）は、高圧水銀ランプの中にハロゲン化金属を封入し、演色性を改善した光源で、構造などは高圧水銀ランプとほとんど同じである。

⑤高圧ナトリウムランプは、高圧ナトリウム蒸気中での放電により発光するもので、ランプ効率が高く寿命が長いので、工場や体育館の照明として使用される。

⑥LEDランプは、2種類の半導体に電圧をかけて発光するもので、効率・演色性ともすぐれ、極めて長寿命（40000時間）である。

2) 照明方式

照明方式は、配光分布の種類により直接照明・半直接照明・全般拡散照明・半間接照明・間接照明に分類される。直接照明は、光源からの直接光を利用するもので、照明効率はよいが陰影が強くなりかたい感じを与えるのに対し、間接照明は、間接光を利用するため照明の効率は悪いが陰影が弱くやわらかい感じの光になるという特徴をもつ。これらの照明方式と、照明器具との関係を表6・10に示す。

3) 照明器具

照明器具を配光、取り付け状態、使用目的、性能によって分類すると次のようになる。

①配光による分類：直接照明型・半直接照明型・全般拡散照明型・半間接照明型・間接照明型。

②取り付け状態による分類：直付け型・ペンダント型・埋込み型・半埋込み型・ブラケット型・スタンド型・シャンデリア型。

③使用目的による分類：一般照明用のほか医療用・展示用・防災用など。

④性能による分類：グレア規制型※・防塵型・防滴型・防爆型など。

表6・10 照明方式と照明器具の分類

分類		直接照明形	半直接照明形	全般拡散照明	半間接照明形	間接照明形
配光曲線	上向光束[%]	0〜10	10〜40	40〜60	60〜90	90〜100
	下向光束[%]	100〜90	90〜60	60〜40	40〜10	10〜0
照明器具の種類		埋込下面開放形／反射笠付き形	逆富士形／トラフ形	乳白色ガラスグローブ	乳白色ガラス	金属製不透明反射ざら／コーブ照明

※ 不快なグレアを少なくするためにルーバーなどを取り付けた照明器具。

2 照明の基準

建築物の各部に必要な照度やその分布などは、室の用途や作業内容によって異なり、その基準はJIS Z 9110 に照明基準総則として規定されている。

1）照度基準

表6・11 は、JIS Z 9110 に示されている照度基準の例である。この照度は、主として視作業面（特に視作業面の指定がないときは床上80 cm、座業のときは床上40 cm の水平面、廊下・屋外などは、床面または地面）における平均照度を示す。また、この照度は設備当初の値ではなく、常時維持しなければならない値であり、推奨照度500 lx の場合は照度範囲300 〜 750 lx を要件とするなど、一定範囲の中央値として示されている。局部照明によってこの照度を得てもよいが、この場合の全般照明の照度は、局部照明による照度の1/10 以上であることが望ましい。なお、隣合った室、室や廊下などの照度の差は、著しく大きくならないようにする。

2）照度均斉度

JIS Z 9110 では、照度均斉度を次式のように定義している。

$$照度均斉度 = \frac{最小照度値}{平均照度値}$$

屋内における視作業を行う室の照度均斉度は、作業範囲内の照度分布を均等にするために、一般に0.7 以上確保する。

表6・11 照度基準の例

推奨照度	事務所		学校		
	執務空間	共用空間	作業・学習空間	執務空間	共用空間
1000			精密工作 精密実験		
750	設計室・製図室 事務室・役員室	玄関ホール （昼間）	製図室		
500	診察室・印刷室 電子計算機室 調理室 集中管理室 制御室・守衛室	会議室 集会室 応接室	美術工芸製作 板書・被服教室 図書閲覧室 電子計算機室 実習実験室	保健室 研究室	会議室 放送室 厨房
300	受付	宿直室・食堂 化粧室 エレベーターホール	教室 体育館	職員室 事務室 印刷室	宿直室 食堂 給食室
200		喫茶室・ラウンジ 湯沸室・書庫 更衣室 便所・洗面所 電気室・機械室	講堂		集会室 書庫 ロッカー室 便所・洗面所
150		階段			階段
100		休憩室・倉庫 玄関ホール（夜間） 玄関（車寄せ） 廊下・エレベーター			倉庫 廊下 渡り廊下 昇降口
75					車庫
50		屋内非常階段			非常階段

注 推奨照度は、維持すべき照度であり、視作業の基準面（基準面が特定できない場合は、机上作業のときは床上80 cm、座業のときは床上40 cm、廊下などは床面）における平均照度を示す。

（JIS Z 9110-2010 による）

3 照明計算

　照明計算には、広い室全体を対象とした全般照明に使用する光束法と、スポット照明や道路照明などの局部照明に使用する逐点法がある。このうち、ここでは光束法について述べることにする。

1）光束法の概要

　室の平均照度は、作業面の高さの水平面に入射する全光束をその室の床面積で割ったものであり、次式で求められる。

$$平均照度 E = \frac{NFUM}{A} \quad \cdots\cdots\cdots\cdots\cdots\cdots\cdots\cdots\cdots (6\text{-}6)$$

　　E：平均照度 [lx]、N：照明器具の台数 [台]、F：ランプ光束 [lm]
　　U：照明率、M：保守率、A：床面積 [m²]

①保守率：光源の光束は、点灯時間の経過や器具のよごれなどから減少してくるので、このような照度低下を補うための補正係数が保守率である。

②照明率：光源から出た光束のうち、作業面に到達する光束の割合で、この値は、照明器具の配光、器具効率、室指数、室内の反射率によって異なる。表6・13に照明率の例を示す。

③室指数：光源から直接作業面に達する光の割合は、図6・24のように室の形や光源の位置によって異なる。そのために、間口、奥行、光源の高さの関係を示すのが室指数 K で、次式で求める。

$$室指数 K = \frac{XY}{(X+Y)\,H} \quad \cdots\cdots\cdots\cdots\cdots\cdots\cdots\cdots (6\text{-}7)$$

　　X：室の間口 [m]、Y：室の奥行 [m]、H：作業面から光源までの高さ [m]

　ここで、作業面とは、一般に机・作業台を含む水平面をいい、床上からの作業面高さは、一般事務室で0.8m、和室で0.4m、体育館・廊下では0mとする。

表6・12　照度率表の例

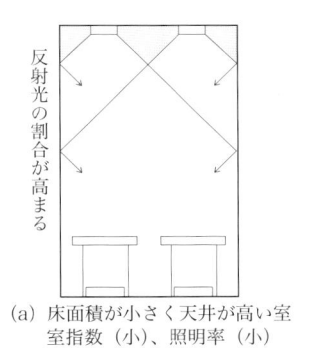

天井		80%				70%				50%				30%				0%
反射率	壁	70	50	30	10	70	50	30	10	70	50	30	10	70	50	30	10	0%
	床	10%				10%				10%				10%				0%
室指数		照明率（×0.01）																ZCM
0.6		43	34	29	25	42	34	28	25	40	33	28	24	39	32	28	24	23
0.8		51	43	38	34	50	42	37	33	48	41	37	33	47	40	36	33	32
1.0		57	49	44	40	55	49	44	40	53	47	43	40	51	46	42	39	38
1.25		61	55	50	46	60	54	50	46	58	53	49	45	56	51	48	45	43
1.5		64	59	54	51	63	58	54	50	61	56	53	50	59	55	52	49	47
2.0		68	64	60	57	67	63	59	56	65	61	58	55	63	60	57	55	53
2.5		71	67	64	61	70	66	63	60	68	65	62	59	66	63	61	59	56
3.0		72	69	66	63	71	68	65	63	69	66	64	62	67	65	63	61	59
4.0		74	72	69	67	73	71	69	67	71	69	67	65	69	67	66	64	62
5.0		75	73	71	70	74	73	71	69	72	71	69	68	70	69	68	66	64
7.0		77	75	74	72	76	74	73	72	74	73	71	70	72	71	70	69	66
10.0		78	77	76	75	77	76	75	74	75	74	73	72	73	72	71	71	68

光源	FLR40S.W/M-X	取付高さ	器具間隔最大限	
			横方向(A)	縦方向(B)
BZ分類	BZ5/0.7 /BZ4/1.8 /BZ3	1.5 [m]	2.6 [m]	2.1 [m]
		2.0	3.4	2.6
下方投影面積	3707cm²	2.5	4.2	3.2
等価発光面積	1706cm²	3.0	5.0	3.8
器具効率	74%	保守率	良 0.74	
上方光束	1%		中 0.70	
下方光束	73%		否 0.62	

照明器具
・40W 白色蛍光灯 2灯
・光束 3000lm×2灯
反射板：鋼板（鏡面仕上）
ルーバー：アルミ

配光曲線　ランプ光束1000lm
――管軸に垂直(A)
――管軸に平行(B)

(a) 床面積が小さく天井が高い室
　　室指数（小）、照明率（小）

(b) 床面積が大きく天井が低い室
　　室指数（大）、照明率（大）

図6・24　室指数と照明率の関係

（松下電工㈱編「照明の基礎」による）

2) 照明計算例

【例題 2】 図6・26に示す教室を、次の条件で照明設計せよ。

教室の大きさ：間口10m、奥行8m、天井高3.0m、作業面の高さ0.75m

この教室の作業面（机）の平均照度を550lx以上にする。

使用照明器具：40W2灯用蛍光灯器具（下面開放埋込み型）ランプ40W白色蛍光灯（40W1灯当たり3000lm）、照明器具などのデータは表6・13に示すとおりとする。

室内の反射率：天井50%、壁30%、床10%で、保守の程度は普通（中程度）とする。

【解　答】 ア）室指数を求める

教室の大きさ：間口：$X = 10$ m、奥行：$Y = 8$ m、天井高：$Z = 3.0$ m

光源の高さ H は、天井高 Z、作業面の高さ H_f、吊り具長さ H_c として、

$$H = Z - H_f - H_c$$
$$= 3.0 \text{m} - 0.75 \text{m} - 0 \text{m}$$
$$= 2.25 \text{m}$$

室指数　式 (6-7) より

$$K = \frac{10 \times 8}{(10 + 8) \times 2.25} = 1.98 ≒ 2$$

イ）照明率と保守率を求める

照明率：表6・13において、室内の反射率と室指数より、$U = 0.59$

保守率：表6・13のデータ中、保守率の項において中程度の値を採用し、$M = 0.70$

表6・13　照明器具のデータ

反射率	天井	80%				70%				50%				30%				0%
	壁	70	50	30	10	70	50	30	10	70	50	30	10	70	50	30	10	0%
	床	10%				10%				10%				10%				0%
室指数		照明率（×0.01）																ZCM
0.6		44	35	29	25	43	35	29	25	42	34	28	25	40	33	28	25	23
0.8		52	44	38	33	51	43	38	33	49	42	37	33	47	41	37	33	31
1.0		58	50	44	40	57	49	44	40	54	48	43	39	52	47	42	39	37
1.25		63	55	50	46	61	55	50	46	59	53	49	45	57	52	48	45	43
1.5		66	59	54	50	65	59	54	50	62	57	53	50	60	56	52	49	47
2.0		70	65	61	57	69	64	60	57	67	62	59	56	65	61	58	55	54
2.5		73	68	65	61	72	68	64	61	69	66	63	60	67	64	62	59	58
3.0		75	71	67	65	74	70	67	64	71	68	66	63	69	67	64	62	60
4.0		77	74	71	69	76	73	71	68	74	71	69	67	72	70	68	66	64
5.0		78	76	74	71	77	75	73	71	75	73	71	70	73	72	70	69	67
7.0		80	78	76	75	79	77	76	74	77	76	75	73	75	74	73	72	71
10.0		81	80	79	77	80	79	78	77	78	77	76	75	76	75	74	73	72

光源	FLR40S.W	取付高さ	器具間隔最大限	
			横方向(A)	縦方向(B)
BZ分類	BZ5/0.7 /BZ4	1.5 [m]	2.0 [m]	2.2 [m]
		2.0	2.7	2.8
下方投影面積	3707 cm²	2.5	3.3	3.4
等価発光面積	1852 cm²	3.0	4.0	4.0
器具効率 上方光束 下方光束	77% 0% 77%	保守率	良 0.74 中 0.70 否 0.62	

（松下電工㈱編「照明の基礎」による）

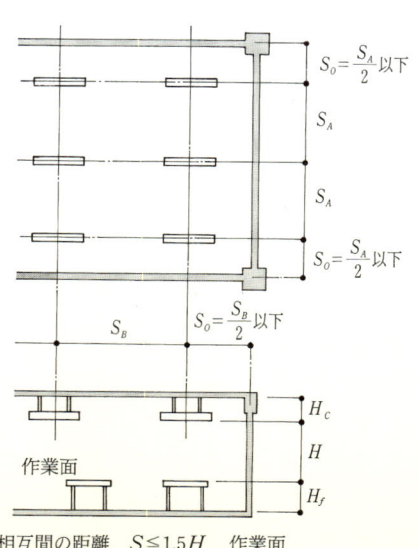

器具相互間の距離　$S \leq 1.5H$
壁と器具との距離　$S_O \leq \dfrac{S}{2}$　（壁ぎわ使用せず）
　　　　　　　　　$S_O \leq \dfrac{S}{3}$　（壁ぎわ使用）

図6・25　照明器具の配置

ウ）照明器具の所要台数を求める

式（6-6）を変形し、N を求める式にすると、$N = \dfrac{EA}{FUM}$

ここで $E = 550\,\text{lx}$、$A = 80\,\text{m}^2$、$F = 3000 \times 2 = 6000\,\text{lm}$ であるから、

$$N = \dfrac{550 \times 80}{6000 \times 0.59 \times 0.70} = 17.8 \fallingdotseq 18\,\text{台}$$

照明器具の配置を考え、器具台数は $N = 3 \times 6 = 18$ 台とする（図6・27）。

エ）設計照度の確認

計算式

$$E = \dfrac{FNUM}{A} = \dfrac{6000 \times 18 \times 0.59 \times 0.70}{80} = 557.6 > 550\,\text{lx}（設計照度）$$

初期平均照度

$$E_O = \dfrac{E}{M} = \dfrac{557.6}{0.70} = 796\,\text{lx}$$

オ）器具の配置

器具取付高さ $H = 2.25\,\text{m}$ であるので、表6・13の取付高さ 2.0m と 2.5m の中間値をとり、器具間隔最大限を $S_A = 3.0\,\text{m}$、$S_B = 3.1\,\text{m}$ とする。壁と器具との間隔は、壁ぎわを作業に使用するか否かにより、図6・25のように決める。壁ぎわを作業に使用しないとすると、器具の配置は図6・27のようになる。

演習問題

〈6-2〉図6・26の教室で作業面の平均照度を 700 lx 以上にするための照明設計をせよ。ただし、他の条件は例題2と同じとする。

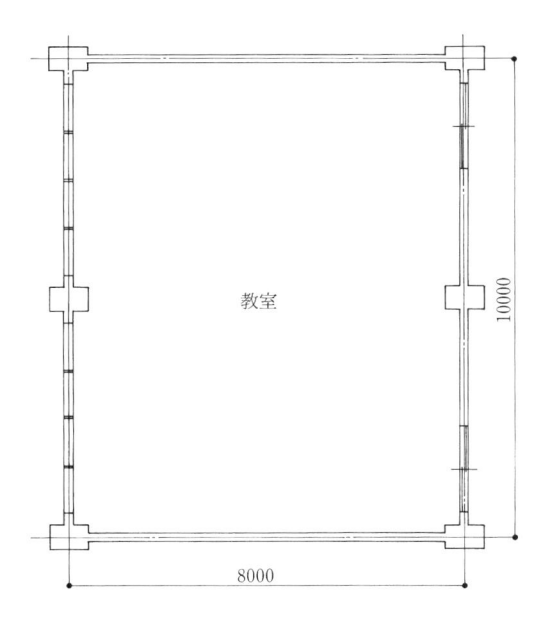

図6・26　例題2の室

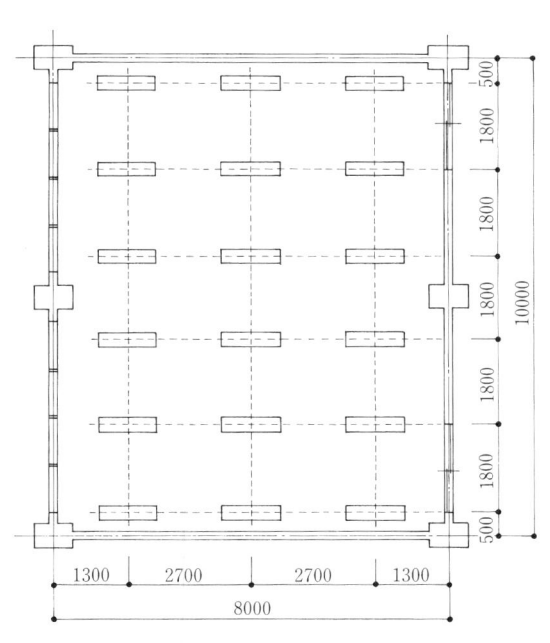

図6・27　照明器具の配置例

4 照明計画

1) PSALI

PSALI[※1]（常時補助人工照明）とは、1959年にイギリスのホプキンソンとロングモアが提案した併用照明設計の考え方である。その基本原則は、昼間の屋内照明において、窓から入ってくる昼光と室内の人工照明を快適かつ合理的に協調させて、よい照明環境をつくるもので、側窓から見通せる外景を重視し、室全体が昼光で照らされている感じを保ちつつ、窓近くの壁と室奥の壁の明るさのバランスをよくするよう補助人工照明を併用することである。目の順応を考慮して補助照明の照度は窓外の輝度の上昇とともに大きくすべきだとした（図6・28）。

PSALIには、次のような質改善型併用照明と省エネルギー型併用照明の二つの考え方がある。

① 質改善型併用照明（輝度バランス型併用照明）は、窓を背にする人物などが逆光となって見えにくくなるシルエット現象（図6・29）の防止や、窓際で窓と平行に向く人物の好ましいモデリング[※2]（図6・30）の改善など、人物や壁などの輝度のバランスをよくしようとするものである。表6・14にシルエット現象の防止に必要な顔面照度、表6・15にモデリングの評価尺度となる顔の側面照度比を示す。

② 省エネルギー型併用照明（照度バランス型併用照明）は、1973年のオイルショック以降に主流になったもので、側窓採光の室奥の照度不足を補い、明るい窓際の消灯を行うなど節電のために昼光を積極的に利用しようとするものである。なお、省エネルギー型併用照明にあたっては、必要な作業面照度を確保し、照明の質を落とさないように留意する。

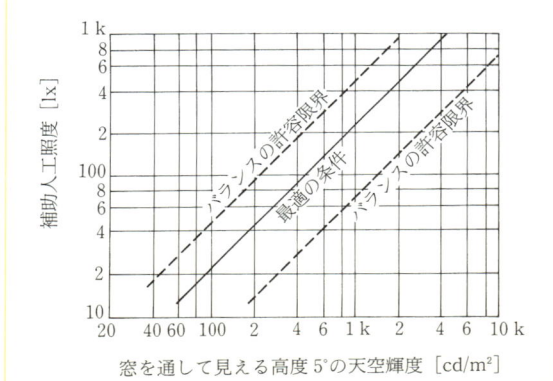

図6・28 窓面積輝度とバランスする補助人工照度 （㈳日本建築学会編『建築環境工学用教材 環境編』丸善による）[11]

図6・29 シルエット現象の例　　図6・30 モデリングの例

表6・14 シルエット現象の防止に必要な顔面照度

段　階	顔面照度／背景輝度 [lx / cd/m²]
I　シルエットに見えないための下限	0.07
II　目鼻が見えるための下限	0.15
III　やや良い	0.30

（㈳日本建築学会編『建築環境工学用教材 環境編』丸善による）

表6・15 顔のモデリングの評価尺度となる顔の側面照度比

段　階	顔の両側の鉛直面照度の比
I　どぎつい	10
II　好ましい	2〜6

（㈳日本建築学会編『建築環境工学用教材 環境編』丸善による）

※1　Permanent Supplementary Artifical Lighting of Interiors の略。
※2　人の顔などの立体感や材質感などの見え方の総合的な評価のこと。

2）建築化照明

建築化照明とは、建築構造体と一体化させた照明で、建築物の一部が光り、それによって室内の照明をとる方式をいう。具体的には、建築物の内部に光源や照明器具をつくり付けたり、埋込んだりして建築物表面の反射や透過する光を利用するもので、建築物としての天井・壁などの大きさ・材料・色彩・意匠などと、照明の光色・配置・効率などを考慮しながら、建築設計と照明設計を並行して進めなければならない。

建築化照明には、図6・31に示すように光梁照明・コーブ照明・光天井などの種類がある。

3）雰囲気照明

雰囲気照明とは、機能主体の明視照明とは異なり、照明の目的を快適性におくものをいい、光壁・シルエット照明・ムード照明・シーン（団らんやパーティーなど）による照明などがあげられる。たとえば、落ちつきを求める場合には、色温度の低いランプを多灯で用いるのも効果的である。

4）タスク・アンド・アンビエント・ライティング

照明は、一般に次の点を満たす必要がある。

①対象物（タスク）が十分に見えるように照明すること。

②天井・床・壁など作業者の周辺（アンビエント）を照明し安全性・快適性を高めること。

会議室や学校の教室などでは、全般照明だけを用いることが多い。これに対して、アンビエントライティングを必要照度の3分の1程度とし、タスクライティングによって各部分の必要照度を得る方式をタスク・アンド・アンビエント・ライティングといい、事務所をはじめさまざまな分野で用いられている（図6・32）。

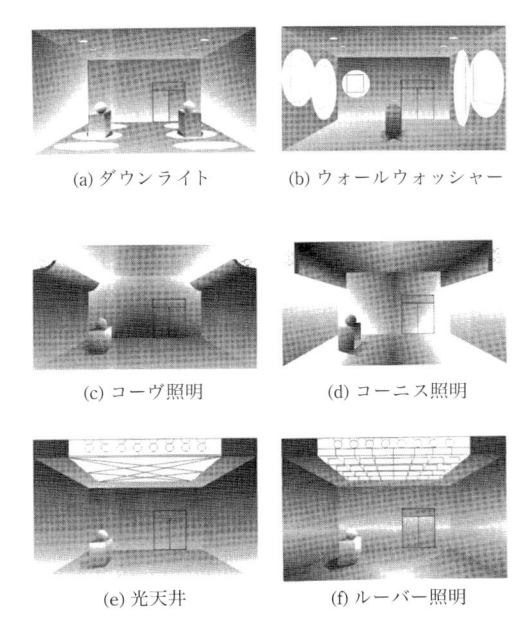

(a) ダウンライト　(b) ウォールウォッシャー
(c) コーヴ照明　(d) コーニス照明
(e) 光天井　(f) ルーバー照明

図6・31　建築化照明の例

(a) 全般照明方式

(b) タスク・アンド・アンビエント・ライティング

図6・32　全般照明方式とタスク・アンド・アンビエント・ライティング

6・5 色　彩

1 色の表し方

1) 色の三属性

　人の目は、可視光線のうち最も波長の短い光に対しては紫色を感じ、波長が最も長い光に対しては赤色を感じる。また、紫色から赤色にかけてのあらゆる色の中で約130～240種ぐらいの色が識別できるという。このように色相をもつ色を有彩色といい、白・灰色・黒などのような色を無彩色という。

　また、等しい色相をもつ色の中でも、明るい色、暗い色などの違いが認められるが、これを色の明度という。さらに、色には色味の強さの違いがある。たとえば、同じ赤でも、あざやかな濃い感じの赤と、さえない感じの赤がある。このような色味の強さの程度を色の彩度という。

　これらの色相・明度・彩度の組合せによって色がほとんど決まるが、これらを色の三属性という。

2) マンセル表色系

　アメリカの画家マンセルによって、1905年に考案された表色法で、色彩の心理的な三属性によって色を表示するものである。マンセル色立体は、図6・33に示すように、鉛直軸に明度の軸を取り、各明度に応じて水平方向に環状に色相があり（図6・34）、明度軸を中心に同心円状に彩度の尺度がある。この色立体の水平断面と垂直断面を図6・35、6・36に示す。

　マンセル表色系で色を表示するには、色相H・明度V/彩度Cの形式で表す。たとえば、赤の純色は5R4/14のように表示する。

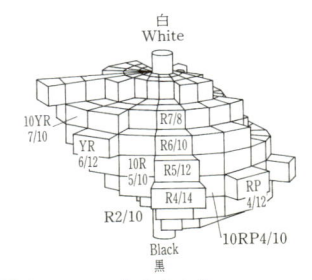

図6・33　マンセル色立体　(㈳日本建築学会編『建築環境工学用教材　環境編』丸善による)

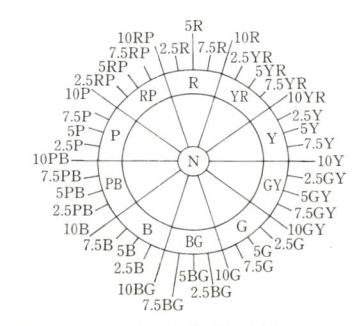

図6・34　マンセル色相環の割合　(㈳日本建築学会編『建築環境工学用教材　環境編』丸善による)

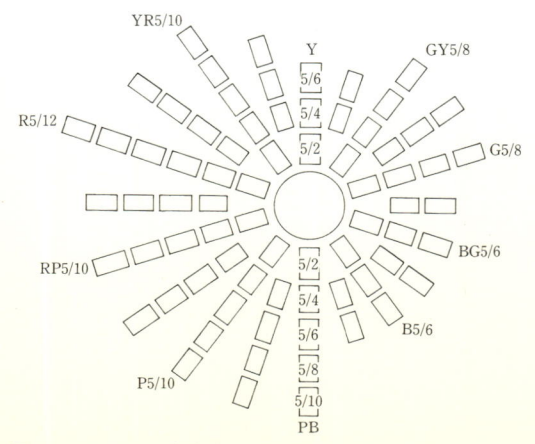

図6・35　マンセル色立体の水平断面　(板本守正他『改訂新版　建築環境工学』朝倉書店による)

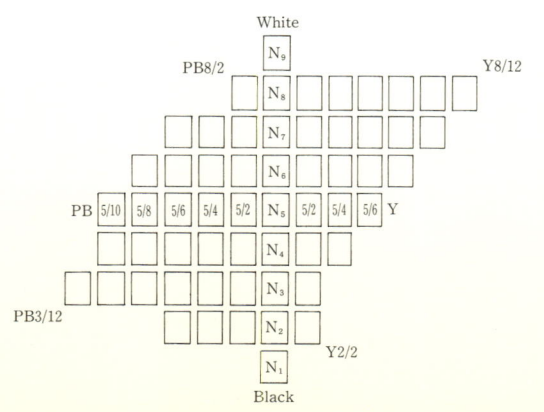

図6・36　マンセル色立体の垂直断面　(板本守正他『改訂新版　建築環境工学』朝倉書店による)

2 色彩の心理的・生理的効果

1）温度感・重量感・距離感・大きさ感

　色彩の温度感は、色相による影響が大きく、赤や黄は暖かく、青や緑は冷たく感じられる。前者を暖色といい、後者を寒色という。色相でRP、R、YR、Yが暖色、G、BG、B、PBが寒色である（図6・37）。また、明度の影響も受け、一般に明度の高い色ほど冷たく、明度の低い色ほど暖かく感じられる。

　重量感は、主に明度の影響を受け、高明度の色彩は軽く、低明度の色彩は重く感じられる。また、暖色は軽く、寒色は重く感じるともいわれる。

　距離感は、一般に暖色や高明度の色は近くに見え、寒色や低明度の色は遠くに見える。前者を進出色といい、後者を後退色という。

　また、色彩によって大きさの感覚も異なり、進出色は大きく、後退色は小さく見える。前者を膨張色、後者を収縮色という。

2）対比効果

　色を見るとき、単独で見るときと背景色と同時に見るときとでは異なって見えることが多い。このように、二つの色彩が相互に影響し合って、色の違いが強調されて見える現象を色の対比という。色の対比には、二つの色を同時に見るときに起こる同時対比と、時間的な差をおいて見るときに起こる経時対比とがあり、それぞれ、色相対比、明度対比、彩度対比があるが、ここでは同時対比の場合について述べる。なお、経時対比の場合は、補色残像の影響が作用し、はじめの色の補色をあとの色に混ぜた色に見える。図6・38に残像の実験例を示す。

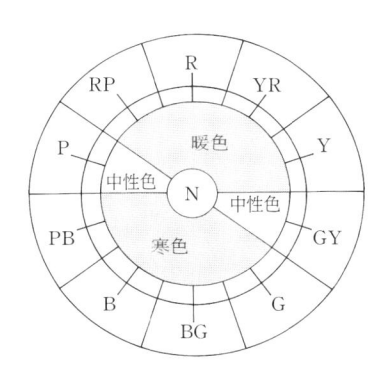

図6・37　暖色と寒色

上の黒い模様を数秒見つめた後、下の灰色の面に目をやると白く光った模様が見える。

図6・38　残像の実験

色相対比は、図形の色相が背景色の補色となる色相の方向へ変化して見える、すなわち色相差が大きくなる方向へ変化して見える現象である。たとえば、背景が黄色の場合の緑色は青緑色に見える。特に、補色関係にある色を並べると、互いに彩度を高め合ってあざやかさを増すが、これを補色対比という。

　明度対比は、図形と背景色との明度の差が大きくなる方向に変化して見える現象である。このため、背景よりも図形の明度が高ければ、図形はいっそう明るく見え、背景よりも図形の明度が低ければ、図形はより暗く見える（図6・39）。

　彩度対比は、図形と背景色との彩度の差が大きくなる方向に変化して見える現象である。彩度の差異によって、高彩度側はよりあざやかに見え、低彩度側はより彩度が低く見える。図6・40にマンセル色立体上でのこれらの対比効果のようすを示す。

3）融合効果

　ある色が他の色に囲まれているとき、囲まれた色が周囲の色に近づいて見えることを色の融合または同化という。この現象は、図6・41のように目地に囲まれる場合や、連続する縞模様に生じやすい。

4）面積効果

　色彩は、その面積が大きいほど明度や彩度が高く感じられる。これを色彩の面積効果といい、一般に、小さな色見本によって壁の色彩を決定する場合などに留意しなければならない。

5）誘目性と視認性

　人目を引きやすい色の性質を誘目性といい、一般に、彩度が高い色は誘目性が高い。目的をもって視対象を見るとき、文字や図形が認められやすい性質を視認性といい、一般に、視対象と背景の明度差が大きく彩度が高い色は視認性が高い。

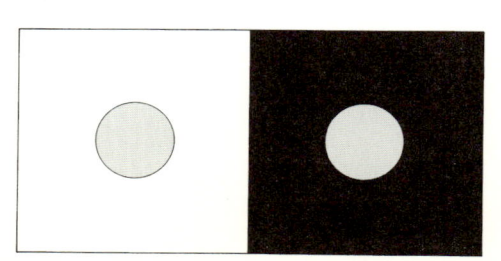

中央の○形の灰色はどちらも同じ明るさだが、白い背景の灰色は暗く、黒い背景の灰色は明るく見える。

図6・39　明度対比

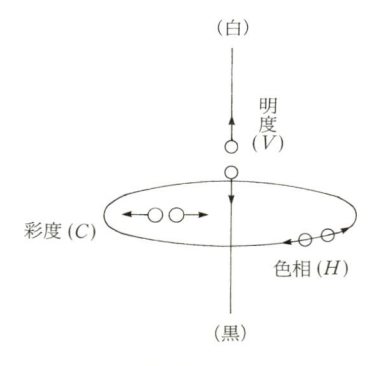

色相対比：色相（H）が互いに反発し合い離れた色に見える。補色関係では彩度が高まる。
明度対比：明度（V）が互いに離れて感じる。
彩度対比：彩度（C）が互いに離れて感じる。

図6・40　対比効果

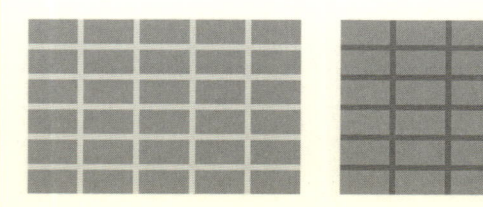

図6・41　融合効果

3 色彩計画

1）色彩調和

色彩調和とは、2色以上を組み合わせる配色において、色彩のもつ生理的・心理的性質によって安定、快適、高揚などの人の情緒にとって好ましい感覚が得られることをいう。

色彩調和については、色に関わる分野でさまざまな考えが示されているが、一般に、次に示す配色は調和する。

①同色相で明度または彩度が異なる配色
②色相が類似する配色または明度・彩度が類似する配色
③色相が対比の関係となる配色または明度・彩度が対比の関係となる配色

2）建築物の配色

建築物の外観や内観の配色は、基調色、配合色、強調色に分類される。基調色は、外壁など面積が最も大きい部分に用い、全体の雰囲気を形成する。配合色は、屋根などの基調色を用いた部分に次ぐ面積を有する部分に用いるもので、基調色に調和させる。強調色は、ドアなどの小面積の部分に用い、色彩的印象を引き締める。

3）安全色

安全色は、工場内や事務所内あるいは交通環境などで、不慮の災害を防ぎ、行動の安全と能率をあげるために使用を決められているもので、JIS Z 9101（安全色および安全標識）に、表6・16に示すように赤・黄赤・黄・緑・青・赤紫の6色が安全色、白・黒の2色が対比色として規定されている。図6・42に安全色の使用例を示す。

表6・16 安全色の一般的な意味

安全色	意味または目的	使用例	対応する対比色
赤	防火	防火標識、配管系識別の消火表示	白黒
	禁止	禁止標識、禁止信号旗	
	停止	緊急停止ボタン、停止信号旗	
	危険（灯）	道路工事中の赤色灯、テレビ塔などの航空障害物の障害灯	
黄赤	危険	スイッチボックスのふたの内面、機械の安全カバーの内面	黒
	航海、航空の保安施設	救命いかだ、救命具、救命ブイ、水路標識、船舶けい留ブイ、飛行場用救急車、飛行場用燃料車	
黄	警告	高電圧危険、爆発物注意などの警告標識、感電注意などの警告標識、配管系識別の警告表示、クレーン、低い梁、衝突の恐れがある柱、床上の突出物、ピットの縁、床上の端、つり足場、電線の防護具など	黒
	明示	駅舎、改札口、ホームなどの出口表示	
緑	安全状態	安全旗および安全指導標識、非常口の位置および方向を示す標識、衛生指導標識、保護具箱、担架、救急箱、救護所の位置および方向を示す標識など	白黒
	進行	進行信号旗	
青	指示	保護めがね着用、修理中などを示す指示標識	白黒
	誘導	駐車場の位置および方向を示す誘導標識	
赤紫	放射能	放射能標識、放射能警標など	黒

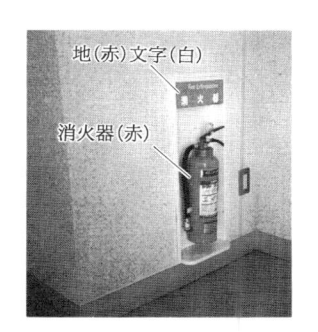

（JIS Z 9103-2005 安全色－一般事項より作成）

図6・42 安全色の使用例

7章　音環境

7・1　音の性質

■1　音の発生と伝搬

1）音の発生と認識

物体と物体がぶつかりあうとき表面に振動が生じる。この振動は空気を振動させ音の波として空気中を伝搬し、耳の鼓膜を振動させる。そしてその刺激が脳に伝えられ、経験や状況に応じて判断を加えた後「音」として認識される（図7・1）。

2）音の速さ

音波が伝搬する速さを音速といい、空気中の音速 c [m/s] は次の式で求めることができる。

$$c = 331.5 + 0.6\,t \qquad (7\text{-}1)$$

　　　t：気温 [℃]

したがって、$t = 15$℃ で音速は約 340 m/s となる。

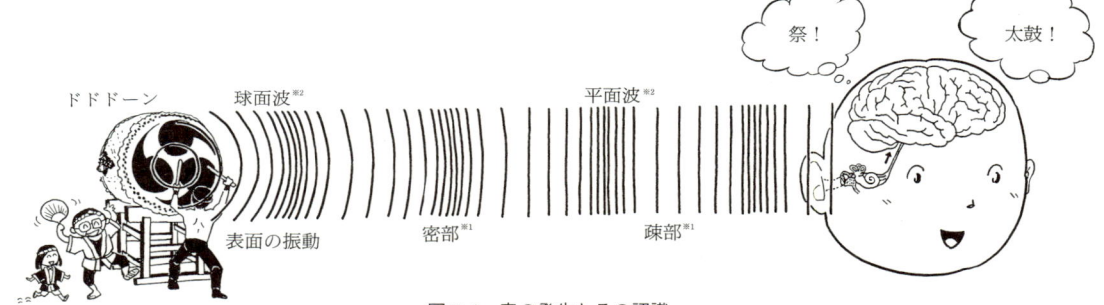

図7・1　音の発生とその認識

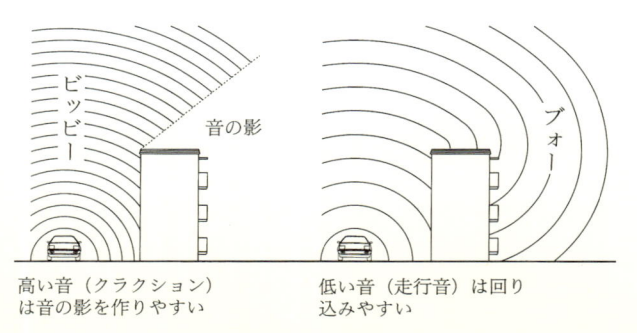

図7・2　音の回折現象

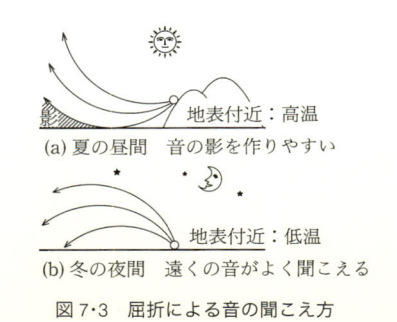

図7・3　屈折による音の聞こえ方

※1　疎部と密部　空気中を伝わる音は、空気密度の低い部分と高い部分から成り立っている。空気密度が低い所は波の間隔が粗い部分で疎部（そぶ）といい、空気密度が高い所は波の間隔がつまっている部分で密部（みつぶ）という。これらを合わせて粗密波（そみつは）という。
※2　球面波と平面波　音源より発生した波は球面的に拡がるが、音源よりある程度距離が離れると、平面的に拡がっているものとみなしてよい。

3）音の回折と屈折

　塀の後ろに隠れても音が聞こえる。これは音が塀を回り込んでくるためであり、回折現象という。波長の長い音つまり低い周波数の音ほど回折現象を起こしやすい（図7・2）。

　また、気温の変化によって音速が変化するため異なる気温の空気層が接する部分では音波の進む方向が曲がる。これを屈折現象という。特に気温が連続的に変化する地表付近では、この現象が起こりやすい（図7・3）。

2 音の三要素

　人が音の違いを知覚することができるのは、音の大きさ、音の高さ、音色の微妙な組合せの違いを判断しているからである。この三つの条件を音の三要素という。

1）音の周波数と高さ

　1秒間に繰り返される音波の1波長の数を周波数［Hz］という。周波数の多い音を高い音、少ない音を低い音として感じる。普通、人が知覚することのできる周波数は20～20000 Hzである。ちなみに、NHKの時報は始めの3音が440 Hz、第4音が880 Hzである※。

2）音の強さと大きさ

　音の強さとはエネルギー的な大小をいい、振幅の大きいものほど大きい音として知覚される。しかし、周波数が異なる場合には、聞こえ方が異なるため、必ずしも振幅の大きさに比例しない（p.132参照）。すなわち、音の大きさとは感覚的な音の大小をいう。

3）音の波形と音色

　同じ大きさ・高さの音であっても、音源の種類が異なれば、音の聞こえ方も違ってくる。これは主な周波数や振幅が同じでも、その波形が異なることによるもので、それぞれの音源がもっている特有の音を音色という。また、音叉のように波形に乱れのない音を純音という。

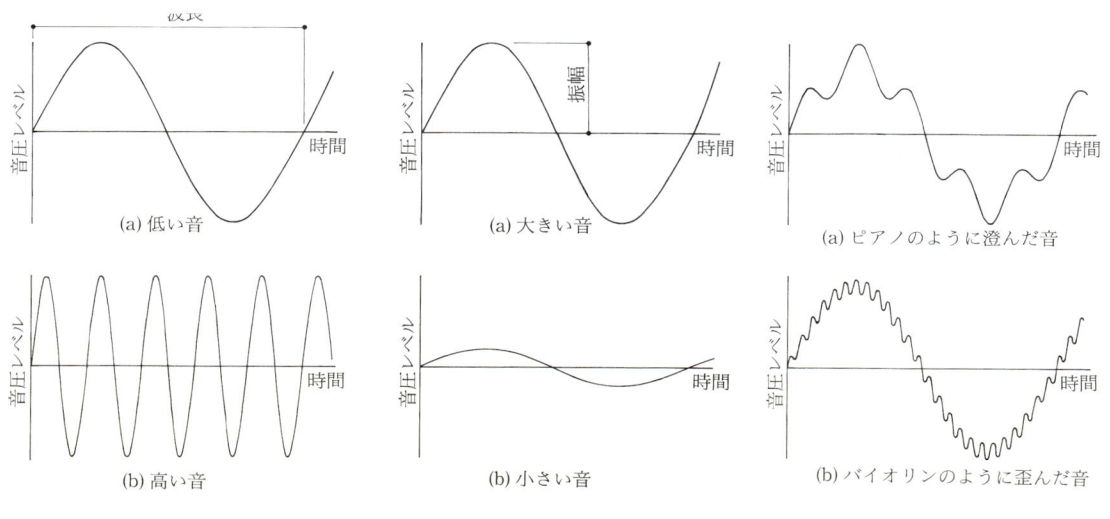

図7・4　音の高低による波形のちがい

図7・5　音の大きさによる波形のちがい

図7・6　音色による波形のちがい

※　このようにある音が他の音の2倍の周波数である場合、「1オクターブ上の音程である」という。音の測定では1オクターブまたは1/3オクターブごとに平均化した特性で扱う場合が多い。

3 音の量と単位

1) 音　圧
　音波によって空気に生じる圧力の変動を音圧(Sound Pressure)といい、その単位として［Pa: パスカル］（＝［N/m²］）を用いる。一般に、人が認識できる最小音圧は$2×10^{-5}$ Pa、最大音圧は 20 Pa である。

2) 音圧レベル
　音圧の数値は日常使用するには小さく、しかもその範囲は広いため実用的ではない。しかし、音の感覚にもウェーバー・フェヒナーの法則※が適用されるため、これらの数値について、対数値を用いることにより数値的にも感覚的にも使いやすくなる。音圧レベル SPL（Sound Pressure Level）［dB］は、音波によって生じる音圧と最小可聴音圧との比の常用対数をとったものであり、次式のように表される。

$$SPL = 10 \log_{10} \frac{P^2}{P_o^2} = 20 \log_{10} \frac{P}{P_o} \quad \cdots\cdots (7\text{-}2)$$

　　　P：音圧［Pa］、P_o：最小可聴音圧　$2×10^{-5}$［Pa］

　二つの音圧レベルの合成や分解の計算には、図 7・7、7・8 を用いるとよい。

3) 音の強さ
　音の強さ I（Intensity）［W/m²］とは、一方向に進行する音の波に対して垂直な面の単位面積（＝ 1 m²）を 1 秒間に通過する音のエネルギー流量のことであり、次式のように表される。

$$I = \frac{P^2}{\rho c} \quad \cdots\cdots (7\text{-}3)$$

　　　P：音圧［Pa］、ρ：空気密度［kg/m³］、c：音速［m/s］

演習問題

〈7-1〉複数の騒音源がある場合、それぞれの音圧レベルが次の場合の合成音圧レベルを求めなさい。
　　①80 dB と 80 dB　　②90 dB と 89 dB と 88 dB　　③90 dB と 80 dB と 78 dB
〈7-2〉暗騒音レベルが 55 dB の場所で、揚水ポンプの騒音レベルを測定したところ 60 dB であった。暗騒音の影響を除いた揚水ポンプの音圧レベルを求めなさい。

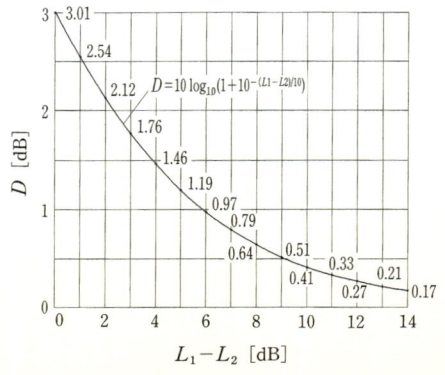

---

80 dB と 76 dB の 2 つのレベルの音が同時に与えられたとき、$L_1 = 80$、$L_2 = 76$ とすると、$L_1 - L_2 = 4$ と曲線との交点より $D = 1.5$ dB が求められる。したがって合成されたレベルは 80 + 1.5 = 81.5 dB となる。

図 7・7　レベルの合成

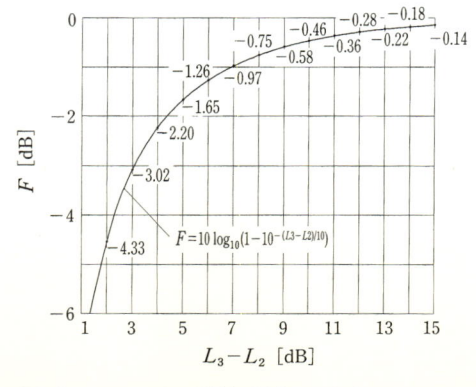

暗騒音が 63 dB である場所で測定したとき、70 dB のレベルを示す音源のレベルは、$L_3 = 70$、$L_2 = 63$ とすると、$L_3 - L_2 = 7$ と曲線の交点より $F = -1$ dB が求められる。したがって音源のレベルは 70 - 1 = 69 dB となる。

図 7・8　レベルの分解

※　外部からの刺激に対する人間の視覚や聴覚などの反応は、刺激量の対数値に感覚量がほぼ比例するという法則。

4) 音の強さのレベル

音の強さのレベル IL (Intensity Level) [dB] は、音の強さと最小可聴音圧の強さとの比の常用対数をとったものであり、次式のように表される。

$$IL = 10 \log_{10} \frac{I}{I_o} \quad \cdots\cdots\cdots\cdots\cdots\cdots\cdots\cdots\cdots\cdots\cdots\cdots\cdots\cdots\cdots\cdots\cdots\cdots (7\text{-}4)$$

I：音の強さ [W/m²]、I_o：最小可聴音の強さ 10^{-12} [W/m²]

また、式（7-3）より、$I_o = \dfrac{P^2}{\rho c}$ となり、式（7-3）とともに式（7-4）に代入すると、

$$IL = 10 \log_{10} \frac{P^2}{P_o^2} = SPL \quad \text{となる。}$$

5) 音源のパワーレベル

音源のパワーレベル PWL (Power Level) [dB] は音響出力レベルともいい、音源が単位時間（= 1秒間）に放射するエネルギーと基準音響出力との比の常用対数をとったものであり、次式のように表される。

$$PWL = 10 \log_{10} \frac{W}{W_o} \quad \cdots\cdots\cdots\cdots\cdots\cdots\cdots\cdots\cdots\cdots\cdots\cdots\cdots\cdots\cdots\cdots (7\text{-}5)$$

W：音響出力 [W]、W_o：基準音響出力 10^{-12} [W]

表7·1 音の強さと感覚

音の強さ [W/m²]	音圧 [N/m²]	音圧レベル [dB]	人間の感覚	会話への影響	実例
10^{-12}	2×10^{-5}	0	可聴限界		
10^{-11}		10			
10^{-10}	2×10^{-4}	20	無音感		無響室、聴覚試験室
10^{-9}		30	非常に静かな感じ	5m先のささやきが聞こえる	音楽ホール
10^{-8}	2×10^{-3}	40	特に気にならない	10m離れて会議ができる	住宅、会議室、映画館、休憩室
10^{-7}		50	騒音を感じる	3m以内で普通会話ができる	大事務室、喫茶店、営業窓口
10^{-6}	2×10^{-2}	60	騒音が無視できない	3m以内で大声会話が可能	体育館、高速走行自動車内
10^{-5}		70	騒音に慣れるのに時間がかかる	1m以内で大声会話が可能	空調機械室、走行電車内
10^{-4}	2×10^{-1}	80	狭帯域音8時間に耳栓推奨	0.3m以内で大声会話が可能	地下鉄の社内
10^{-3}		90	広帯域音8時間に耳栓推奨		鉄道のガード下、うるさい工場
10^{-2}	2	100	広帯域音8時間で聴力低下		自動車のクラクション
10^{-1}		110			ロックバンド
1	2×10	120	聴覚の限界		ジェット機の近く

人間の感覚については、音の周波数や環境により異なる

電話の発明者 グラハム・ベル

人間が聴くことのできる音の強さの範囲は 10^{-12}～1 W/m² と非常に大きな範囲となり取り扱うには不便である。しかし、対数を用いて表せば、数値的にも感覚的にもとらえやすいものとなる。また、ウェーバー・フェヒナーの法則にも適合するので、刺激値の変化の対数値をとり、単位をベルで表す。これは電話の発明者グラハム・ベルにちなんでつけられた単位であり、これを10分の1（デシ）したものをデシベルという。

6）音の大きさのレベル

人間の聴覚が音の大きさを判断するとき、音波のエネルギー量だけではなく周波数による影響を大きく受ける。一般に 4000 Hz 付近が最も敏感であり、これから離れるほど聞こえにくくなる。そこで、ある音の大きさのレベルはその音と同じ大きさに聞こえる 1000 Hz の純音の音圧レベルとし、単位は phon で表す。図 7・9 は純音に対する等感度曲線で、各音圧レベルについてこの関係をよく示している。また、音の大きさのレベルの変化量とその時の感覚の関係は表 7・2 のようになる。

7）音の減衰

音源から離れると、次第に音は小さく聞こえる。これは距離が大きくなるにしたがって、音のエネルギーが拡散することと、空気が振動に対して抵抗することによる。前者を距離減衰、後者を抵抗減衰という。

指向性のない点音源の場合、図 7・10 のように、音のエネルギーは音源を中心として同心球状に拡散する。音源からの距離が 2 倍になると、球の表面積は 4 倍になるので、単位面積当たりの音のエネルギー流量（音の強さ）は 4 分の 1 になる。点音源の場合、音の強さは距離の 2 乗に反比例する。空中にある点音源から r (m) 離れた点における音の強さのレベル IL は次式のように表される。

$$IL = PWL - 20 \log_{10} r - 11 \quad\quad\quad (7\text{-}6)$$

したがって、距離が 2 倍になると、音の強さのレベルは 6 dB 減衰する。

理想的な線音源の場合は、距離が 2 倍になると音の強さは 2 分の 1 になり、3 dB 減衰する。また、理想的な面音源の場合は、距離による減衰はない。

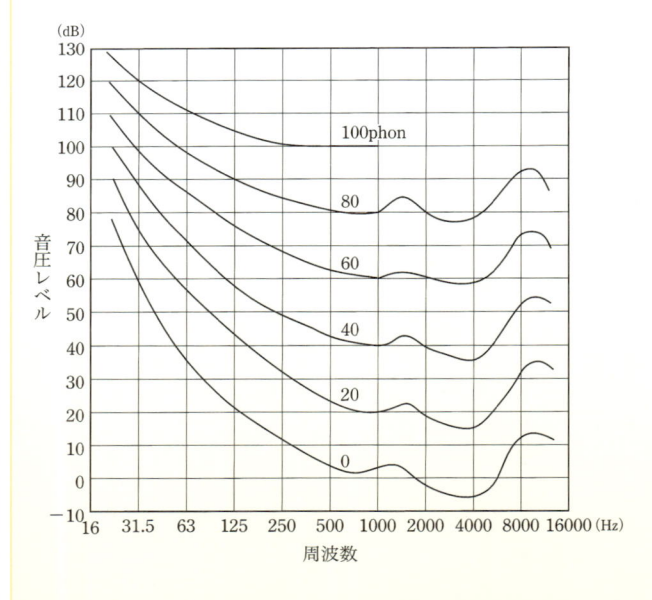

表 7・2　音の大きさのレベル変化と感覚

変化量	感　覚
3 phon	ちがいがかなり知覚できる
5 phon	ちがいがはっきりとわかる
10 phon	大きさが 2 倍に聞こえる
15 phon	非常に際立った変化に感じる
20 phon	始めより非常に大きな音と感じる

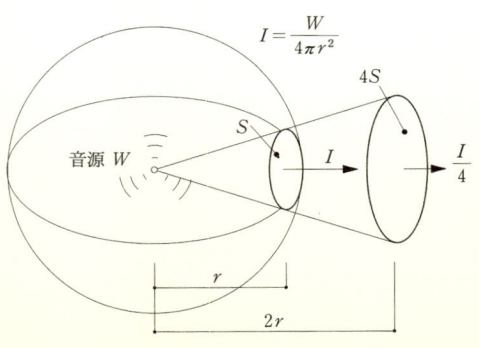

60 phon とは 1000 Hz (= 1 kHz) で 60 dB の音圧をもつ音波と同じ大きさに聞こえる音のことである。
たとえば 100 Hz の周波数の音波であれば、80 dB の音圧がなければ 60 phon と同じ大きさに聞こえないことがわかる。

図 7・9　純音に対する等感度曲線 (ISO 226 による)[12]

図 7・10　点音源の距離減衰

7・2　遮音と吸音

騒音対策や室内音場の設計など、音の環境を設計する場合、そこで用いられる各種材料の音に関する特性が重要である。ここでは、壁面などの建築材料に音波が投射されたときの特性について述べる。

1 投射音のゆくえ

音がその波長に比べ、十分に大きな壁面などに投射されたとき、図7・11のように音のエネルギーの一部は壁にはねかえされる。これを音の反射という。また、音のエネルギーの一部は熱エネルギーとして、壁に吸収される。これを音の吸収という。さらに、残りの音のエネルギーは、再び壁の反対側の空気を振動させ、音となって空気中に放射される。これを音の透過という。

また躯体を直接たたいた場合などは、振動エネルギーの一部はそのまま壁体内を遠くまで移動し、離れた壁面で再び音エネルギーとして放射される。この離れたところで放射される音を、固体伝搬音または固体音という。

壁に投射された音はその周波数により、おなじ材質の壁であってもそのゆくえは大きく異なる（図7・12）。したがって、音の制御を考えるとき、対象とする音の周波数により材質や形状を考慮しなければならない。

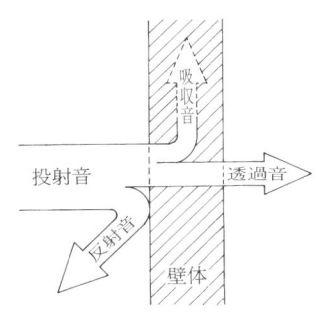

図7・11　投射音のゆくえ

図7・12　音と壁

(a) 反射
コンクリート、石など硬い、重い材料、表面がなめらかな材料

(b) 吸収
厚手のカーテンなど、やわらかな多孔質材料

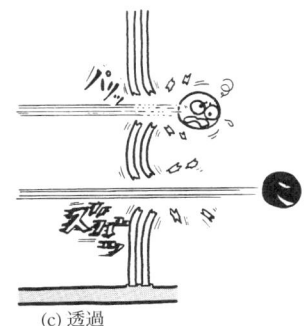

(c) 透過
ふすまなど、薄く、堅い板状の材料

2 遮 音

1) 透過率と透過損失

壁面に音のエネルギーが投射されると、音のエネルギーは壁体の反射、吸収、伝搬によって減少するが、一部は壁体を透過する。この投射されたエネルギーに対する、透過したエネルギーの割合を示したものが透過率 τ で、次式のように表される。

$$\tau = \frac{I_t}{I_i} \quad \cdots\cdots\cdots\cdots\cdots\cdots\cdots\cdots\cdots\cdots\cdots\cdots\cdots\cdots\cdots\cdots\cdots (7\text{-}7)$$

I_t：透過音のエネルギー [W/m²]、I_i：投射音のエネルギー [W/m²]

また、透過率の逆数は音のエネルギーの通過しにくさを表し、この常用対数をとったものを音響透過損失 TL（Transmission Loss）[dB] といい次式のように表される。

$$TL = 10 \log_{10} \frac{1}{\tau} \quad \cdots\cdots\cdots\cdots\cdots\cdots\cdots\cdots\cdots\cdots\cdots\cdots\cdots (7\text{-}8)$$

2) 単層壁の透過損失

一般に重い（密度の高い）材料ほど、また同じ材料でも厚さが増すほど透過損失は大きくなる。これを質量則といい、遮音に関する最も基本的な考え方である。

平面波が壁に対して垂直に入射するときの質量則による透過損失は、近似的に次式により求められる。

演習問題

〈7-3〉音響透過損失 TL が 40 dB の場合の透過率 τ を求めなさい。

表 7·3 各種材料の透過損失

構造	名称	密度 [kg/m²]	周波数 [Hz]					
			125	250	500	1000	2000	4000
単一板壁	鉛板 (1)	11.3	26	26	28	32	38	43
	ラワン合板 (6)		11	12	16	21	24	22
	石こうボード (9)		10	14	21	27	35	38
	フレキシブルボード (6)		24	23	28	32	36	30
	発泡コンクリート（ALC 板）(100)	50	30	31	28	35	44	46
	発泡コンクリート（ALC 板）(100) 両面モルタル塗 (6)	81	34	33	35	44	51	57
	コンクリート (180) 両面プラスター塗 (13)	440	45	43	53	58	66	69
複層板壁	合板 (6) +ウレタン (50) +合板 (6)		13	18	19	16	30	33
	合板 (6) + As (100) +合板 (6)（木造間柱タイコ張り）		11	20	29	38	45	42
	PB (9) ×2 + As (84) + PB (9) ×2 目違張り（木造間柱タイコ張り）		20	28	40	46	50	48
	PB (12) ×2 + As (100) + PB (12) ×2 目違張り（両面独立スタッド）		33	42	50	59	66	58
	ALC 板 (40) + As (40) + PB (9)		26	36	39	51	60	—
建具	普及型アルミ製引違い窓（ガラス 5 mm）　1600 W×1300 H		20	22	23	18	21	27
	気密型アルミ製片引き窓（ガラス 3 mm）　1300 W×1500 H		17	19	24	29	33	25
	気密型アルミ製片引き窓（ガラス 5 mm）　1300 W×1500 H		20	23	29	33	31	34
	普及型引違いアルミ建具の二重、ガラス (5-5)、As (100)		18	22	26	25	21	32
	普及型引違い窓と木造用引違い窓の二重、ガラス (5-5)、As (275)		28	32	30	33	32	33
	気密型建具の二重、ガラス (5-5)、As (150)		27	31	35	39	40	42
	気密型片引きアルミ建具の二重、ガラス (5-5)、As (150)		28	31	35	39	41	42
	気密型片引きアルミ建具の二重、ガラス (5-5)、As (200)		28	34	40	45	50	50
	鋼板中空　鉄板 (2) + As (45) +鉄板 (2)		25	30	34	37	36	35

注　As: 空気層、PB: 石こうボード。材料名または上記記号の後の数値は厚さを示す（単位 mm）
　　各種材料の各周波数ごとの数値が透過損失の値（単位 dB）

（㈳日本建築学会編『設計計画パンフレット 4　建築の音環境設計』彰国社より作成）

$$TL = 20 \log_{10} fm - 43 \quad \cdots\cdots\cdots\cdots\cdots\cdots\cdots\cdots\cdots\cdots\cdots\cdots\cdots\cdots (7\text{-}9)$$

f：入射音の周波数［Hz］、m：壁の面密度［kg/m²］

これによると周波数または壁の質量が2倍になると透過損失が6dB増加することがわかる[※1]。表7・3に建築で用いられる各種材料の透過損失を示す。

しかし図7・13に示すように、この質量則が成り立つのは中音域だけである。高音域では、コインシデンス効果による透過損失の低下が見られる。

3) コインシデンス効果

コインシデンス効果とは、壁体にある周波数の音が入射したとき壁体に屈曲運動を生じ、透過損失が低下する現象をいう。コインシデンス効果による透過損失の低下を防ぐには発生する周波数をできるだけ高くすることが必要であり、それには壁体材料の密度は高く、剛性が小さく、薄いものほど有利になる。

4) 二重壁の透過損失

空気層をはさんだ二重の壁面は、同じ密度をもつ壁を2枚重ねた場合とは異なり高い透過損失が得られる。特に中高音域に有利であるが、二重壁のつなぎが音の橋[※2]を形成したり（図7・14）、壁の質量と空気層の弾性により共鳴透過現象を起こし（図7・15）、低音域では不利になる。これらを防ぐためには、図7・16のような方法がある。

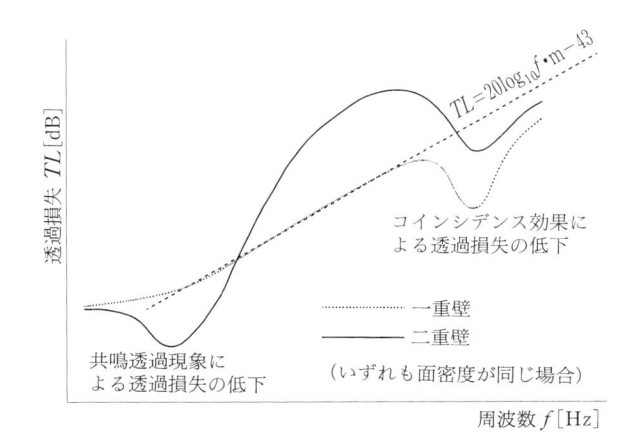

図7・13　壁の構造と透過損失の周波数特性

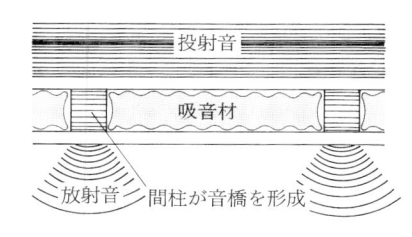

図7・14　二重壁の音の橋の例

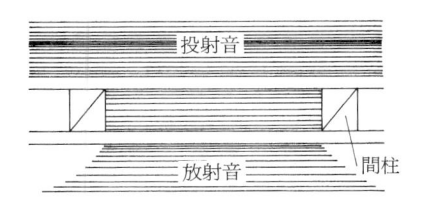

図7・15　点音源の距離減衰

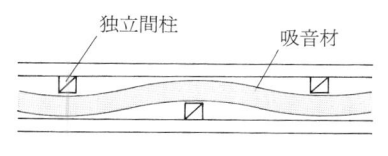

図7・16　二重壁による遮音例

[※1] 面密度 m の場合の透過損失を TL_1、面密度が2倍の2m の場合の透過損失を TL_2 とすると
$$TL_2 - TL_1 = 20 \log_{10}(2f \cdot m) - 20 \log_{10} f \cdot m$$
$$= 20 \log_{10}(2f \cdot m / f \cdot m) = 20 \log_{10} 2 \fallingdotseq 6 \text{dB}$$

[※2] サウンドブリッジ（Sound Bridge）ともいう

3 吸　音

1) 吸音率と吸音力

壁面に音のエネルギーが投射されると、音のエネルギーの一部は壁面に吸収され、また残りの一部は透過する。吸収・透過の程度を示すのが吸音率αで、次式により求められる。

$$\alpha = \frac{I_i - I_r}{I_i} \quad \cdots\cdots\cdots\cdots\cdots\cdots\cdots\cdots\cdots\cdots\cdots\cdots\cdots\cdots (7\text{-}10)$$

I_i：壁面に入射する音のエネルギー [W/m²]

I_r：壁面から反射する音のエネルギー [W/m²]

また、材料が音を吸収する能力を表したものを、吸音力という。吸音率αの壁面が S [m²] の面積をもつ場合、その吸音力 A [m²]※は次式により求められる。

$$A = \alpha S \quad \cdots\cdots\cdots\cdots\cdots\cdots\cdots\cdots\cdots\cdots\cdots\cdots\cdots\cdots\cdots\cdots\cdots\cdots (7\text{-}11)$$

2) 各種材料の吸音率

一般に多孔質で、やわらかく軽い材料は吸音力が高く、なめらかでかたく重い材料は吸音力が低い。表7・4に各種材料の吸音率と吸音力を示す。

表7・4　各種材料の吸音率と吸音力

分類	材料・構造名	密度 [kg/m³]	厚さ [mm]	空気層厚 [mm]	周波数 [Hz]					
					125	250	500	1000	2000	4000
多孔質材	グラスウール（フェルト）	16〜24K	50	0	0.20	0.65	0.90	0.85	0.80	0.85
	グラスウール（フェルト）	16〜24K	50	100	0.40	0.90	0.95	0.85	0.85	0.85
	ロックウール（ボード）	40〜160K	50	0	0.20	0.75	0.95	0.90	0.85	0.90
	ロックウール（ボード）	40〜160K	50	100	0.55	0.90	0.95	0.90	0.85	0.85
板状材	石こうボード		9〜12	45	0.26	0.13	0.08	0.06	0.06	0.06
	フレキシブルボード（グラスウール充填）		3〜5	90	0.29	0.15	0.08	0.06	0.06	0.06
	合板		9	45	0.11	0.23	0.09	0.07	0.07	0.08
	合板		9	90	0.24	0.15	0.08	0.07	0.07	0.08
共鳴器型材	穴あき板 φ5、15mmピッチ裏打材なし		5	45	0.02	0.08	0.20	0.35	0.18	0.12
	穴あき板 φ5、15mmピッチ GW (20kg/m³、50mm厚) 裏打		5	45	0.15	0.36	0.82	0.60	0.31	0.27
	穴あき板 φ5、15mmピッチ RW (50kg/m³、25mm厚) 裏打		5	180	0.32	0.85	0.71	0.61	0.40	0.18
一般材	ガラス（大版）				0.18	0.06	0.04	0.03	0.02	0.02
	コンクリート　ペンキ・モルタルVP				0.01	0.01	0.02	0.02	0.03	0.03
	プラスチック系タイル仕上（コンクリート下地・床）				0.01	0.01	0.02	0.02	0.03	0.03
	パイルカーペット（10mm厚）				0.10	0.10	0.20	0.25	0.30	0.35
	吸音用カーテン 0.25〜0.3kg/m²、2倍ひだ			50〜100	0.10	0.25	0.55	0.65	0.70	0.70
吸音力 [m²]	劇場用椅子　モケット張り				0.13	0.22	0.28	0.30	0.30	0.30
	劇場用椅子　ビニールレザー張り				0.04	0.13	0.22	0.17	0.16	0.11
	人物（劇場用椅子モケット張り着席）				0.25	0.34	0.41	0.43	0.42	0.41
	人物（木製椅子に着席）				0.10	0.19	0.32	0.38	0.38	0.36
	木製椅子（教室用）				0.02	0.02	0.02	0.04	0.04	0.03

注　GW：グラスウール、RW：ロックウール
　　吸音力は1席あたりのものを示す

（㈳日本建築学会編『設計計画パンフレット4　建築の音環境設計』彰国社により作成）

※ 吸音力の場合、メートルセービンと読む。面積と区別するため [m² Sabine] と記述する場合もある。

4 吸音機構

音が吸収されるのは、音のもつエネルギーが熱や運動などの別のエネルギーに変換されるからである。この変換の方式の違いによって、吸音機構は次の三種類に分類される。

1) 多孔質型吸音機構

音の圧力が投射されると、細孔中の繊維の振動摩擦・粘性抵抗などにより熱エネルギーに変換して吸音する。吸音率は高音域ほど大きく、材質が厚くなるほど吸音率と吸音範囲は大きくなる。また、空気層をはさむことにより中低音域の吸音率も大きくなる。この方式による吸音材料として、グラスウールやロックウール、木毛セメント板などがある。

2) 膜・板振動型吸音機構

音の圧力が投射されると、膜・板が振動し運動エネルギーに変換して吸音する。吸音率は低音域で大きくなる。この方式による吸音材料として、合板や石こうボードなどがある。

3) 共鳴器型吸音機構

音の圧力が投射されると、開口部分の空気がかたまりとなり、閉じ込められた空洞部分の空気がバネの役目をして振動する。これをヘルムホルツの共鳴機構といい、共鳴周波数付近の音が投射されると孔付近の空気が激しく振動して摩擦熱エネルギーに変換し吸音する。開孔率が30％を超えると共鳴吸収が行われない。また、背面にグラスウールなどを充填すると孔内の空気の振動抵抗が増し吸音率が上がる。この方式による吸音材料として、有孔石こうボード、有孔セメント板などがある。

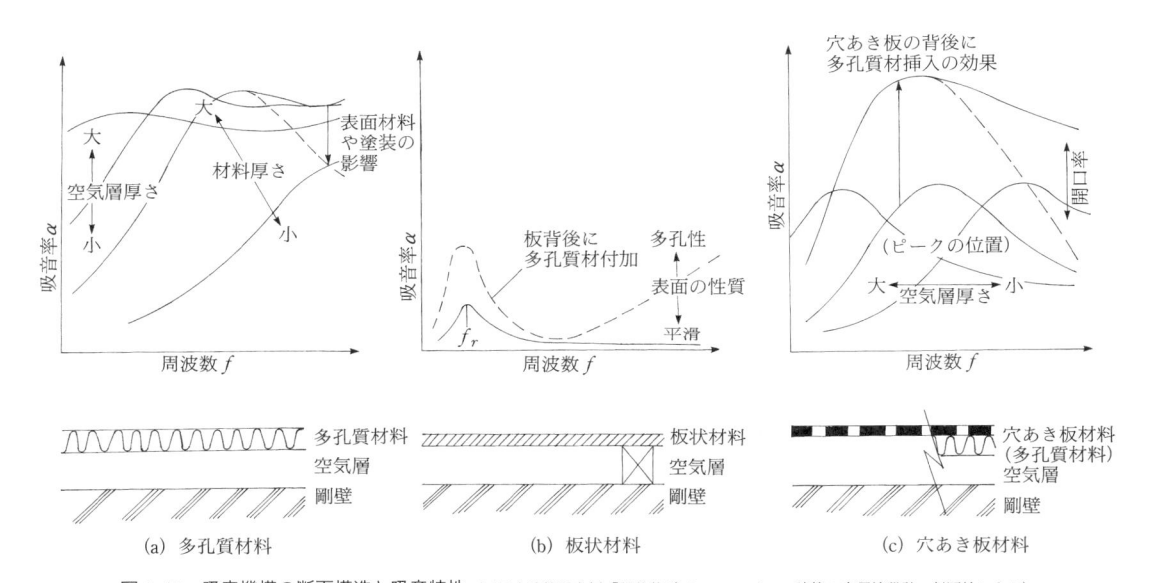

図7・17 吸音機構の断面構造と吸音特性 （㈳日本建築学会編『設計計画パンフレット4 建築の音環境設計』彰国社による）

7・3　騒音と振動

　同じ音を聞いても、それを聴く人のおかれた状況によって、反応は大きく異なる。たとえば、涼しさを誘うはずの風鈴も、今では騒音として近隣から苦情を受けることが少なくない。騒音や振動による問題は、誰にとっても不快と感じる場合と、音を出している側が気づかないうちに迷惑をかけている場合がある。また、騒音や振動の発生に気づかず、加害者になっている場合もある。

◼ 騒音・振動とその影響
1）騒　音

　公害対策基本法では典型七公害として、大気・水質・土壌の各汚染、地盤沈下、悪臭、振動、騒音をあげている。このうち騒音は、各地方公共団体に寄せられる苦情のうちの多数を占める（図7・18）。これは「音」が感覚的にとらえやすく、また住宅の質の貧困さに加えて、都市部での人口過密も影響していると考えられる。

　騒音の発生源は、表7・5に示すようにさまざまなものがあげられるが、かつては騒音とはとらえられなかったものもある。また、その影響は表7・6に示すように、日常生活と深くかかわりをもち、多岐にわたっている。

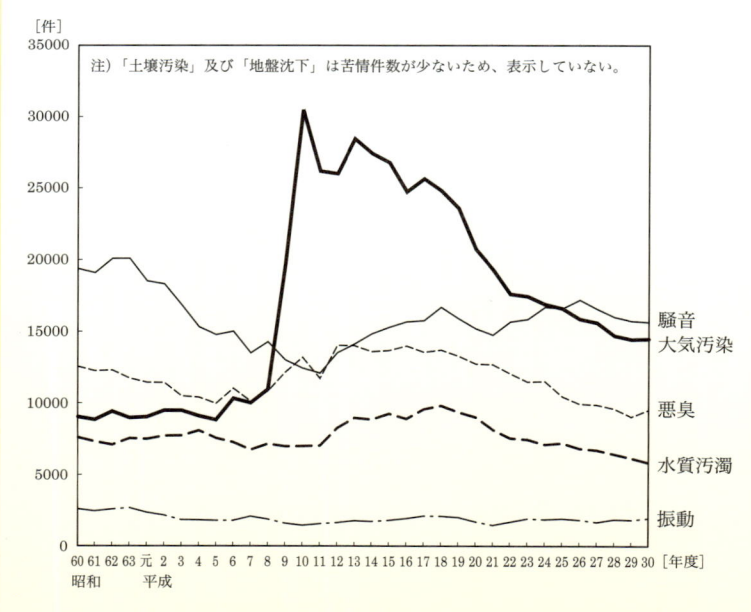

図7・18　典型7公害の種類別苦情件数の推移（総務省「平成30年度公害苦情調査」による）

表7・5　騒音の発生源別による分類

分　類	騒音源
交通騒音	航空機、列車、自動車
生活騒音	マンションの床騒音、給排水、エアコンの室外機
営業騒音	工場、カラオケ、街頭宣伝
工事騒音	土木建設工事
公共的騒音	学校、集会
自 然 音	蝉しぐれ、カエル
娯楽的騒音	Jリーグ、野球、ピアノ、オーディオ
そ の 他	ペット、暴走族

表7・6　騒音の影響

分　類	症　状
情緒的被害	イライラ、不安、怒り、焦燥感
睡眠妨害	寝不足
生活妨害	会話の中断、電話、テレビの音が聞こえない
営業妨害	集中力の低下、商売の障害
身体的被害	耳鳴り、難聴、頭痛、高血圧、胃腸障害

2) 振　動

物体が強く振動するとき、地盤などの固体中を伝わり遠くまで影響を及ぼす。振動の発生源としては、表7・7に示すようなものがあるが、特に交通量の多い道路や鉄道による振動被害は広域にわたり、その対策も大がかりなものになる。一方、家庭内においても高出力化したモーターやボイラーなど、振動源も増加している。

これらの振動によって不眠や集中力の欠如、頭痛、めまいなどの身体的影響や、建築物のひび割れなどを生じる。

3) 低周波空気振動

低周波空気振動とは「低周波公害」とも呼ばれ、一般に人の耳では聞き取りにくい100 Hz前後までの低い音によるもので、通常は他の音にかくれ、その存在に気が付かない場合が多い。また、人間の耳では聞くことのできない20 Hz以下の超低周波音による場合もあり、被害の原因の発見が遅れる場合も多い。低周波空気振動では、図7・19に示すように大きい音圧を伴う場合も少なくない。

これによって、建具の振動などの物理的現象や、耳への圧迫感や身体への重圧感、頭痛、めまい、吐き気、動悸などの身体的影響を引き起こすことが明らかになってきたが、医療機関での検査ではその原因を解明できず、被害を拡大させる場合もある。

発生源としては、表7・8に示すようなものがあるが、一般に低周波空気振動は減衰しにくいため、防止対策には困難を伴う場合が多い。また、低周波空気振動に関する法的な規制もまだ用意されていないなど、対策が遅れているのが現状といえる。

表7・7　振動の発生源

区　分	騒音源
工場機械	プレス機械、圧縮機、破砕機、ふるい機
土木建設工事	掘削機械、ブレーカー（削岩機）
公共交通	幹線道路、高速道路、一般鉄道、新幹線
一般家庭	冷蔵庫、ポンプ

表7・8　低周波空気振動の発生源

区　分	騒音源
自然現象	海の波、地震、噴火、雷、風など
工場機械	圧縮器、送風機、振動ふるい、エンジン、ボイラー、ポンプなど
交通機関	鉄道（トンネル突入時）、道路（橋梁）、自動車、航空機など
一般家庭	石油ボイラー、エアコンの室外機
その他	ダムの放水、発破など

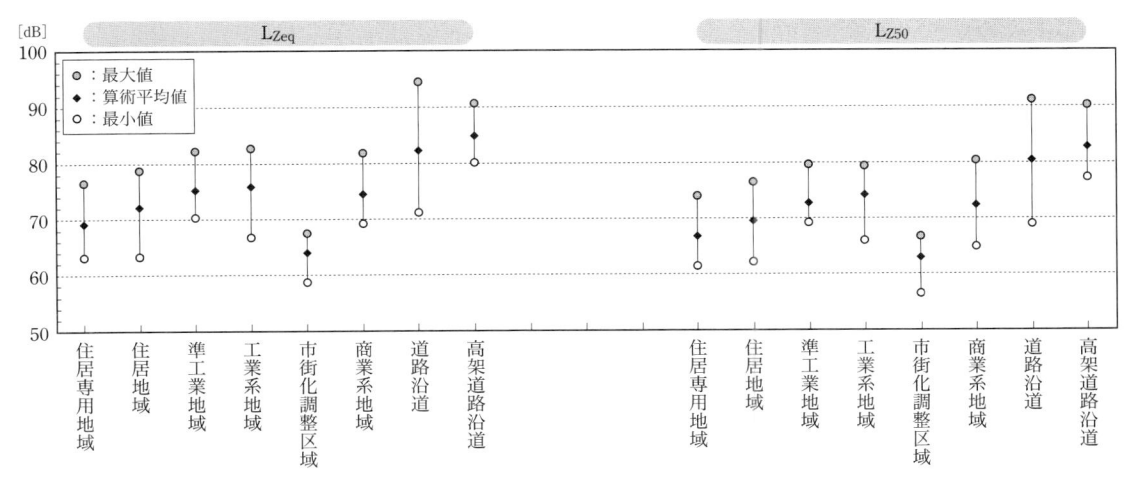

注1）平成14～16年度に93地点で測定。
注2）L_{Zeq} は等価音圧レベル（L_{eq}）の平坦値を示し、L_{Z50} は時間率音圧レベルの中央値（L_{50}）の平坦値を示す。

図7・19　一般環境中の低周波空気振動の音圧レベル（「令和元年版　大阪府環境白書」による）

2 騒音の測定

観測する場所における騒音を環境騒音という。この環境騒音のうち、騒音源を特定した場合、この音源による騒音を特定騒音、環境騒音のうち特定騒音がないときの騒音を暗騒音という。

通常、騒音測定とは特定騒音レベルを測定することであるが、暗騒音レベルが大きい場合、その影響を受ける。特定騒音と暗騒音のレベル差が10 dB以上なら、暗騒音の影響は無視できるが、レベル差が4 dB以上の場合は表7・9により補正し、測定対象の騒音が単独である場合のレベルを推定する。また、レベル差が3 dB以下の場合は、その測定の信頼性は低いといえる。また、騒音の発生源が2倍になった場合、音圧レベルも2倍になるのではなく、図7・7より二つの音圧レベルの差より補正値を求め、高い方の音圧レベルに加算すればよい。したがって、同じレベルの騒音源が二つになった場合は、一つの場合より3 dB高くなることがわかる。

1) 測定機器

騒音の測定には次のような機器を使用するが、近年ではデジタル信号処理技術の向上により、多くのデータのサンプリングが可能となり、データ処理速度や精度が向上している。

図7・20は騒音測定に用いられるシステムの一例である。

◆ a 騒音計　　騒音計は無指向性のマイクロホンで受けた音圧を、レベル表示する装置で、JIS C 1590-1「電気音響—サウンドレベルメーター（騒音計）」にその仕様が定められており、精度により、精密騒音計（クラス1）と普通騒音計（クラス2）に分けられる。

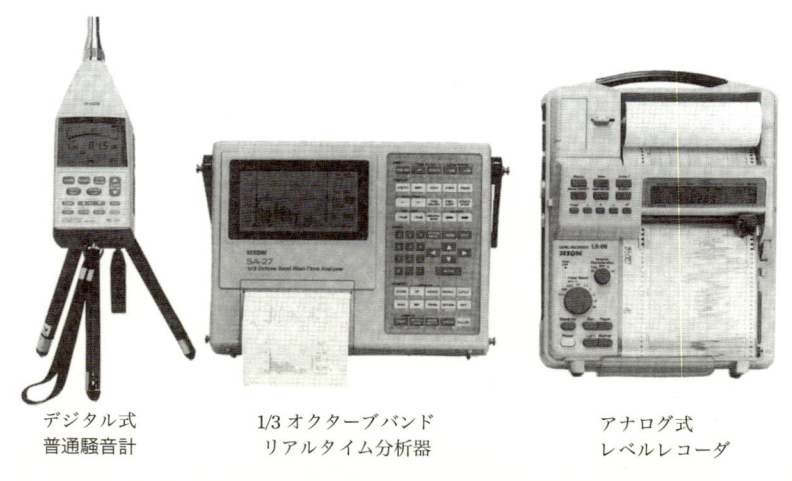

デジタル式　　　　1/3 オクターブバンド　　　アナログ式
普通騒音計　　　　リアルタイム分析器　　　　レベルレコーダ

左より直列に接続し、騒音の採集、分析、記録を行う。

図7・20　騒音測定機器の構成例　(リオン㈱提供)

表7・9　暗騒音の影響に対する特定騒音の補正値 [dB]

特定騒音があるときと、ないときの指示値の差	3	4	5	6	7	8	9	10以上
補正値	－3	－2	－2	－1	－1	－1	－1	不要

騒音レベルの測定に際しては、指示値の差が3 dB以下の場合は測定しても意味がない。

騒音計には、A特性やC特性および平坦特性（Z特性）と呼ばれる周波数補正回路が備えられている（図7・21）。これは、測定した音圧に重み付けをする回路で、A特性はほぼ人間の聴感に近い特性であり、騒音レベルを測定するときに用いる。C特性は80Hz以下の感度を下げ、他はほぼ平坦な特性であり、平坦特性は音圧どおりに指示する特性である。ともに音圧レベルの測定や分析、録音に用いる。騒音計を用いてA特性で測定した値を「A特性時間重み付きサウンドレベル」といい、単に「騒音レベル」または「A特性音圧レベル」ともいう。単位はdBである。なお、低周波振動については振動レベル計（JIS C 1510　測定範囲は1～80Hz）により測定する。

◆ b　周波数分析器　　騒音対策を行うには騒音レベルの測定だけでは不十分で、騒音の特性を知り、効率的かつ効果的な対策を行うために、騒音の各周波数帯ごとの音圧レベルを測定する。騒音計と組合せて使用し、1/3または1オクターブごとに周波数を区切り分析する。表7・10に中心周波数を示す。

◆ c　レベルレコーダ　　騒音計などと接続し、測定したデータを記録紙に記録する装置である。目的により紙送り速度や、ペン速度を切り替えることができる。デジタル化したデータをそのまま記録するものは、データレコーダと呼ばれる。

◆ d　FFT分析器　　コンピューターを応用した信号処理システムで、時間ごとの音圧レベルの変化を測定した後、この装置で処理をすることにより、その波形の周波数分析を瞬時に行うことができる（図7・22）。

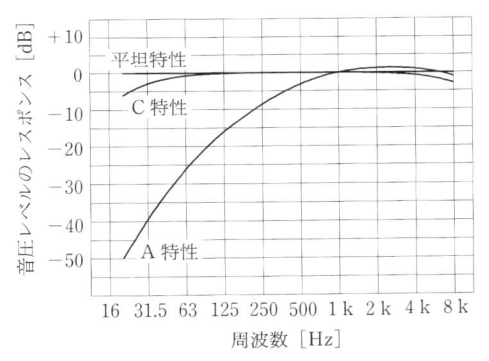

図7・21　周波数補正回路の特性

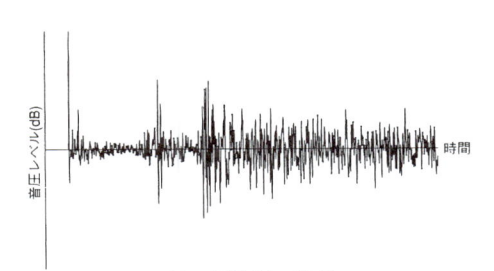

(a) 時間領域の波形

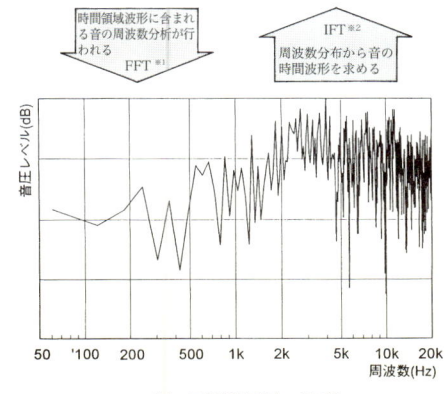

(b) 周波数領域の波形

図7・22　FFTによる騒音分析

表7・10　1/1、1/3 オクターブバンドの中心周波数 [Hz]

オクターブ		オクターブ		オクターブ	
1/3	1/1	1/3	1/1	1/3	1/1
50		400		3150	
63	63	500	500	4000	4000
80		630		5000	
100		800		6300	
125	125	1000	1000	8000	8000
160		1250		10000	
200		1600		12500	
250	250	2000	2000	16000	16000
315		2500		20000	

※1　Fast Fourier Transform 「高速フーリエ変換」の略称。
※2　Inverse Fourier Transform 「逆フーリエ変換」の略称。

2）騒音の変動性と測定・表示方法

通常、騒音レベルは一定ではなく常に変化している（図7·23）。そこで、騒音の変化する状況に応じて、次のように測定・表示する。

◆ a　定常騒音　　ボイラーの運転音のように、レベルの変化が小さく、ほぼ一定とみなされる騒音。一定時間ごとに多数回測定し、平均値、変動幅、最大・最小値を記録する。

◆ b　間欠騒音　　揚水ポンプの運転音のように、間隔をあけて発生し、継続時間が数秒以上の騒音。騒音の発生ごとに最大値を測定し、測定値がほぼ一定の場合は数回の平均値を記録する。最大値が変化する場合は、多数回の測定を行い、測定結果のエネルギー平均値、90％レンジの上端値などを記録する。

◆ c　衝撃騒音　　集合住宅の上の階で子供が飛び跳ねたときのように、継続時間が極めて短い騒音。騒音の発生ごとの最大値を測定し間欠騒音と同様に記録する。

◆ d　変動騒音　　自動車騒音のように、レベルが不規則かつ連続的にかなりの範囲にわたって変化する騒音。一定時間毎に十分な回数（たとえば5秒間隔で50回[※]）測定し、その累積度数分布より、中央値、90％レンジを求めたり、次式により等価騒音レベル L_{Aeq} [dB] を求める。

$$L_{Aeq} = 10 \log_{10} \{\frac{1}{n}(10^{\frac{L_{A1}}{10}} + 10^{\frac{L_{A2}}{10}} + \cdots\cdots + 10^{\frac{L_{An}}{10}})\} \quad\cdots\cdots\cdots\cdots\cdots\cdots\cdots\cdots\cdots\cdots (7\text{-}12)$$

n：サンプル数、L_{Ai}：各サンプルの測定値 [dB]

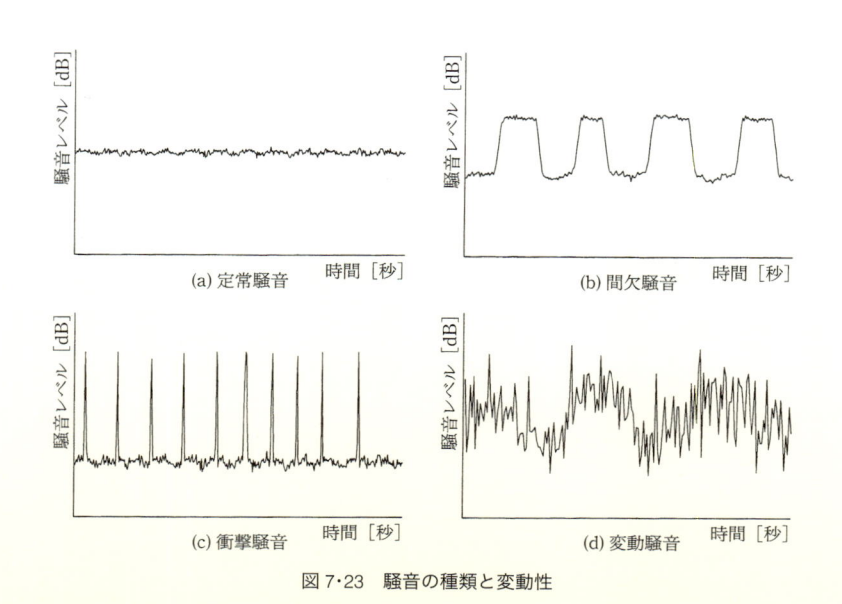

図7·23　騒音の種類と変動性

※　最近では精度向上のために、コンピューターを使い、測定間隔を極めて短くし（1秒以下）また数百回にわたり測定する。

【例題1】 ある道路近くで、道路交通騒音を5秒間隔で50回測定したところ、図7・24のような結果を得た。累積度数分布表を描き、中央値（L_{50}）および90％レンジ（L_5、L_{95}）を求めよ。

【解　答】 ①データの記録：a欄は測定結果を表しており、1段目左より10個ずつ横に記録されている。つまり、1回目の測定より、60、65、67 dB……であることがわかる。

②各レベルの出現回数を求める　b欄上段は、a欄に記録した測定結果より各騒音レベルの出現回数を拾い出したものである。つまり、59 dBは1回、60 dBは3回観測されたことがわかる。

③累積度数の計算：b欄下段は、②で求めた出現回数を、騒音レベルの低いものより累積し累積度数を求めている。最後のデータまで累積すれば、当然50になる。

④累積度数曲線を描く：横軸に騒音レベルを、縦軸に累積度数をとり、b欄下段について累積度数曲線を描く。

⑤ L_{50}、L_5、L_{95} を求める：累積度数曲線と50％ラインの交点が中央値（L_{50}）であり、グラフより65.6 dBであることがわかる。同様に5％ライン、95％ラインとの交点がそれぞれ、90％レンジ下端値（L_{95}）、90％レンジ上端値（L_5）であり、それぞれ59.5 dB、71.5 dBが読み取れる。

演習問題

〈7-4〉 図7・24の騒音レベルの測定結果より等価騒音レベル L_{Aeq} を求めなさい。

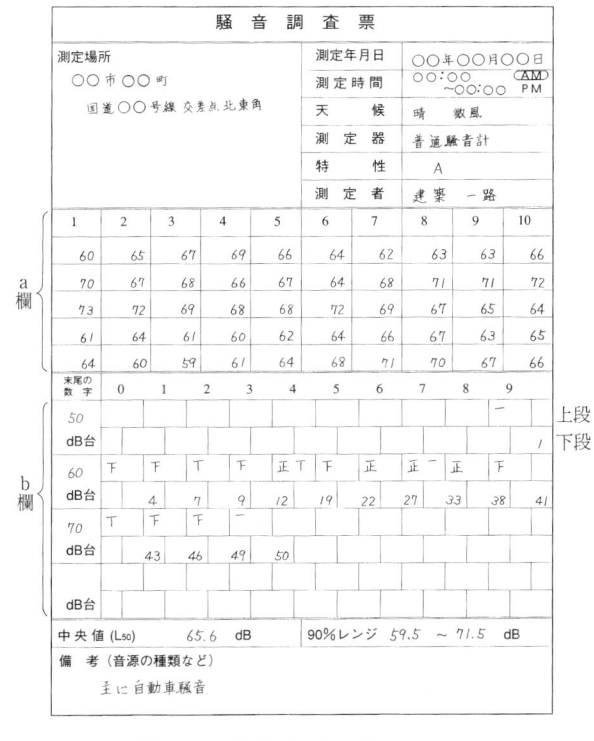

図7・24　騒音レベルの測定結果の例

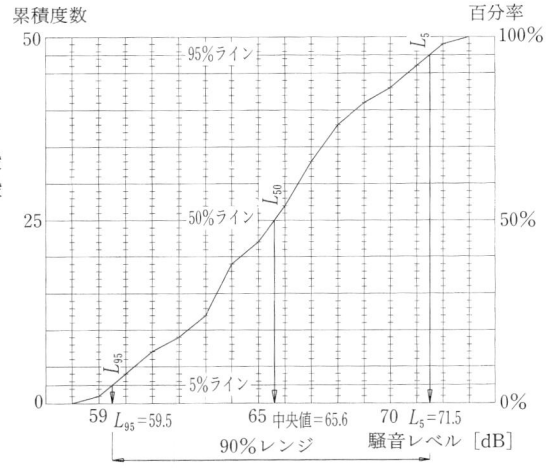

図7・25　中央値と90％レンジ

3 騒音防止計画の手順

騒音防止計画においては、騒音源の特定を行い、その伝搬経路を把握する。そして、問題となる騒音の成分を分析し必要減衰量を算定する。

①音源対策：騒音源の音が小さくなれば、それだけ騒音対策の必要性も少なくなる。音源出力を小さくすることにより、合理的な効果が期待できる。工事現場で用いられるコンプレッサーやジェット旅客機などは、低騒音型のものが普及している。

②配置計画：音源が小さな点音源で、無指向性の場合、音のエネルギー密度は、距離の2乗に反比例して小さくなる。すなわち、距離が2倍になると音圧レベルに換算すると6dBの減衰、エネルギーに換算すると1/4になる。騒音源をできるだけ遠くに配置するようにする。

③遮音計画：障壁（遮音壁）などにより、直接騒音が届かないようにしたり、到達した騒音が、室を囲む壁面などで許容値まで減衰するように設計する。換気口などのすきまがあると効果が激減するので、気密にする必要がある。このため空気調和設備などが必要になる場合が多い。

④吸音計画：室内表面に吸音処理をすることにより、多少の効果が期待できるが、騒音対策としては補助的手段と考えるべきである。また、固体音などの低減も期待できる。

表7・11 室内騒音レベルの許容値

室の種類	騒音レベル [dB]		
	特級 (特別)	1級 (標準)	2級 (許容)
録音スタジオ	25	30	35
コンサートホール	25	30	35
劇場・多目的ホール	30	35	40
集合住宅（居室）	30	35	40
戸建住宅（寝室）	30	35	40
ホテル（客室）	35	40	45
病院（個室）	35	40	45
事務室（一般事務室）	40	45	50

(㈳日本建築学会編『設計計画パンフレット4 建築の音環境設計』彰国社による)

(a) 音源出力を小さくする
(b) 音源を遠くに配置する
(c) 音をさえぎる
(d) 音を吸収する

図7・26 騒音防止計画の例

4 騒音の許容値と評価

表7·1に示したように、目的に応じて許容できる騒音レベルは異なる。人をとりまく騒音環境を規制し、評価するものとして下記のようなものがある。

1) 環境基準と規制基準

環境基準とは、環境基本法に基づいて定められているもので、表8·2（p.173）にあるように、規制地域を三つに分け、基準を設定している。規制地域の指定は各都道府県知事により行われる。一方、規制基準とは騒音規制法に基づき、各都道府県知事が特定工場や建設作業で発生する騒音について定めた基準をいう。環境基準とは異なり、規制基準を超える騒音は、受認限度を超えるものとして違法性が認められている。

2) 日本建築学会の遮音性能基準

日本建築学会は表7·11に示すように、室内騒音レベルに関する適用等級を定めている。

3) NC曲線による評価

ベラネクにより提案されたもので、周波数分析の結果より騒音の許容値を与えるものである。対象の騒音の63 Hz～4000 Hzの各1オクターブバンドごとの音圧レベルを測定し、その結果を図7·27にプロットする。ここですべての点を上まわる最小の曲線をNC値※と呼び、表7·12を使って評価する。

演習問題

〈7-5〉あるレストランで、騒音の周波数分析を行ったところ下表のような結果となった。これについて次の問に答えなさい。ただし測定は平坦特性を用いたものとする。
① 騒音レベルを求めなさい。
② NC曲線を用いて評価しなさい。

演習問題

オクターブバンド中心周波数 [Hz]	63	125	250	500	1000	2000	4000
測定値 [dB]	40	43	39	38	40	41	37

表7·12 室内騒音の許容値（Beranek）

室の種類	NC値
放送スタジオ	NC-15～20
コンサートホール	NC-15～20
劇場（500席、拡声装置なし）	NC-20～25
教室（拡声装置なし）	NC-25
集合住宅・ホテル	NC-25～30
家庭（寝室）	NC-25～30
病院	NC-30
図書館	NC-30
商店	NC-35～40
レストラン	NC-45

（(社)日本建築学会編『設計計画パンフレット4 建築の音環境設計』彰国社による）

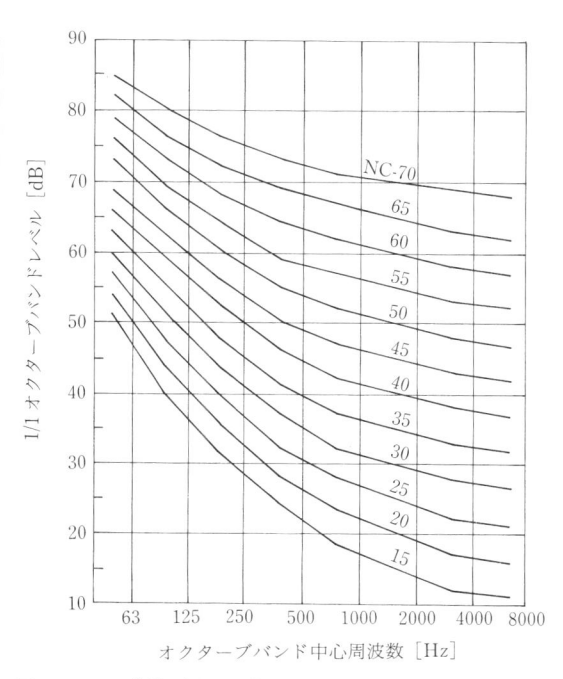

図7·27 NC曲線（Beranek）（(社)日本建築学会編『建築設計資料集成 1. 環境』丸善による）

※ noise criterion number

5 壁による遮音対策

集合住宅の界壁※を通して、隣戸の生活音が聞こえてくるのは困りものである。また、屋外の騒音レベルが高い場合、外壁で音の侵入を防がなければならない。

1) 壁の遮音性能の測定と評価 (JIS A 1417)

壁の遮音性能を測定するには、図 7・28 に示すように測定機器を配置し次のように行う。

① 音源スピーカーは、界壁に直接音が入射しないよう配慮し、原則として部屋の隅に置く。

② 測定点は、音源室・受音室ともに一様な分布となるよう 5 点以上とる。このとき、壁際や開口部、スピーカーの近くは避ける。

③ 125 Hz～2000 Hz までの五つのオクターブバンドについて測定する (400 Hz の帯域についても測定することが望ましい)。このとき暗騒音がある場合は表 7・9 により補正する。

④ 各オクターブバンドごとに、室間平均音圧レベル差 $\overline{D}$ を次式により計算する。

$$\overline{D} = \overline{L}_1 - \overline{L}_2 \quad\quad\quad\quad\quad\quad\quad\quad\quad\quad\quad\quad (7\text{-}13)$$

$\overline{D}$：室間平均音圧レベル差 [dB]

$\overline{L}_1$：音源室内平均音圧レベル [dB]、$\overline{L}_2$：受音室内平均音圧レベル [dB]

ただし、各室の各測定点の最大・最小値の差が 5 dB 以内の場合は次式により室内平均音圧レベル $\overline{L}$ を求める。

図 7・28 壁の遮音性能の測定方法

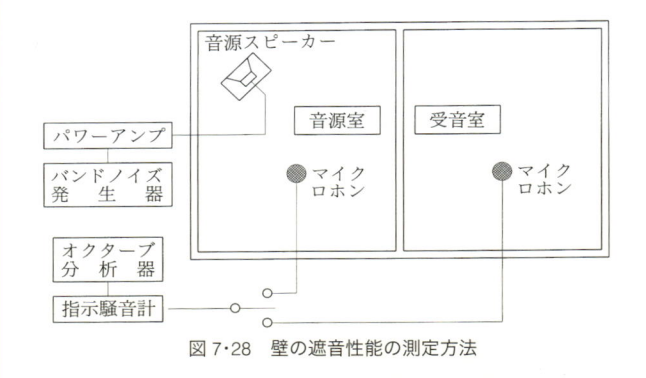

表 7・13 室間平均音圧レベル差に関する適用等級

建築物	室用途	部位	適用等級			
			特級	1級	2級	3級
集合住宅	居室	隣戸間界壁界床	D-55	D-50	D-45	D-40
ホテル	客室	客室間界壁界床	D-50	D-45	D-40	D-35
学校	普通教室	室間仕切壁	D-45	D-40	D-35	D-30
戸建住宅	プライバシーを要求される場合	自宅内間仕切壁	D-45	D-40	D-35	D-30

適用等級については表 7・16 参照

((社)日本建築学会編『建築物の遮音性能基準と設計指針』技報堂出版による)

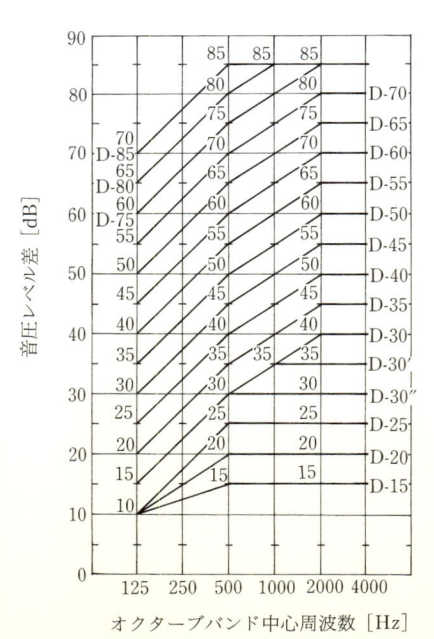

図 7・29 音圧レベル差に関する遮音等級 ((社)日本建築学会編『建築物の遮音性能基準と設計指針』技報堂出版による)

※ 集合住宅の各住戸を分ける壁、同様に床の場合は界床という。

$$\overline{L} = \frac{1}{n}(L_1 + L_2 + \cdots + L_n) \quad \cdots\cdots\cdots\cdots\cdots\cdots\cdots\cdots\cdots\cdots\cdots\cdots\cdots\cdots (7\text{-}14)$$

$L_{1\sim n}$：測定点における音圧レベル［dB］、n：測定点の数

⑤図 7・29 に結果をプロットする。このとき、すべての点が上まわる基準曲線[※1]を、その壁の遮音等級[※2]とする。

2）遮音等級

表 7・14 に日本建築学会による開口部の遮音等級を示す。

3）遮音設計

一般に鉄筋コンクリート造の場合、ほぼ遮音性能は満足しており、問題になるのは開口部の遮音性能である。外部騒音が 70 dB の場合、設計室内騒音レベルを 40 dB とし室内吸音力を無視するならば、$D - 30$ 以上の性能をもった建具が必要になる。また、すき間からの音の侵入は、遮音上弱点となるため、換気口や換気扇、エアコン用スリーブ、建具の気密性や施工に注意を要する。

表 7・13 に各用途について、室内の性能（適用等級）ごとの遮音等級（D 値）の例を示す。

4）界壁の遮音

建築基準法第 30 条、同法施行令第 22 条の 3 に、集合住宅などの界壁に関する遮音規定がある。これに適合する設計例を図 7・30 に示す。

表 7・14　開口部の遮音等級

D-45	二重窓（内部に吸音材）	AT 型 モヘヤ付きアルミ製建具 空気層	6 mm ガラス 5 mm ガラス 250 mm
D-40	二重窓（内部に厚手カーテン）	SAT 型 SAT 型 空気層	5 mm ガラス 3 mm ガラス 300 mm
D-35	二重窓	AT 型 アルミ製建具 空気層	3 mm ガラス 3 mm ガラス 800 mm
D-30	二重窓	SAT 型 SAT 型 空気層	5 mm ガラス 3 mm ガラス 100 mm
	二重窓	SAT 型 SAT 型 空気層	5 mm ガラス 3 mm ガラス 300 mm
D-30′		AT 型	12 mm ガラス
D-30″		SAT 型	12 mm ガラス
D-25	二重窓	AT 型 普及型アルミ製建具 普及型アルミ製建具 空気層	5 mm ガラス 5 mm ガラス 5 mm ガラス 300 mm
D-20		SAT 型	5 mm ガラス
D-15		モヘヤ付きアルミ製建具 スチール製建具 木製建具	3〜5 mm ガラス

注　AT 型：エアタイト型　SAT 型：セミエアタイト型
（㈳日本建築学会編『建築物の遮音性能基準と設計指針』技報堂出版による）

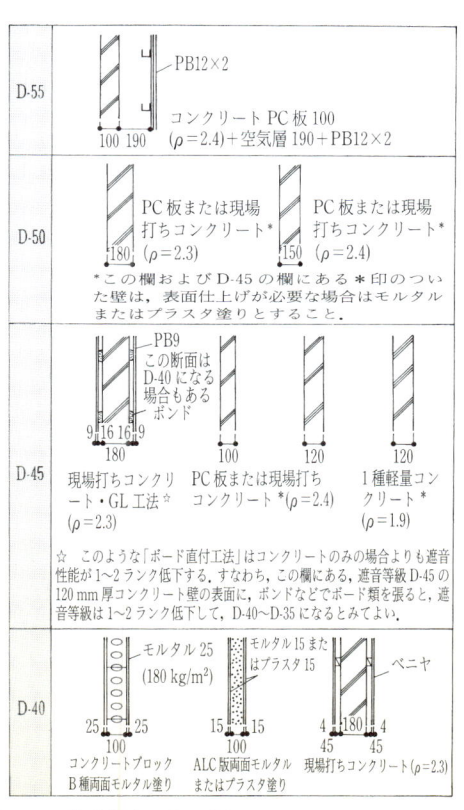

図 7・30　集合住宅界壁の遮音設計例（㈳日本建築学会編『建築物の遮音性能基準と設計指針』技報堂出版による）

※1　各周波数帯域の測定値に、2 dB を加えることができる。
※2　Sound Level Diffence を略して一般に D 値と呼ぶ。空気音に対する遮音性能を表し、その数値が小さいほど遮音性能が劣る。

6 床の遮音対策

建築基準法には界壁に関する遮音規定があるが、界床に関する規定はない。しかし、集合住宅の床材に「フローリング」が多く使用されるようになるにつれて、上下階の界床の騒音問題が深刻になっている。

1) 標準床衝撃源

床の衝撃音に対する遮音性能の測定方法は JIS A 1418 に規定されおり、測定に用いる標準音源として次の二つがある。

① 重量床衝撃源（バングマシン）：床上 90cm の高さからタイヤを自由落下させるもので、「子供の飛び跳ね」などを想定している。

② 軽量床衝撃源（タッピングマシン）：1個 500g のハンマー5個を、4cm の高さから交互に 10回/秒の割合で落下させるもので、「靴音や物の落下音」などを想定している。カーペットなどの性能評価にも用いる。

2) 床衝撃音の遮音性能の測定と評価

床の衝撃音に対する遮音性能は、図 7・31 のように測定機器を配置し次のように測定する。

① 音源は、上階の対象室内に3から5点を設定し、標準衝撃源により床に衝撃を与える。

② 測定は、下階の測定室内に一様に分布する4点の測定点で行う。

③ 測定には騒音計のC特性を用い、オクターブ分析器により 63～2000Hz のうち JIS で規定されたオクターブバンドについて測定する。暗騒音の影響がある場合は JIS の規定により補正する。

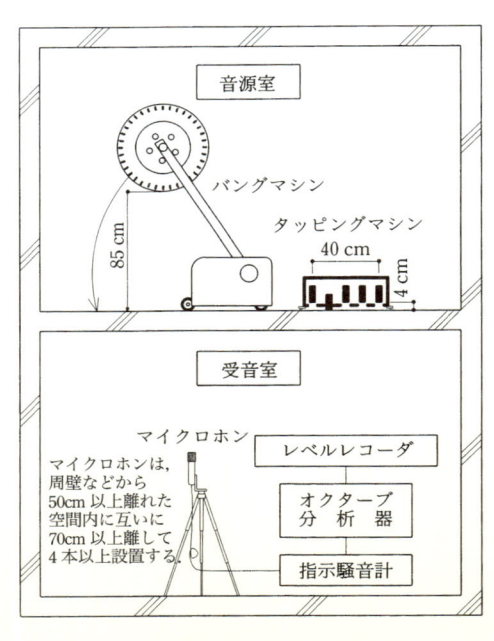

図 7・31 床衝撃音の測定装置の構成例

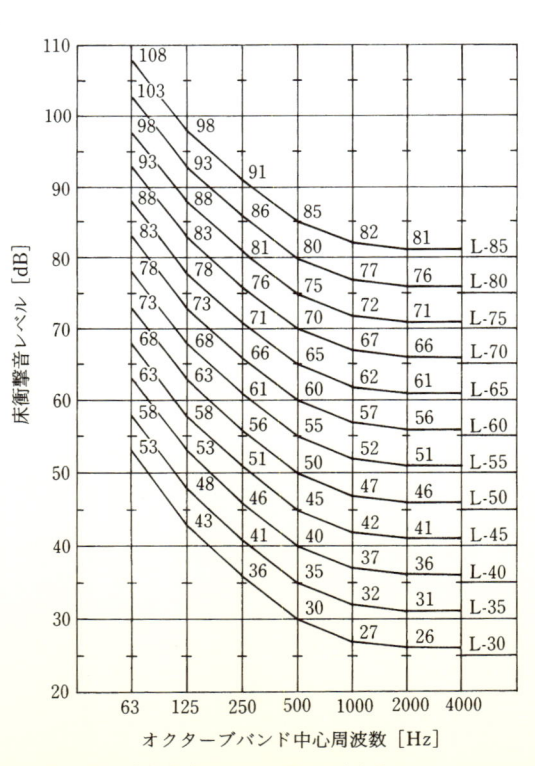

図 7・32 床衝撃音レベルに関する遮音等級 （(社)日本建築学会編『建築物の遮音性能基準と設計指針』技報堂出版による）

④各オクターブバンドごとに、音源位置 j に対する各測定点の床衝撃音レベルのエネルギー平均値 $\overline{L_j}$ [dB] を求める。

$$\overline{L_j} = 10 \log_{10} \left(\frac{1}{n} \sum_{i=1}^{n} 10^{\frac{L_i}{10}} \right) \quad \cdots\cdots\cdots\cdots\cdots\cdots\cdots\cdots\cdots\cdots\cdots\cdots\cdots\cdots (7\text{-}15)$$

続いて床衝撃音レベル L を求める。

$$L = \frac{1}{m} \sum_{j=1}^{m} \overline{L_j} \quad \cdots\cdots\cdots\cdots\cdots\cdots\cdots\cdots\cdots\cdots\cdots\cdots\cdots\cdots\cdots\cdots\cdots\cdots (7\text{-}16)$$

m：音源位置の数、n：測定点の数

なお、重量床衝撃源によるものを L_H で、軽量床衝撃源によるものを L_L で表す。

⑤測定結果を図7・32に示す「床衝撃音レベルの遮音等級の基準曲線」上に各周波数ごとに点で示し、すべての周波数帯域レベルが下まわる[※1]最小の基準曲線を「床衝撃音レベルに関する遮音等級[※2]」とする。

遮音等級と住宅での生活実感との対応を表7・15に示す。

3）床の遮音性能基準

日本建築学会では、遮音性能基準を表7・16のように、また床衝撃音レベルに関する適用等級を表7・17のように定めている。

演習問題

〈7-6〉ある集合住宅の居間で重量床衝撃源による階下の音圧レベルを測定したところ下表のような結果となった。この結果より、この床の遮音性能を評価しなさい。

演習問題

オクターブバンド中心周波数 [Hz]	63	125	250	500	1000	2000
測定値 [dB]	69	62	52	51	40	40

JISの規定により、重量床衝撃源による場合は63〜500 Hzについて、軽量床衝撃源による場合は125〜2000 Hzについて測定し、評価を行う。

表7・15 評価尺度と住宅における生活実感との対応の例

遮音等級		L-30	L-35	L-40	L-45	L-50	L-55	L-60	L-65	L-70	L-75	L-80
床衝撃音	走り回り、足音など	ほとんど聞こえない	静かなとき聞こえる	遠くから聞こえる感じ	聞こえるが気にならない	ほとんど気にならない	少し気になる	やや気になる	よく聞こえ気になる	大変よく聞こえうるさい	大変うるさい	うるさくて我慢できない
	椅子、物の落下音など	全く聞こえない	まず聞こえない	ほとんど聞こえない	サンダル音は聞こえる	ナイフなどは聞こえる	スリッパも聞こえる	はしを落すと聞こえる	10円玉で聞こえる	1円玉でも聞こえる	同上	同上
	その他の例	子供が大暴れしてもよい	多少とびはねてもよい	気がねなく生活できる	少し気をつける	やや注意して生活する	注意すれば問題ない	お互いに我慢できる限度	子供がいれば文句がでる	子供がいても上が気になる	注意していても文句がくる	忍者的生活が必要

((社)日本建築学会編『建築物の遮音性能基準と設計指針』技報堂出版による)

表7・16 日本建築学会による適用等級の意味

特級（特別）	学会特別仕様	遮音性能上非常に優れている	特別に遮音性能が要求される使用状態の場合に適用
1級（標準）	学会推奨基準	遮音性能上好ましい	通常の使用状態で使用者から苦情がほとんど出ず遮音性能上の支障が生じない
2級（許容）	学会許容基準	遮音性能上ほぼ満足しうる	遮音性能上の支障が生じることもあるがほぼ満足しうる
3級（最低限）	—	遮音性能上最低限度である	使用者からの苦情が出る確率が高いが社会的経済的制約などで許容される場合がある

((社)日本建築学会編『建築物の遮音性能基準と設計指針』技報堂出版による)

表7・17 床衝撃音レベルに関する適用等級

建築物	室用途	部位	適用等級			
			特級	1級	2級	3級
集合住宅	居室	隣戸間界床	L-40 L-45*	L-45 L-50*	L-50,55	L-60
ホテル	客室	客室間界床	L-40 L-45*	L-45 L-50*	L-50 L-55*	L-55 L-60*
学校	普通教室	教室間界床	L-50	L-55	L-60	L-65
戸建住宅	居間	同一住戸内2階床	L-45,50	L-55,60	L-65 L-70*	L-70 L-75*

原則として軽量、重量両衝撃源に対して適用。ただ*印は重量衝撃源のみに適用

((社)日本建築学会編『建築物の遮音性能基準と設計指針』技報堂出版による)

※1 各周波数帯域の測定値から、2 dBを減じることができる。
※2 Floor Impact Sound Level を略して一般に L 値と呼ぶ。床衝撃音に対する遮音性能を表し、その数値が大きいほど遮音性能が劣る。

4) 床の設計

一般に重量床衝撃音の遮音性能は構造体により決定される場合が多く、実際の設計に際しては、スラブ厚さは16cm以上、周辺固定のスラブ内法面積は24m²以下とすることが望ましい。一方、軽量床衝撃音は床材により遮音性能は大きく異なる。床衝撃音に対する各種仕上材による遮音性能の例を図7・33に示す。カーペットは軽量床衝撃音をやわらげるためにかなり有効な遮音材といえる。

5) 歩行感

素足で生活する日本人にとって、床の歩行感は大切な要因であるが、一般に床衝撃音に対する遮音性能のよいものほど床が沈み、軟らかい感覚を与え不安定な感じがする。そこで直張り木質床については、人の歩行を想定した場合の沈み量を測定し評価する方法がある。

床の沈み量と床材のかたさの心理評価には、図7・34のような関係がある。一般に沈み量の大きな床材ほど遮音性能にすぐれているが、遮音性能を損なわず、沈み量の少ない製品が開発される傾向にある。

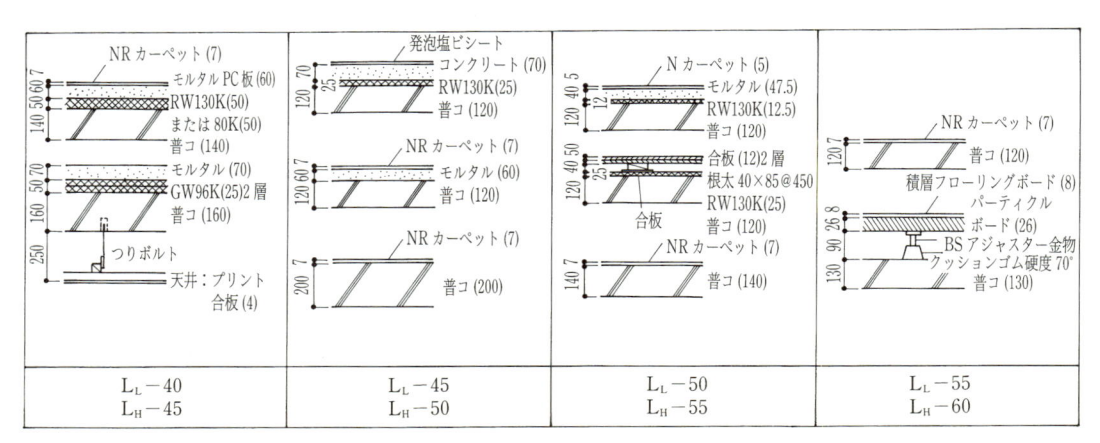

図7・33 床衝撃音に対する床の遮音性能の例 (㈳日本建築学会編『建築物の遮音性能基準と設計指針』技報堂出版による)

図7・34 沈み量に応じた硬さの心理評価の区分 (日本総合試験所「95床衝撃音レベルデータシート」による)

7 設備騒音対策

1）設備騒音の原因

建物外部に設置された冷却塔や送風器などの設備機器から発生した音が、近隣に被害を及ぼす場合と、建物内部に設置した給排水管やダクトなどから発生した音が、直接室内に放出したり、固体音として壁体の中を伝搬し影響を及ぼす場合がある。

前者の場合には振動を伴う場合もあり、その対策も必要になる（p.152 参照）。

また、固体音となり伝搬するものは被害の範囲も広くなりやすいため、できるだけ、固体音の発生を抑えることが重要である。

2）設備騒音の防止

◆ a　給排水設備　　給排水管の埋込み配管はできるだけ避け、パイプシャフトの位置にも配慮する（図7・35）。給水管の要所にはウォータハンマ防止器を設ける。便器は洋式が有利であり、また節水消音型のものは1mの距離で20dB程度の消音効果が得られる。

◆ b　機械設備　　冷却塔などは低騒音型のものを採用し、塔屋などを遮へい物として利用したり、必要に応じて防音壁を設置する。

◆ c　ダクト設備　　乱流の原因となる複雑な分岐や断面変化をさけ、必要に応じて吸音チャンバーを設ける（図7・36）。ダクトや配管が構造体を貫通する場合には緩衝材を充填し、固体音の発生を防止する。

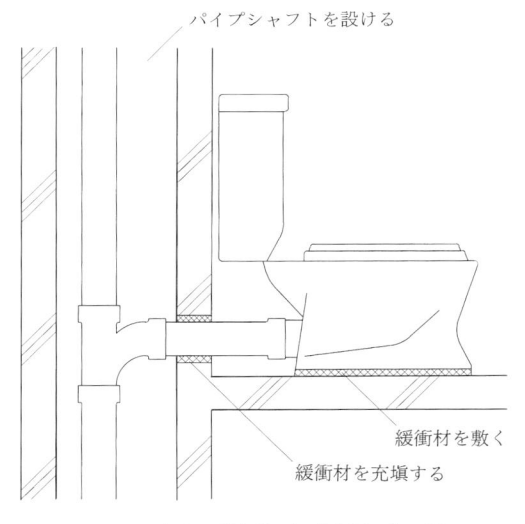

図7・35　便器と配水管の振動絶縁の施工例

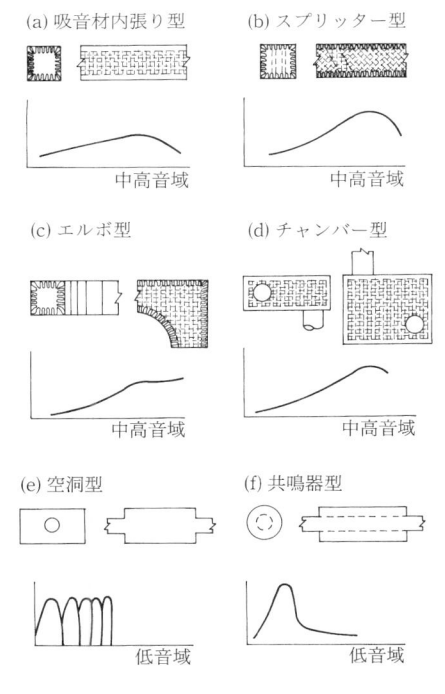

図7・36　ダクトの減音装置と特性例　(社)日本建築学会編『設計計画パンフレット4　建築の音環境設計』彰国社による)

8 振動防止計画

振動の感じ方は個人差が大きく、おかれた環境によっても大きく異なる。また、振動と健康被害の関係もまだ未解明の部分がある。

1）規制基準

公害対策基本法で定められた典型七公害の中で、最も遅く1976年に制定されたものが振動規制法で、同じ感覚公害に分類される騒音規制法に準じたものとなっている。

振動規制法では、都道府県知事が指定した地域内での特定建設作業や特定工場・事業所、道路交通について、時間に応じて規制基準を定めている（表7・18）。騒音規制法と同様に、届出義務や改善勧告、罰則などが定められている。

2）振動の測定

振動の測定には振動レベル計（JIS C 1510 測定範囲は 1～80 Hz）が用いられる（図7・37）。これは振動ピックアップにより振動をとらえ、振動レベル計本体で増幅し、振動感覚補正を加えた振動加速度レベルをデシベル［dB］で表示するものである。これを振動レベルともいう。

振動感覚補正とは、音の場合と同様に人の振動に対する感覚が振動の方向や周波数により異なるため、前後・左右・上下の各方向の振動加速度に、周波数ごとに加重をかけたものである。振動が衝撃性の場合には、その継続時間の長短についても同様にしている。

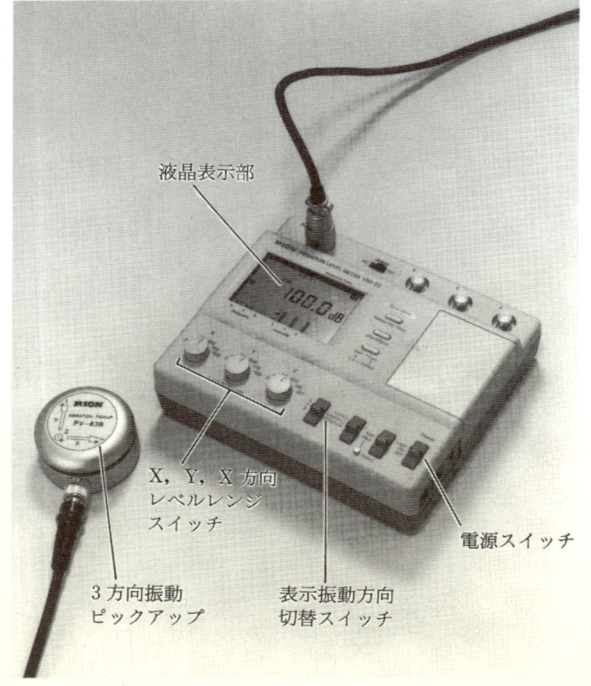

表7・18　振動規制基準の例

基準	区域	基準振動レベル［dB］	
		昼間	夜間
工場振動規制基準	第1種	60～65	55～60
	第2種	65～70	60～65
道路交通振動要請基準	第1種	65	60
	第2種	70	65

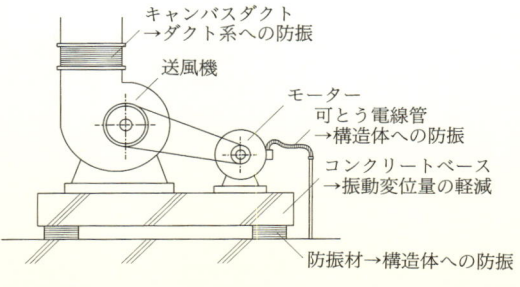

図7・37　振動レベル計と振動ピックアップ　（リオン㈱提供）

図7・38　送風機の防振設計例

3) 振動防止計画の手順

基本的には騒音防止計画の場合と同様であるが、次のような手順で振動の制御を行う。

① 振動源対策：振動出力を低減することは最も効率的な方法である。また、振動源と地盤を絶縁し、地盤への伝達力を低減することも必要である。

② 伝搬経路対策：振動源をできるだけ遠くに配置する。しかし、地盤の状況により振動の伝搬状況も大きく異なり、単純に距離に比例して減衰するとは限らないので注意しなければならない。伝搬経路の途中に溝や地中壁を設ける方法もあるが、これらを効果的に設置するには大規模なものとなるので、あまり現実的なものとはいえない[※1]。

③ 受振点対策：到達した振動を軽減するには、受振点の重量や剛性を増して共振を避けたり、振動源対策と同様に、建物を地盤から絶縁し防振することが有効である。

4) 振動防止装置

基本的には振動源と構造体の間で絶縁をはかり、振動の伝達率を下げるようにする。防振装置により高い効果を得るには、防振装置のばね定数を低くし固有振動数を下げるようにする。防振材料にはその材質や構造から表7・19のような種類がある。

また、振動源の固有振動数を変えずに「イナーシャブロック」と呼ばれる「重し」を振動源に付加することにより、振動の変位量を減少させることができる。

図7・38に建築設備で用いられる防振装置の例を示す。

表7・19 防振材料の種類と性能

分類	金属ばね	空気ばね	防振ゴム
形状	コイルばね　板ばね	ベローズ型　ダイヤフラム型	せん断型　圧縮型　複合型
特徴	ハードな使用環境に強い 大型機械に使用 減衰が少ないためサージング[※2]により固体音絶縁に問題がある	固有振動数を低く設定でき、防振効果は非常に高い 固体音の防止にも有効である 加重が変化しても固有振動数や防振効果が変わらない	取付けが容易で、建築設備にも多く使用されている 固体音の防止に適している ゴムの種類により耐熱性や耐油性に劣るものがある
適用振動数	2〜10 [Hz]	0〜5 [Hz]	5〜100 [Hz]
減衰性能	問題がある	良い	良い
コスト	安価	高価	中程度
重量	重い	重い	軽い

※1 振動数が10 Hz、振動の伝搬速度が200 m/秒の場合、振動の振幅を半減させるためには深さ5 mの防振溝が必要となる。
※2 共振現象の一種でばねの固有振動が誘発される現象で、防振効果が減少する。

7・4 室内音響

1 室内音場の評価

1) 残響と残響時間

室内で生じている音を停止しても、しばらくの間余韻として響きが残る。これは音源から出た音が、室内で反射しながらしだいに減衰するためで、これを残響という。残響は室内音場を評価する上で重要な役割をもっている。適度な残響は室内音場に厚みや潤いを与える。

残響時間とは、室内に一定の強さの音を出し続け安定した状態（定常状態）とし、これを突然止めてから室内の音響エネルギーが100万分の1（音圧レベルでは60dBの減少）になるのに要する時間をいい、1/3または1オクターブバンドごとに125〜4000Hzについて測定する（図7・39）。

計算によって残響時間を求めるために、表7・20のような式が考案されている。

セービン式とアイリング式は、ほぼ同じ式であり、一般に使用される室内平均吸音率$\overline{\alpha} = 0.1 \sim 0.25$程度では、同様の結果が得られる。

クヌーセン式は、大空間での残響時間の計算など、空気による音の減衰を考慮に入れたもので、図7・40により空気による音の減衰係数を求めた後、残響時間を求めるものである。

表7・20　各種の残響時間計算式

提案者	残響式	特徴
セービン	$T = \dfrac{0.161 V}{\overline{\alpha} S}$	吸音力の小さい残響時間の長い室の計算に適する 完全吸音である$\overline{\alpha} = 1$でも$T = 0$にならない矛盾がある
アイリング	$T = \dfrac{0.161 V}{-S \log_e (1-\overline{\alpha})}$	上式とほぼ同じであるが、$\overline{\alpha}$が大きい場合実際とよく一致する 上式の矛盾を解決
クヌーセン	$T = \dfrac{0.161 V}{-S \log_e (1-\overline{\alpha}) + 4mV}$	空気による吸音が無視できない場合（大容積の室、吸音力の小さい室）の計算に適する

T：残響時間［秒］　V：室容積［m³］　S：室内総表面積［m²］　$\overline{\alpha}$：室内平均吸音率
m：単位長さ（1m）当たりの空気の吸音による音の減衰係数［m⁻¹］　$\log_e (1-\overline{\alpha}) \fallingdotseq 2.3 \log_{10}(1-\overline{\alpha})$

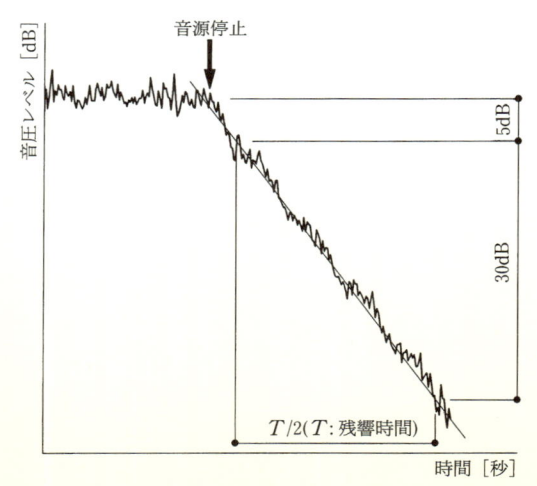

レベルレコーダーで60dBの音圧レベルの減衰が記録できない場合には、30dBの減衰に要する時間を求めこれを2倍したものを残響時間とする。

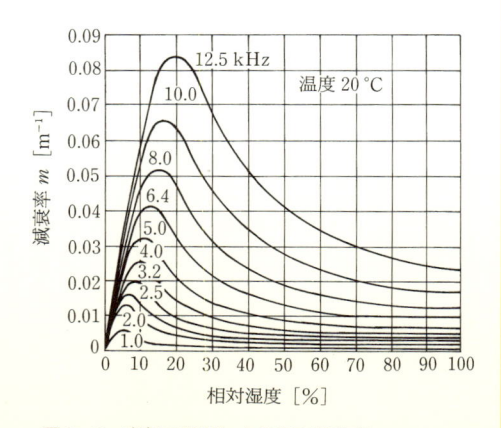

図7・39　残響時間

図7・40　空気の吸収による音の減衰率　（社）日本建築学会編『建築設計資料集成 1. 環境』丸善による）[13]

残響時間は、室内の形状や室の仕上材、聴衆の数、音の周波数などにより変わるが、一般に、室内の吸音力が大きいほど短くなり、室容積が大きくなると長くなる。

残響は、受音点での音量を補強し音に豊かさを与える一方、音の分離性が損なわれるため講演などの会話は聞き取りにくくなる。したがって、室の使用目的に応じて、適当な残響時間を設定しなければならない。一般に最適残響時間は、図7・41を使って求めることができる。

2）音節明瞭度と文章了解度

音節明瞭度は、講堂などの講演に使用する室の音響性能を評価するためのもので、表7・21のような意味のない100の単音を発声し、聴きとれた割合を百分率で示したものである。明瞭度は音圧レベルが大きいほど高く、残響時間が長く騒音レベルが高いほど低下する。一般に明瞭度が85％以上の場合は良好で、70％以下の場合は対策が必要になる。

文章了解度は文章を発声し、理解できた割合を百分率で表したもので、同じ条件の室では明瞭度より高い値をとるのが一般的である。図7・42は音節明瞭度と文章了解度の関係を示したものである。日本語ではほぼ直線的な相関を示しているが、米語では音節明瞭度が20％程度でも高い文章了解度を示しており、日本語とは違い、言葉の流れの中で意味を理解していることがわかる。

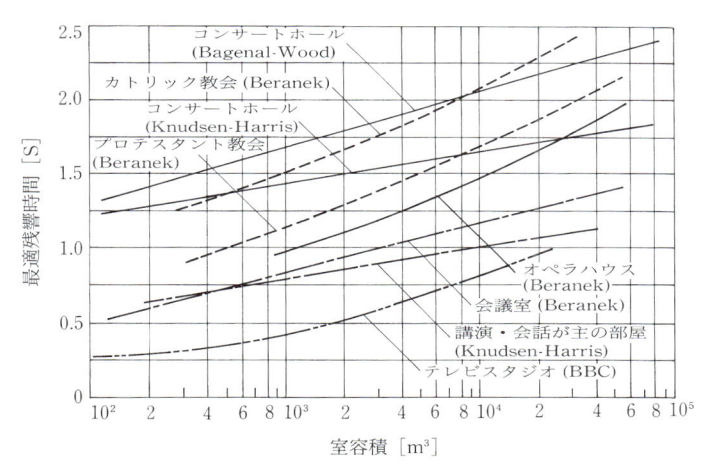

図7・41　500Hzの最適残響時間と室容積　(㈳日本建築学会編『設計計画パンフレット4　建築の音環境設計』彰国社による)

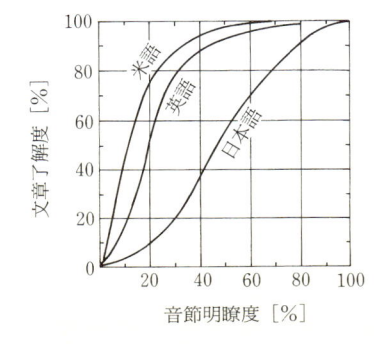

図7・42　音節明瞭度と文章了解度（桜井美政他『建築環境工学概論』明現社による）

表7・21　単音節明瞭度試験の音表の例

	1	2	3	4	5	6	7	8	9	10
1行目	キ	バ	リュ	ム	ヘ	ニ	ゾ	ソ	チャ	ショ
2行目	ヒャ	タ	ザ	ツ	マ	リャ	ゼ	フ	エ	ゴ
3行目	シャ	オ	ベ	ケ	ダ	コ	ニュ	チ	ミョ	ド
4行目	デ	ヨ	ウ	ジャ	ギョ	ワ	ギュ	リ	キュ	ビャ
5行目	ネ	カ	ビュ	ビ	ホ	ロ	ポ	ピャ	チュ	ビョ
6行目	キョ	ス	パ	ブ	イ	シュ	ト	ギャ	メ	ブ
7行目	ジュ	ロ	ラ	ミ	ズ	シ	ニャ	ジョ	ピュ	テ
8行目	レ	ク	ノ	ヒ	ジ	ヌ	ヒュ	ユ	ナ	
9行目	ミュ	ベ	ア	ガ	ハ	ニョ	ポ	モ	ミョ	チョ
10行目	サ	セ	グ	ヤ	キャ	ゲ	ギ	ピョ	ピ	ミャ

2 コンサートホールの計画

コンサートホールは、演奏者の楽器から出た音にホールのもつ固有の響きを加え聴衆に伝える器＝楽器ともいえる。わが国では、1980年代ごろより本格的な音楽専用のコンサートホールが設計されるようになった。

1）音響計画の基本

コンサートホールの計画に当たっては、適度な残響と音の厚み、拡がりをもち特異現象が生じないようにする。残響時間は音楽の種類やホールの規模から目標値が求められる（図7・41）。十分な残響時間を得るには $10 m^3/$ 席程度の容積が必要となり、これから天井高も決まる。初期反射音[※1]は直接音を補強し、音に空間的な拡がりを与えるうえで重要なものである。特に側方反射板によるものは大きな役割をもっている。この後に到達する多次反射音[※2]は、あらゆる方向から到達するため聴衆に音につつまれた感じを与える。多次反射音を確保するため、ホール全体に凹凸を設け反射音を拡散させるなどの配慮が必要である。ステージの近くには十分な面積の反射板や浮雲[※3]を設け、演奏者が楽器の音を聞きとりやすくする。客席の後方は吸音性を強め、反響の発生を防ぐ。バルコニー席を設ける場合は奥行きを高さの2倍以内とし、バルコニー下での反射音確保に配慮する。

2）コンサートホールの形状

①アリーナ型：平面の中央付近にステージを配しその周囲を客席が取り囲む形式で、聴衆と演奏者に親密な感覚を生じやすい。一方、楽器の指向性と矛盾する客席もできる。2000席以上の大ホールに向いている。

表7・22　コンサートホールの平面形式の例

形式	アリーナ型	扇型	シューボックス型
平面図			
名称	サントリーホール（東京）	フィルハーモニーホール（ミュンヘン）	ムジークフェラインスザール（ウィーン）
竣工年	1986年	1985年	1870年
残響時間	2.1秒	1.8～2.2秒	2.1秒
客席数	2006席	2400席	1680席
ホール容積	21000 m^3	30000 m^3	15000 m^3
一席当たりの容積	10.5 m^3/席	12.5 m^3/席	8.9 m^3/席

※1　直接音が到達後約1/20秒以内に到達する反射音
※2　ホール内で複数回の反射を繰り返し到達する反射音
※3　ステージの上に吊り下げられた反射板

②扇型：視覚的には壮大な感じを与えるが、放射状のプランのため側方反射板が有効に働きにくく、音響的には問題点が多い。オペラなどの舞台総合芸術に向いた形式といえる。

③シューボックス型：奥行きの深い長方形のプランに高い天井をもつもので、ヨーロッパの伝統的なコンサートホールに多く採用されてきた形式である。両側壁には列柱や彫刻を配し拡散音場を形成している。高い天井により十分な容積を確保しやすく、側壁より短時間で反射音が到達するなど音響的にすぐれている。1800席以下の規模に適している。

3) シミュレーション

図面上で計画されたコンサートホールの音響特性を検討するためには次のような方法があり、必要に応じてそれぞれを組み合せて用いる。

①模型実験：古くより用いられてきた方法で、実施設計段階では1/20から1/10程度の模型を制作する場合もある。手間と作成費がかかるが、デジタル情報処理技術との併用により高い精度の実験が可能となってきた。

②コンピューターシミュレーション：幾何音響による方法と、波動音響よる方法がある。前者は音を光と同様に取り扱うもので、幾何学的な反射音の経路を計算する。この方法は比較的簡単であるが、音の波動としての性質を無視しているため低音域には不適当である。後者は波動的性質を考慮したものであるが、多次反射音については膨大な計算が必要となりコンピューターの能力に拠るところが大きく適用範囲が限られている。

1870年に音楽愛好家協会により建設されたもので、シューボックス型ホールの代表的な存在である。音楽家による評価はきわめて高く、最上級のホールとの賞賛を得ている。両側壁のバルコニー下は、金色に輝く女性像で装飾され、天井は10個の大きなシャンデリアが飾られ拡散音場を形成している。

図7・43　ウィーン　ムジークフェラインスザール

3 音の特異現象

1）音の特異現象

　室内音響では、反射音が原因で下記のような特異現象が発生する。いずれの場合も室内音場を著しく悪くするため、室の形状、吸音設計などの検討が必要となる。

◆ a　反響（エコー）　　直接音が聞こえたあと反射音が遅れて聞こえることがある。これを反響といい音の明瞭さを低下させる。直接音と反射音の到達時間差が、0.05秒以上（経路差にして340 m/s×0.05 s ＝ 17 m 以上）ある場合に生じる（図7・44）。

◆ b　フラッターエコー（鳴き竜現象）　　向かい合う壁面同士や天井と床面が反射性の材質であり平行である場合、その間で生じた音は反射を繰り返し、ピチピチ、ビンビンといった独特の音色を生じる。これをフラッターエコーといい、意図的に設計された「日光東照宮薬師堂の鳴き竜」が有名である。これを防ぐには、平行面を吸音性の材質で仕上げたり、平行壁面ができないように配置する（図7・45）。

◆ c　音の焦点とデッドスポット　　光と同様に、反射性の大きな凹曲面で反射した音がある点に集中し、音が他よりも大きく聞こえる場合がある。これを音の焦点という。また逆に反射音が来ないため、音が聞こえにくい場所があり、これを音のデッドスポットという。

◆ d　ささやきの回廊　　反射性が高く、大きな曲率をもつ曲壁面では、その曲壁面にそって音が反射を繰り返し、小さな音でも遠くまで伝わることがある。これをささやきの回廊といい、ロンドンの聖ポール寺院の大ドームの回廊がこの現象で有名である。

$(l_1+l_2+l_3)-l_S≧17 m$ ならば
一つの音も二つに聞こえる

図7・44　反響の例

閉鎖的かつ無機的な反射性の材料で構成された都会において、「鳴き竜」スポットがいたるところで見られる。

図7・45　鳴き竜現象が生じやすい空間

4 音による効果

音に対する人間の特性や心理的作用により、建築物での音場のコントロールとは異なった効果が生じる。

1）マスキング効果

目的の音が、妨害音（マスカー）によって聞こえにくくなる現象をマスキング効果という。これは、マスカーの発生によって目的音を聞き取ることのできる最低の音の強さの値（最低可聴値）が上昇するからである。一般にマスキング効果は、音の振動数が近いほど発生しやすく、また低音は高音を聞こえにくくしやすい（図7・46）。

騒音によって会話が中断されるのもこのためであるが、逆に心理的に心地よい音を流して騒音が気にならないように計画する場合もある。

2）環境音楽

場所の雰囲気をつくったり、精神をリラックスさせるために流す静かな音楽、すなわちバックグラウンドミュージックが用いられている。近年、鳥の声や川のせせらぎ、波の音といった自然音には、精神をリラックスさせる効果が高いことがわかってきた。またリズミカルな音楽は、作業能率の向上やスポーツトレーニングを効率化させるなどの効果があるので、積極的に導入されている。このようにマインドリフレッシュやコントロールをねらった音を環境音楽という。都市内に人工の滝をつくることなどは、心理的効果によりリフレッシュするだけではなく、雑踏の騒音をマスキング効果により軽減する効果もある（図7・47）。

3）カクテルパーティー効果

人間の脳は、五感によって与えられた情報をすべて同時に処理することができないため、一部を遮断する。音に関しても、聴覚機構に届く音のうち、自らに関係する音や重要な情報を無意識のうちに選択して聴取する傾向がある。これをカクテルパーティー効果という。

図7・46　マスキング効果の例

図7・47　都会のオアシス

8章　都市環境

8・1　都市の熱環境

1 ヒートアイランド現象

1）ヒートアイランド現象とその影響

　都市の内外で平均気温に差があることは、すでに19世紀半ばごろから知られていた。しかし、近代から現代にいたるまで、都市においては機能性や効率が優先され、都市気候に対する配慮がほとんどなされなかった。その結果、都市の気温が周辺地域に比べて異常に高く、温度分布図を見ると都市部が島状に浮かび上がるヒートアイランド現象が生じるようになった（図8・1）。

　都市内外の温度差は、一日のうちでは夜間が大きく、日中は小さいが、晴れた静穏な夜間には、東京や大阪などの大都市の中心部では、郊外に比べて4〜5℃以上高温になる。このように都心部では、冬季には冬日（日最低気温が0℃未満）や霜日数の減少が見られるが、夏季には日中の異常高温や熱帯夜（日最低気温が25℃以上）が増加し、その影響は深刻である。

　ヒートアイランド現象によって都心部では上昇気流が生じ、周辺から冷たい空気を誘引することによって循環風が発生する。図8・2のように、都心部の大気が上昇すると臨海部にある工業地帯より、窒素酸化物（NO_x）、硫黄酸化物（SO_x）、炭素酸化物（CO_x）などの汚染大気が居住地域へ吹き込み、また、それらが上空で紫外線によって化学反応を起こし、光化学スモッグとなって近郊に降り注ぐ。さらに、建築物にかこまれた都市内の閉鎖的な空間では、風速が減衰することから熱や汚染物質が拡散しにくくなり、ますます環境が悪化する。

　また、ヒートアイランド現象で上昇した汚染空気が、上空で有害なガスになり、緑化地帯へ降下することによって、樹木や緑を枯らせてしまうような局所的な被害も発生する。これは、緑地や内陸河川は、コンクリートやアスファルト部分より温度が低くなるためで、これをクールアイランド現象という。

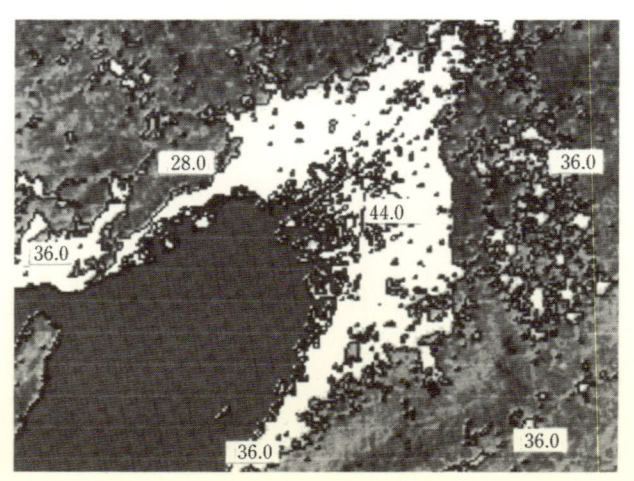

図8・1　夏季における都市の表面温度の例〔単位:℃〕（兵庫県立人と自然の博物館提供）

2）ヒートアイランド現象の要因

都市の気温を上昇させる要因には、次のようなものが考えられる（図8・3）。

①緑地や透水面の減少（水分蒸発による冷却効果が非常に少なくなる）。

②土地被覆の大幅な改変（コンクリート構築物やアスファルトによる道路舗装など、熱容量の大きな材料が昼間に日射熱を吸収・蓄熱する）。

③都市人口の増加によるエネルギー消費量の増加（冷房や暖房、照明さらには自動車、工場での生産活動などによる排熱が、大気中に放散され気温の上昇をまねく）。

④建築物の密集や高層建築の増加による地表面の複雑化（風速が減衰し、日射を吸収する面積が大幅に増加するとともに、相互の長波長放射を受熱し冷却しにくくなる）。

⑤細かい粉塵などによる都市の温室化（特に夜間や明け方まで都市が暑くなる）。

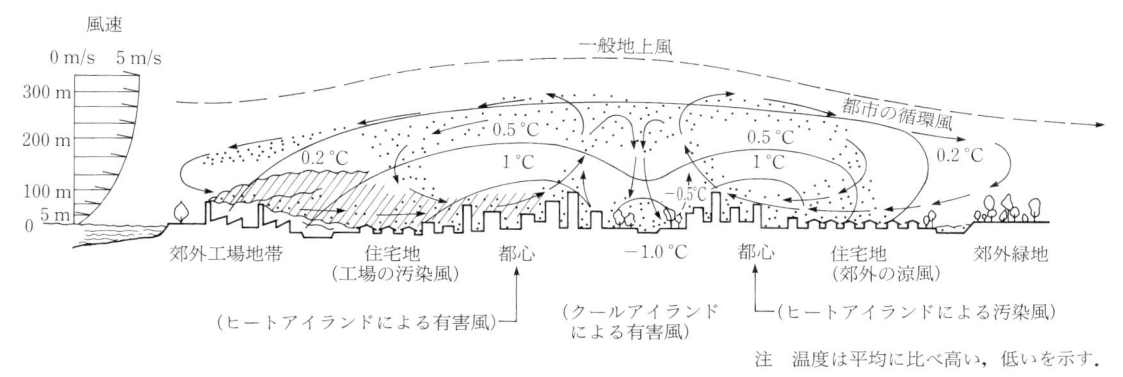

図8・2 ヒートアイランドとクールアイランド（尾島俊雄他『新建築学体系9 都市環境』彰国社による）

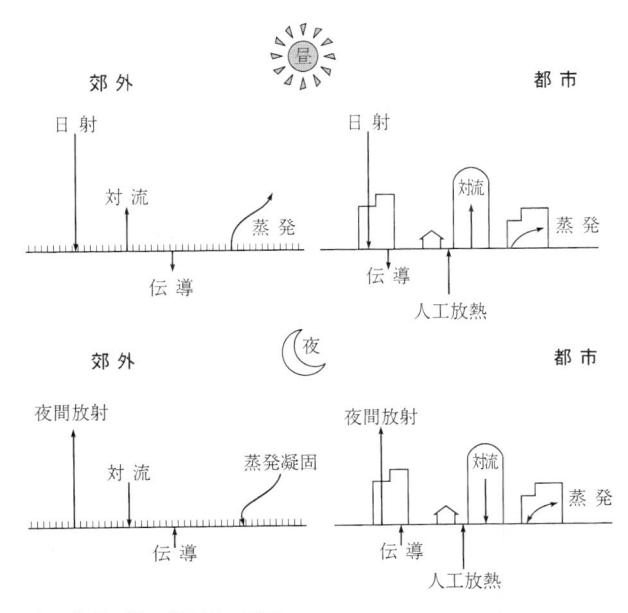

図8・3 ヒートアイランド現象の要因（尾島俊雄『熱くなる大都市』日本放送出版協会による）

3) リモートセンシング

　図8・4は、衛星からのリモートセンシングデータによる画像であるが、大阪の中心部や神戸、京都の中心部など都市活動のさかんな地域の気温が、島のようになり、明らかに高くなっているのがわかる。

　リモートセンシングとは遠隔探査ともいわれ、航空機や人工衛星などを用いて行われる。地表を覆っている森林や草地、裸地、水域、市街地などの土地被覆の状態を、それぞれの分光特性のちがいにしたがって画像データとして提供し、直接対象物にふれることなく探知したり、その内容について評価する方法である。観測バンドはランドサットのMSS（マルチ・スペクトル・スキャナー）で、緑（0.5〜0.6μm）、赤（0.6〜0.7μm）、近赤外Ⅰ（0.7〜0.8μm）、近赤外Ⅱ（0.8〜1.1μm）の四つに分けられている。

　植物は葉緑素を多量に含み、葉緑素固有の反射スペクトルが観測できる。植物が緑に見えるのは、可視光の領域では、青や赤の反射率が小さく、緑の反射率は比較的大きいためである。人間の目に見えない赤外線領域では、緑の部分の3〜4倍の反射率をもっており、このような特性は植物のみのものであるため、植物調査に赤外線写真がよく用いられる（図8・5）。

　航空機や人工衛星のリモートセンシングデータと、植物固有の分光反射特性との対応関係を利用し、都市やその周辺地域の緑被率を求められるようになった。リモートセンシングの最も大きな利点は、広い範囲を高所から同時に観測できることであり、必要な情報を分布パターンのかたちで収集できることである。この方法を利用して都市の表面温度の分布状態を観測し、地表面の状態から熱収支を把握できる。これらの情報を活用し、住みよい都市を提案することが可能になっている。

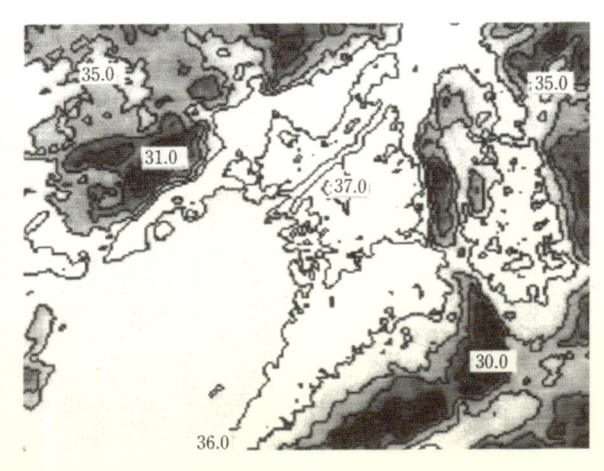

図8・4　リモートセンシングデータによる画像〔単位:℃〕（兵庫県立人と自然の博物館提供）

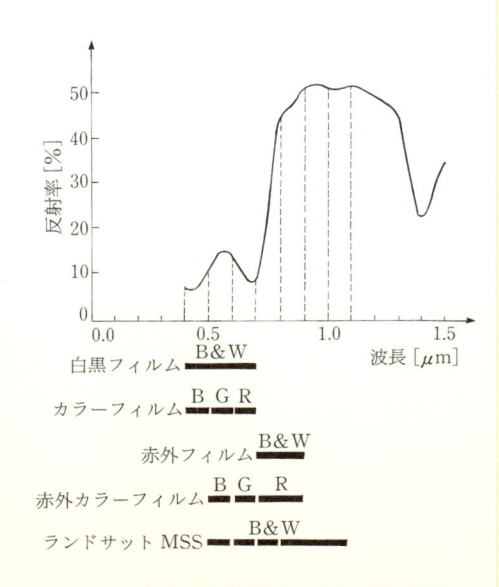

図8・5　植物の分光反射特性とセンサの関係
（『宇宙からの眼』朝倉書店による）

2 緑地の効果

植生としての緑地の効果には、次のようなものが考えられる（図8・6）。

①気候の緩和や大気の浄化。　　②斜面地の保護。　　③火災時の延焼防止。
④美観や景観による精神的安らぎ、リフレッシュの場の提供。　　⑤動物への生活の場の提供。

これらは、主に緑地のもつ植物特有の蒸散作用や、植生による土壌の湿潤化などによってもたらされるものが多い。緑地の割合と気温との間には図8・7のように緑地率の増大による気温の低下が認められる。さらに木の葉が熱を受けると、大部分の熱は葉の裏や表から潜熱によって放出される。

樹林は寒さや暑さを和らげる効果を発揮し、冬の地表の凍結の深さは、樹林内では樹林外の約1/2程度になる。また、樹林は、葉の部分に大気汚染物質を付着させ降雨によって地面に流すなどの大気浄化の効果や、騒音を緩和する効果が期待できる。芝生による照り返しの防止効果は、図8・8のように春先では十分に生育していないのであまり認められないが、十分に生育した真夏には、モルタルや土などに比べ、表面温度で約10℃程度も低くなるのが認められる。

図8・9のように屋上を緑化することによって表面温度の上昇を抑え、ヒートアイランド現象の緩和に寄与するとともに、建築物の内部の空気温の変化を減少させる効果も期待できる。

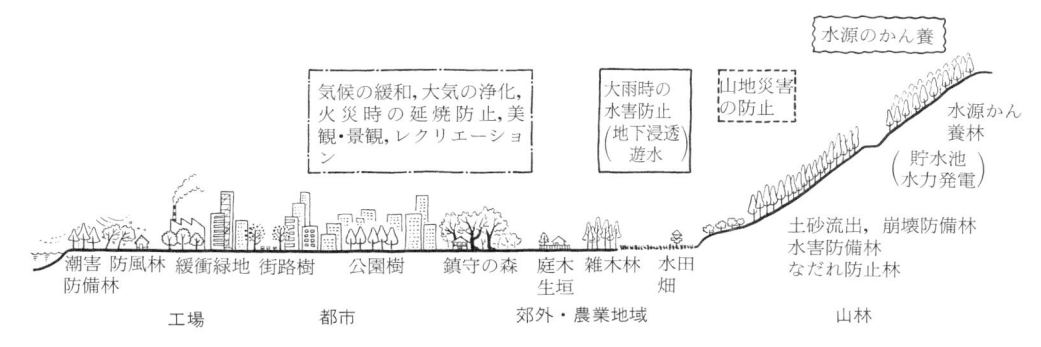

図8・6　地域環境における植生の機能（木村建一他『新建築学体系8　自然環境』彰国社による）

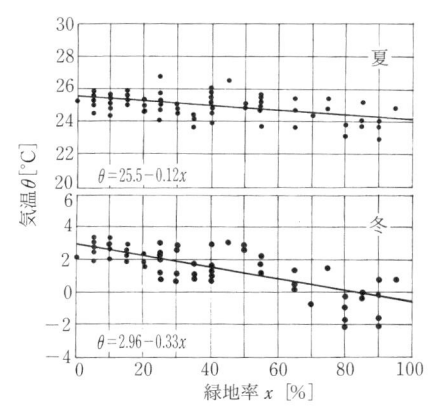

図8・7　緑地率と気温の関係の観測例（㈳日本建築学会編『建築設計資料集成1. 環境』丸善による）[14]

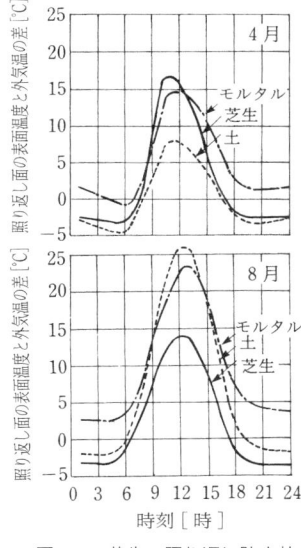

$\theta = 25.5 - 0.12x$ （夏）
$\theta = 2.96 - 0.33x$ （冬）

図8・8　芝生の照り返し防止効果（㈳日本建築学会編『建築設計資料集成1. 環境』丸善による）[15]

図8・9　屋上の緑化

8・2　都市の空気環境

1 大気汚染と酸性雨

1）大気汚染とその対策

　1960年代以降、都市化と工業化に伴って自動車や工場、火力発電所などより、窒素酸化物、炭酸ガス、亜硫酸ガス、微粒子などからなる人工排出物の大気中への放出がいちじるしく増え、大気を構成している物質や、状態に大きな変化をもたらした。このように、大気の質の大幅な変化により大気が汚されることを大気汚染という。

　このような汚染は、都市部にとどまらず、地球大気の基本的な組成にも変化をもたらしており、これをバックグラウンド汚染という。また、大気中に浮遊している粒子、または液体の微粒子であるエアロゾルの日傘効果などによって、都市全域が大きなドームをかぶったようになり、汚染物質がその中で停滞し、部分的に高い濃度の光化学スモッグのような汚染をもたらすことがある（図8・10）。

　大気汚染は風によって流れ、大気の動きによって拡散する。特に地表面から約1000mの高さまでの大気境界層と呼ばれる部分で、広域的な拡散現象が起こる。この大気境界層の中では、都市生活に一番関係の深い地表から100m程度の接地気層の状態や、その上の外部境界層（エクマン層）などに大きな影響がおこる（図8・11）。

　大気汚染物質の中には、発ガン性のあるもの、呼吸器官に重篤な症状を引き起こすもの、母体を通して胎児に悪影響を与えるものなどがある。したがって、大気環境を保全することは、人々の健康を保護し、生活環境を守るうえでたいへんに重要であり、表8・1のような目標が定められている。

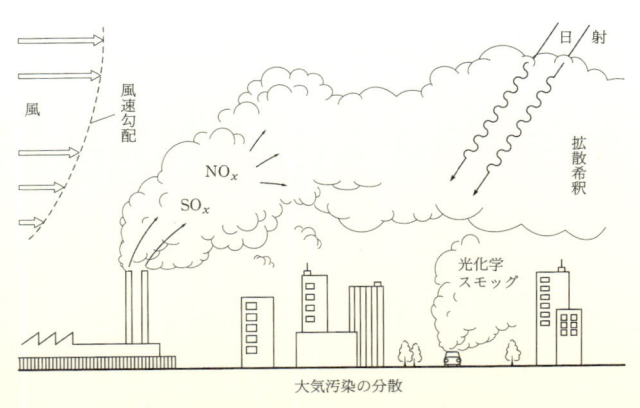

図8・10　大気汚染の分散（紀谷文樹他編『建築環境設備学』彰国社による）

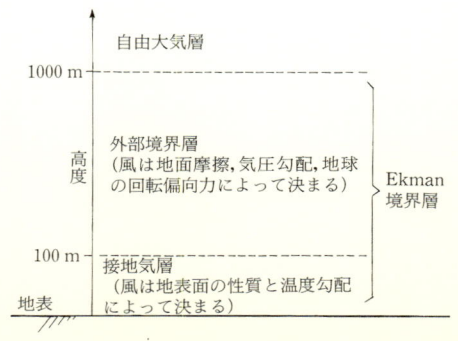

図8・11　地面近くの大気層（紀谷文樹他編『建築環境設備学』彰国社による）

環境基本法により、工場などでは脱硫装置の設置、総量による規制を中心とした公害防除技術の活用、燃料のガス化、省エネルギー化なども含め、総合的に排出量を減少させる努力を行っている。

自動車に対しては、排気ガスの中に含まれる窒素酸化物や、粒子状物質などの有害な物質を取除く技術の開発、ハイブリッドカーや電気自動車・燃料電池自動車の開発・普及、公共交通機関の充実整備、マイカーの都心部乗り入れを避けるため、鉄道駅に駐車場を整備して乗り換えるパークアンドライドシステムの採用の推進、トラックターミナルの整備など、大気汚染の防止対策を積極的に展開する必要がある。

2) 酸性雨とその影響

もともと降雨や降雪は、大気中の汚染物質を除去する重要な自然浄化作用である。しかし、化石燃料の使用に伴って発生する硫黄酸化物、窒素酸化物、塩酸、酸性のエアロゾルなどが雲の中で雨滴に吸収されると、pH 5.6 以下の酸性の雨や雪になる。これを酸性雨といい、湿性大気汚染ともいわれる。酸性雨はときには pH 2～4 の極めて強い酸性を示すこともあり、人体に対しては眼・喉や皮膚に刺激を与え、金属や建造物を腐食させる作用が大きい。大理石やコンクリートなども少しずつ溶かされ、ギリシャのアクロポリスにある神殿などの文化財の崩壊が大きな問題となっている（図8・12）。なお、図8・13は、われわれの身近にある物質の酸性度を示したものである。酸性雨によって土壌が酸性化されると、植物および土壌中の微生物による活性が著しく阻害され、それらの生育にも大きな影響が出る。河川や湖沼などの集水域が酸性化すると、水生生物であるプランクトンや魚類に大きな影響が現れる。

表 8・1 大気汚染にかかわる環境基準

大気汚染物質	許容値
二酸化硫黄	1時間値の1日平均値が 0.04 ppm 以下、かつ、1時間値が 0.1 ppm 以下
二酸化窒素	1時間値の1日平均値が 0.04～0.06 ppm のゾーン内またはそれ以下
一酸化炭素	1時間値の1日平均値が 10 ppm 以下、かつ、1時間値の8時間平均値が 20 ppm 以下
光化学オキシダント	1時間値が 0.06 ppm 以下（一般に、0.12 ppm 以上で注意報、0.24 ppm 以上で警報発令）
浮遊粒子状物質 (SPM)	1時間値の1日平均値が $0.10\,mg/m^3$ 以下、かつ、1時間値が $0.20\,mg/m^3$ 以下
微小粒子状物質 (PM2.5)	1年平均値が $15\,\mu g/m^3$ 以下、かつ、1日平均値が $35\,\mu g/m^3$ 以下
ベンゼン	1年平均値が $0.003\,mg/m^3$ 以下
トリクロロエチレン テトラクロロエチレン	1年平均値が $0.2\,mg/m^3$ 以下
ジクロロメタン	1年平均値が $0.15\,mg/m^3$ 以下
ダイオキシン類	1年平均値が $0.6\,pg\text{-}TEQ/m^3$ 以下（TEQ は 2,3,7,8-四塩化ジベンゾ-パラ-ジオキシンの毒性に換算した値）

図 8・12 アクロポリス（ギリシア）

図 8・13 酸性度のめやす

2 高層建築と風害

1）高層建築によるビル風の影響

　都市においては、建築物による凹凸が大きいので一般に風速は弱まるが、高層建築物によって、その周辺に局所的に強風が発生することがある。これは、地表付近より風速の大きい上層の風を高層建築物が大きな壁面に受け、その風量だけ周辺に吹き下ろすために起こる。これをビル風という。

　図8・14のように風は高層建築物にあたると高さの60～70％の部分から上下、左右に分かれる。これを分岐点と呼ぶ。この分岐点から建築物の壁にそって下や左右に流れる風が、はく離流や吹きおろし、逆流など複雑な流れになり地上に吹き付ける（図8・15）。建築物が高ければ高いほど、その幅が広いほど影響は大きくなる。また、建築物の角が鋭いほど、はく離流は大きくなる（図8・16）。

　ビル風の影響としては、次のようなものが考えられる。
　①歩行者などの人体に及ぼす影響。
　②周辺の家屋など建築物に及ぼす影響。

　「突風で歩きにくい」「気温が下がり、寒い」など、人間の行動や生活に対する障害や、「ガラスが割れる」など、建築物およびその付帯物に対する安全上の障害、「陳列品がとばされる」といった商店などの営業行為に対する障害が発生している。

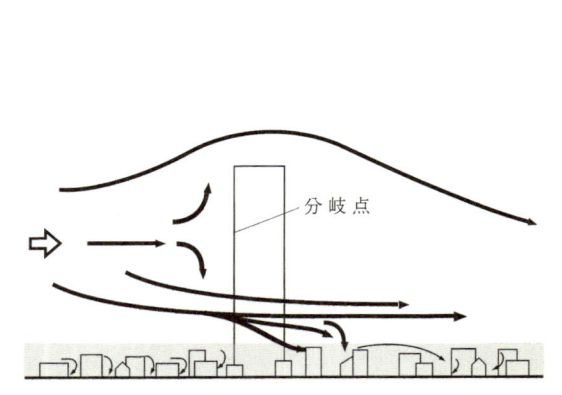

図8・14　高層建築物における風の分岐点（木村建一他『新建築学体系8 自然環境』彰国社より作成）

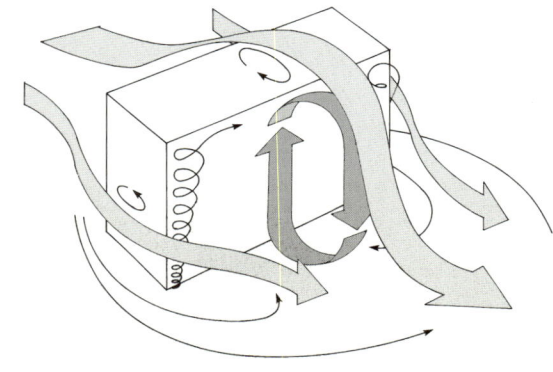

図8・15　ビル風の現象の例（風工学研究会編『新・ビル風の知識』鹿島出版会による）

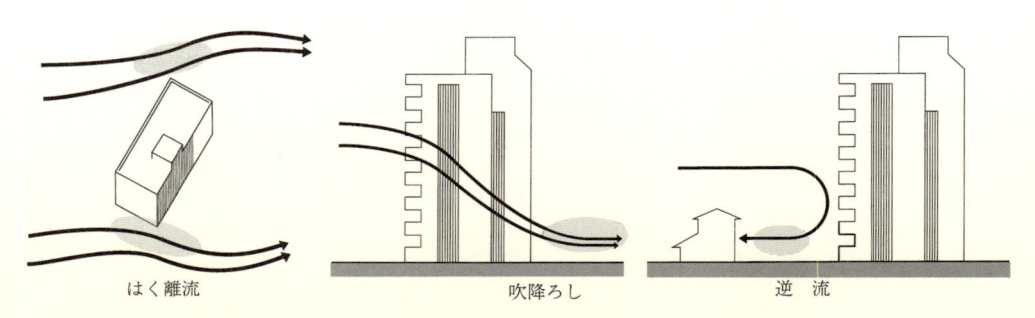

図8・16　建物周辺の空気の流れ（風工学研究会編『新・ビル風の知識』鹿島出版会による）

2）風害対策

このようなビル風の影響に対しては、建築物自体を工夫する方法と、植樹など建築物の外部の工夫によってその影響を緩和する方法が考えられる。

◆ a　建築物自体を工夫する方法　建築物の平面をできるだけ円形に近づけ、角を切り取ったり丸めたりすることが有効である。また、外装の仕上げを粗いものにし、表面に凸凹をつけて風を弱めたり、建築物の脚部にひろい低層の部分やひさしを設けるのも効果がある。さらに、図8·17のように建築物の中間部分に穴をあけ、風の影響を弱める工夫をした建築物が建設されている。

◆ b　建築物の外部を工夫する方法　防風用のネットやフェンスを設け風速の増加を抑えたり、植栽によって風を防ぐなど、建築物自体による形状の変化による対策が困難な場合には、ビル風が生じたとしてもできるだけ被害を最小限にとどめるような工夫が必要である。風の一部を遮断し、その背後に風速の減少した部分をつくりだすことによる防風の効果は、フェンスの素材や樹木の枝葉が占める面積と、その大きさによって決まる。

3）風洞実験

ビル風の予測にはデータが豊富に集められ、信頼性も高い図8·18のような風洞実験が多く用いられている。風洞実験は、まず計画建築物やその周辺の地形、建築物などをできるだけ正確に模型化する。次に、風洞の中に対象地域の自然風をシミュレーションした気流を発生させることによって、模型の建築物周辺の風向·風速の測定、建築物壁面の風圧の測定、建築物全体に作用する風力の測定、風による建築物の振動の測定などが行われる。

図8·17　中空化による対策

図8·18　風洞実験の例 (財日本建築総合試験所提供)

8・3 都市の光環境

■1 高層建築物による日照阻害

1）超高層建築物の日影

　都市への人口集中は必然的に高層建築物を生み出した。1964年の建築基準法の改正で、それまでの最高高さ31mの制限が取り払われ、技術の進歩とともに建築物は超高層化していった。建築物の日影は、高さが増せばその分遠方まで影響が及ぶ。たとえば高さ約300mの横浜ランドマークタワーは、冬至の日の午前8時の日影は約2000m、最も日影の短くなる正午でも約500mになる。しかし、午前8時から9時の日影の先端の平均の速さは、毎秒約32cmであり、ただ日影が通過するというだけで、長時間日影となるわけではない。建築物の底面の形と大きさが同じ場合、一定の高さを超えると、長時間日影の範囲は高さに無関係に一定となる（図8・19）。

　超高層建築物は、特定街区にあるものや総合設計制度によるものが多く、空地率が高いため、新宿や大阪ビジネスパークの超高層建築群のある地区は、天空率や天空比が比較的大きい値となる。

2）高層建築物の複合日影

　日影規制は単独の敷地についての規制であり、日影規制の対象区域では個々の建築物は単独でこの規制を受ける。しかし、個々の高層建築物がこの規制を満足しても、これらが連続すると、その北側に長時間の日影を落とすことになる。なぜならp.86で述べたように棟が東西方向に長くなると長時間日影の影響範囲は広がるからである（図5・22参照）。また、普通、長時間日影となる範囲は建築物の周辺であるが、複数の高層建築物がある場合、建築物から離れた地点に午前と午後の一定時間日影を受けて、長時間日影となる地点が現れる（図5・24参照）。

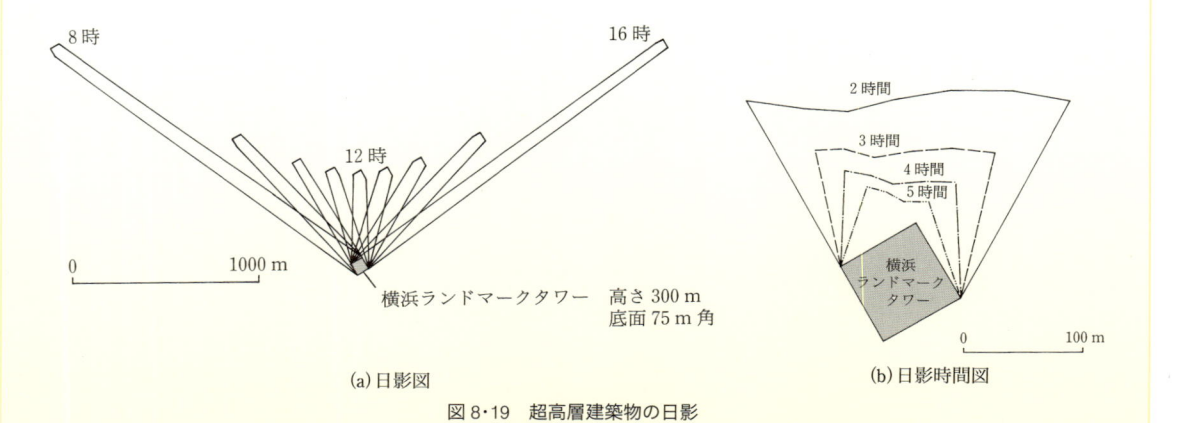

(a) 日影図

(b) 日影時間図

図8・19　超高層建築物の日影

3）高架道路による日影

　自動車専用道路と立体交差は、都市交通を円滑にするために欠かすことができない。そのために主要な幹線道路の多くは、二層、三層の高架道路になっている。これらの道路の周辺は、騒音、排気ガスとともに、日照の阻害が居住環境を悪化させている。とりわけ東西に走る高架道路は、その北側の建築物にとっては無限に長い高層建築物であり、一日中日影の影響が及ぶことになる（図8・20）。

　電信柱と電線に象徴されるように、日本の都市施設は、町並みのスカイラインなどの視覚的観点などは省みずに敷設されてきた。ようやく最近になって、電線の一部が共同溝の中に埋設されるようになってきている。自動車道路も、これと同様に地下を利用した立体交差とし、都市部においては高架道路をなくして、歩行者中心の住みやすく明るい街づくりを行うことが望ましい。

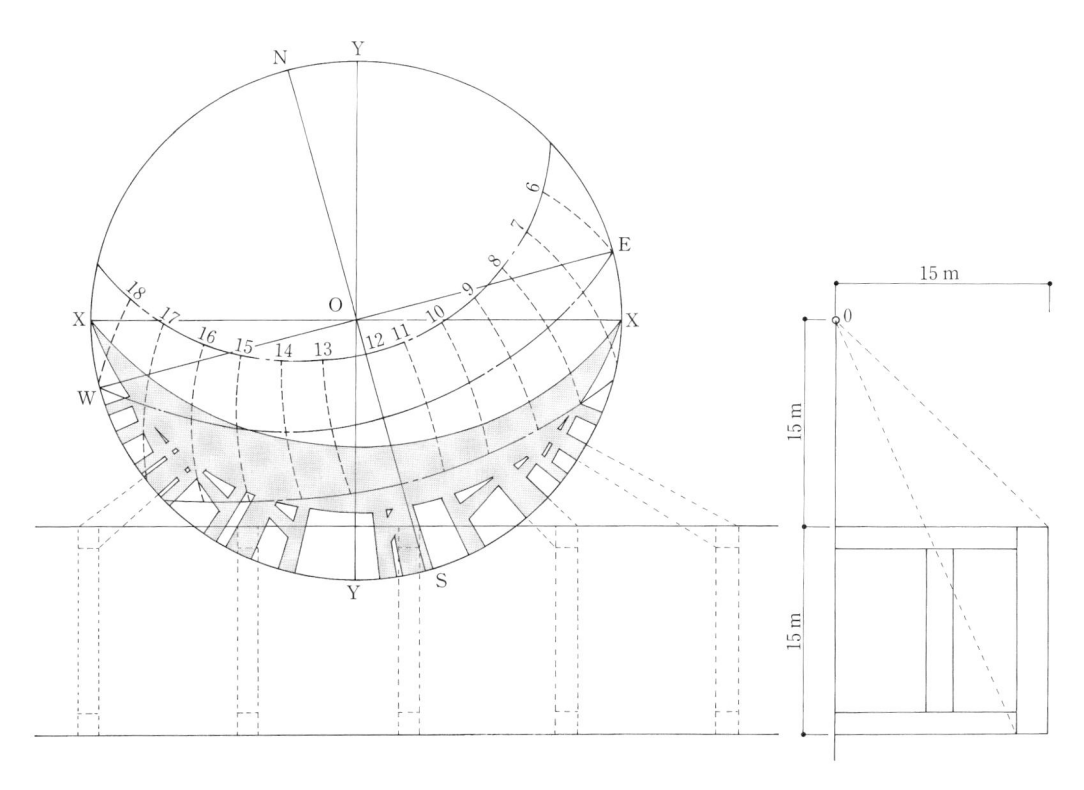

図8・20　高架道路の日影時間の検討

2 光　害

1）ミラー光害

　事務所建築などの商業建築では、室内の熱負荷をおさえる省エネルギーのためやデザイン的観点から、ミラーガラス（熱線反射ガラス）が多用されている。ミラーガラスは太陽の熱や光の反射率が高いので、これを使用した建築物の南側の建築物は、北からも太陽光を受けることになる（図8・21）。これによる利点もあるが、熱負荷が高くなったり、商品や家具が退色するなどの被害をもたらすことがある。多数のミラーガラスが曲面を形成すると、熱が集中して火災が発生する可能性もあり危険である。

2）夜間照明の光害

　商業建築や屋外スポーツ施設の照明は、光束や輝度が大きいので、夜間に近隣の住宅に睡眠の妨害などの光害をもたらすことがある。一方、街灯などによって夜間に道路上に一定の照度を確保することは、交通事故防止や犯罪防止の観点から必要である。そこで、どの程度の明るさまで、夜間の室内で許容されるかについて知る必要がある。オランダの住宅地で行われた調査では、カーテンを閉めた内側で 0.1lx 以下であれば問題がないとされた[※]。したがって、この数値を満足するように水平方向への配光をおさえ、路面の照度が確保できるような照明を行わなければならない。

　都市は、大気の清澄度も悪く、夜間の人工照明が明るいため、二等星程度までしか星が見えない。美しい星空を見上げることは気持ちのよいものであり、過度の照明によってこれを妨げることは一種の光害といえるかもしれない。商業施設のネオンサインは、省エネルギーの観点からも見直しが必要である。

図8・21　2つの太陽　　　　　図8・22　歴史的建造物のライトアップ（大阪中之島中央公会堂）

※　石井幹子『環境照明のデザイン』鹿島出版会、1982、p.62 より

3 ライトアップの効果

　夜間の屋外照明は、商業活動や機能上、安全上の必要性から用いられるが、都市の美観のためにも古くから用いられている。イタリアでは16世紀の末に「ルミナリエ」と呼ばれる装飾照明が街を美しく飾った。フランスでは17世紀の中ごろ、ルイ14世の時代に、建築物から斜めに出した棹の先にランプをつるして道を照らし、パリの街を照り輝かせた。オイルランプからガス灯、電気による照明と、街灯は発達した。照度はしだいに大きくなるが、周囲が明るく際立つため、照明そのものの存在感はしだいに小さくなる。街灯は通りや広場の美観にとって重要な要素であるから、灯具のデザインやその場の環境演出について、十分に考慮されたものを用いるべきである。

　歴史的建造物のライトアップが始まったのは20世紀に入ってからである。わが国においても、近代建築や寺院など、多くの歴史的建造物がライトアップされている（図8・22、8・23）。ライトアップは、次にあげる理由により、昼間とはまったく異なった建築物の表情をつくりだす。

　①昼光と演色性の異なる、高圧ナトリウムランプやメタルハライドランプなどで照明する。
　②照明の方向性が強いので、コントラストが極めて強く、下方から当てると陰影も逆転する。
　③強調したい部分にだけ照明を当て、際立たせることができる。

　年の瀬が近づくと、百貨店やホテルのクリスマスイルミネーションが、冬の街頭に華やぎを与える。札幌、仙台、東京、大阪などでは、メインストリートの街路樹が数十万個の豆電球で飾られている（図8・24、8・25）。イルミネーションやライトアップに対して省エネルギーの観点からの批判もあるが、光による空間演出は、都市景観上重要なものである。

図8・23　歴史的建造物のライトアップ（大阪中之島中央公会堂）

図8・24　御堂筋イルミネーション（大阪）

図8・25　ホワイトイルミネーション（札幌）（北海道提供）

8・4 都市の音環境

❶ 都市の騒音と環境保全の目標

1）都市の騒音とその影響

都市騒音の発生源には、次のようなものがある。

①工場や事業所などからの騒音。
②建設作業に伴う騒音。
③自動車や鉄道、飛行機などの交通機関からの騒音。
④カラオケや深夜営業による騒音。
⑤拡声器騒音や生活騒音などの近隣騒音。

生活騒音とは、テレビやステレオの音、楽器の音、ペットの鳴き声や自動車の空ふかしなど、日常生活のさまざまな場面で発生する騒音をいう。発生原因が多様なことから、だれもが被害者にも加害者にもなる可能性がある。

都市の住民を悩ませている騒音の第1位は、自動車による交通騒音で、次いで工場騒音、建設工事騒音の順になり、近隣騒音も深刻である。

このように、生産活動や事業活動など、人の活動に伴って発生する騒音によって、人々の健康や生活環境に被害が発生することがある。騒音による被害としては、不快な気分やいらいらするといった情緒的なもの、さらに自律神経や内分泌系に影響を及ぼす身体的なものなどがあげられる。

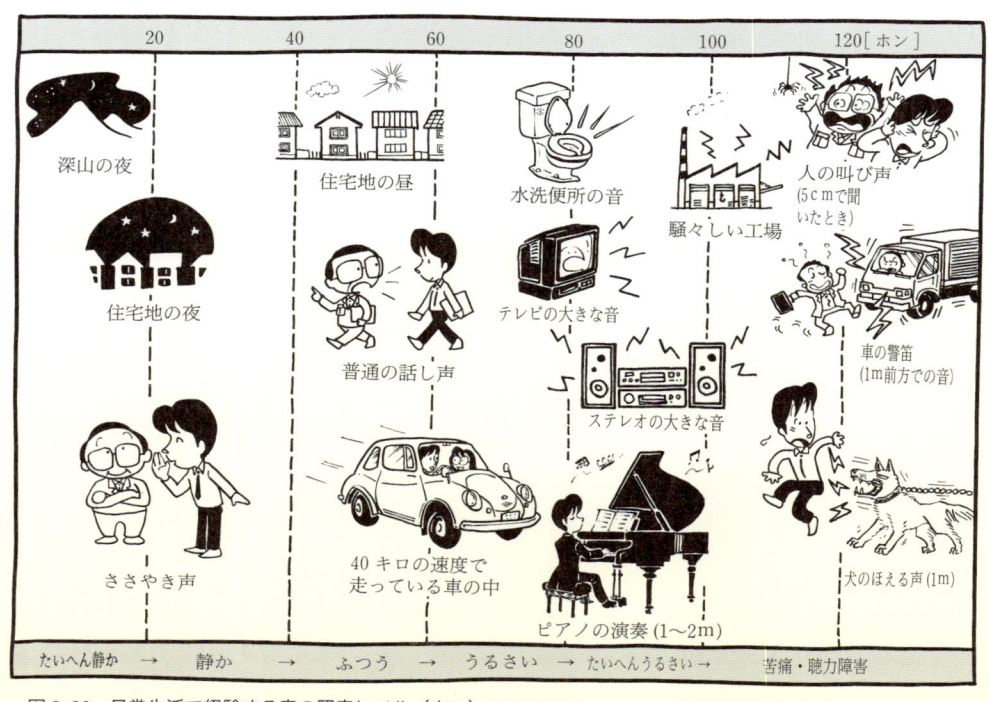

図8・26　日常生活で経験する音の騒音レベル（ホン）（小原二郎監「インテリアのアメニティ設計」松下電工㈱より作成）

騒音についての被害者意識は、音声や音楽などの伝達を妨害したり、耳に苦痛や傷害を与えたりするといった直接的な影響のみならず、生活環境にかかわりが深く、利害関係や感情などによって複雑な問題を提起している。

2）環境保全の目標と経緯

図8・26 は、日常生活で経験する音の騒音レベルであるが、静かで快適な生活環境を維持し守るための望ましい水準として、騒音にかかわる環境基準が定められている（表8・2）。

これらは、1967年公布の「公害対策基本法」[※1]に基づき、1971年には、環境騒音（一般地域および道路に面する地域）にかかわる環境基準が定められ[※2]、1975年には、航空機騒音および新幹線鉄道騒音による環境基準も定められた。これらの基準は、療養施設が集合して設置される地域など、特に静穏を必要とする地域（AA地域）や、住居専用地域（A地域）、住居地域（B地域）、商業系や工業系の地域（C地域）など各用途地域別に騒音の規制値を定め、地域全体の騒音レベルを平均的に下げることを目標としている。

さらに、騒音規制法（1968年）および振動規制法（1976年）により建設作業や工場の騒音・振動が規制されている。また、幹線道路の沿道の整備に関する法律も自動車交通量が特に大きい地域の騒音を規制している。

このように都市計画や建築関係法規を含んで考慮された用途地域別の規制値は、各地域ごと、時間ごとにその許容騒音レベルを定めており、総合的な騒音レベルのコントロールに役立っている。

表8・2 騒音にかかわる環境基準

(a) 環境騒音
（ⅰ）一般地域

地域の類型	35	40	45	50	55	60 dB(A)
AA		夜間 40以下		昼間 50以下		
AおよびB			夜間 45以下		昼間 55以下	
C				夜間 50以下		昼間 60以下

（ⅱ）道路に面する地域

地域の区分	50	55	60	65	70 dB(A)
A地域のうち2車線以上の車線を有する道路に面する地域		夜間 55以下	昼間 60以下		
B地域のうち2車線以上の車線を有する道路に面する地域およびC地域のうち車線を有する道路に面する地域			夜間 60以下	昼間 65以下	
A、B、C地域において幹線交通を担う道路に近接する空間				夜間 65以下	昼間 70以下

注1　昼間は6:00～22:00、夜間は22:00～6:00
　2　AA地域は、療養施設、社会福祉施設等が集合して設置されるなど特に静穏を要する地域
　3　A地域は、専ら住居の用に供される地域
　4　B地域は、主として住居の用に供される地域
　5　C地域は、相当数の住居とあわせて商業、工業などの用に供される地域
　6　幹線交通を担う道路とは、高速道路、国道、都道府県道、4車線以上の市町村道など
　7　幹線交通を担う道路に近接する空間において、個別の住居などにおいて騒音の影響を受けやすい面の窓を主として閉めた生活が営まれているときは、屋内へ透過する騒音の基準（昼間45dB以下、夜間40dB以下）が適用できる

(b) 航空機騒音

地域の類型	基準値
Ⅰ	Lden = 57 dB 以下
Ⅱ	Lden = 62 dB 以下

地域の類型
Ⅰ．主として住居の用に供される地域
Ⅱ．Ⅰ以外の地域であって、通常の生活を保全する必要がある地域
Lden：時間帯補正等価騒音レベル（夕方（19:00～20:00）の騒音に＋5dB、夜間（0:00～7:00、22:00～24:00）の騒音に＋10dBの重み付けをして求めた等価騒音レベル）

(c) 新幹線鉄道騒音

地域の類型	基準値
Ⅰ	70 dB(A) 以下
Ⅱ	75 dB(A) 以下

地域の類型
Ⅰ．主として住居の用に供される地域
Ⅱ．商工業の用に供される地域等Ⅰ以外の地域であって通常の生活を保全する必要がある地域

(d) その他の騒音・振動・低周波空気振動

大部分の地域住民が日常生活において支障がない程度

※1　1993年11月19日に施行された「環境基本法」に吸収される形で廃止された。
※2　1999年4月1日に新しい基準が施行され、騒音測定および評価が時間率騒音レベルの中央値から等価騒音レベルに変更されるとともに、基準値等も表8・2のように改訂された。

3）騒音対策

　騒音を制御するには発生源をしっかりと確認し、その音の性質をよく知ることが必要である。そのため、騒音の一般的な測定法として JIS Z 8731「環境騒音の表示・測定方法」が規定されている。また、騒音の防止策としては、

　①発生源での防振・消音などによる音源での対策。
　②伝搬経路での対策として、発音体の遮音や防音壁の設置。
　③音源側やその音を受音する側での吸音処理。

などが考えられる。最近では、進行する音波と逆位相の音を発生させることによって騒音を打ち消す技術などが開発されている。

　都市における広域的な騒音対策としては、工場、自動車、航空機などの発生源からの減少をめざし、次のようなものが必要である。

　①工場・事業所などに対して環境保全目標や、その他条例規則などを守るように指導する。
　②自動車の騒音規制を強化する。
　③航空機の低騒音化を促す。

　さらに、騒音からの環境保全としては、次のような対策が必要である（図8・27）。

　①工場・事業所などは、住宅とは離して立地させる。
　②幹線道路の回りには、緑地や公園を配置し、防音効果の大きい建築物を建設する。
　③空港の回りは、民家の防音工事を進め、緑地などを整備する。

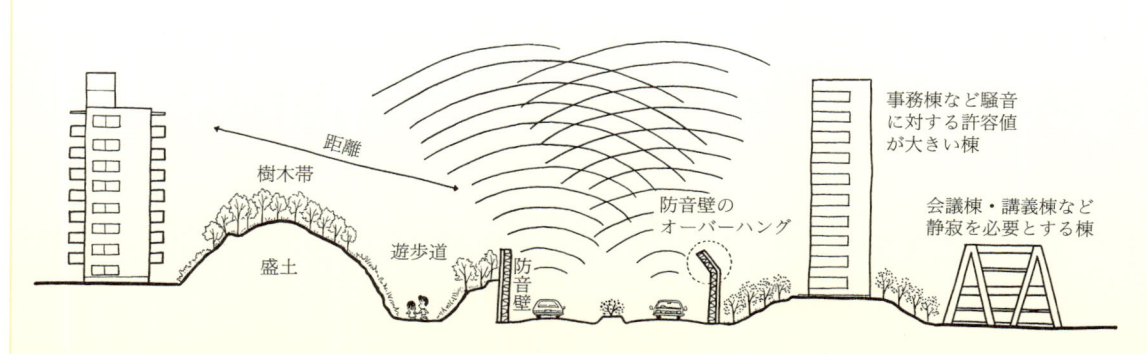

図8・27　自動車騒音防止の工夫

2 音環境の創造

　騒々しさがますますひろがっていく都市において、積極的に音環境を計画するためには気持ちのよい音を創造する必要がある。従来の都市計画や環境デザインでは、もっぱら視覚的な部分を重要視する傾向がつよく、聴覚的あるいは音響的なアプローチはほとんどなかった。しかしながら、音は非常に高い公共性をもっているので、それぞれの環境で果たす役割や環境条件などに配慮し、創造的な利用が行われる必要性が高まっている。

　たとえば、ヨーロッパの庭園に設置されたウォーター・オルガンや、独特の間によって静寂や沈黙を演出した日本の鹿おどし（図8・28）、水滴の音を地中から金属的にひびかせる水琴窟（図8・29）など古くから音を演出してきたものも、現代的な空間創造に利用される可能性がある。また、大きな曲率の反射面をもち、音が何度も反射して小さな音が遠方で聞こえるささやきの回廊や、反射音が何度も共鳴反射する鳴き竜現象なども、音環境の創造という面から十分に利用する価値がある。

　このような歴史的な音の文化や音の道具、音響効果をそなえた建築の構造などは音環境の創造の大きなヒントになると思われる。音の演出としてのBGMや音の出る装置、さらに、自然の音源、たとえば風で音を発する彫刻あるいは構造体である音響彫刻や、滝やせせらぎなどとの出会いの場を演出することなどがまちづくりの一環として導入され、社会的な需要も徐々に高まりを見せるようになってきた。このような音による場の創造をサウンドスケープといい、音環境の創造原理として種々提案されている。

図8・28　伝統的な音の発生装置（鹿おどし）

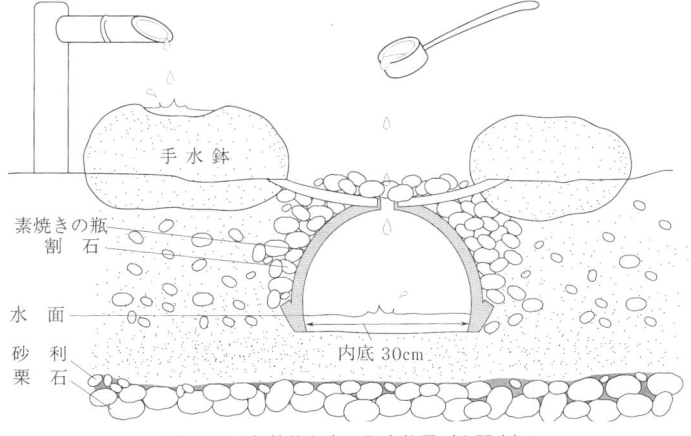

図8・29　伝統的な音の発生装置（水琴窟）

8・5　都市の水環境

❶ 都市・建築・人をとりまく水

1）地球レベルでの水循環

　地球上の水の全体量は約 $1.38 \times 10^9 km^3$ であり、その97.5％が海水である。淡水のうちの約7割は氷の形で存在し、約3割が地下水である。河川、湖沼、土壌中の水分は、淡水の0.38％にすぎない。海水や大地の水は、太陽熱で蒸発して、大気中に雲・霧・水蒸気として存在し、再び雨・雪となって大地に降りそそぐ。図8・30は年間の水分蒸発と降水量を示しているが、その量は、地球の全水量の0.032％である。

　金星には水は存在せず、火星以遠の惑星では氷としてしか水は存在しない。太陽からの距離が適当であった地球だけが、太陽系において水が状態変化する環境にある。この水循環の過程で、水は宇宙空間に熱を放散して地球を適温に保ち、動植物をはじめあらゆる生命を育んでいる。

2）人体の生理と水

　成人の場合、体の2/3は水分である。その水分の2/3が細胞中にあり、残りの1/3が血液・リンパ液など細胞外の水分である。血液の90％、大脳の80％が水分である。人体は、飲料水や食物によって1日平均 2.1ℓ の水を補給し、体内で代謝により 0.3ℓ の水をつくりだし、呼吸・発汗・大便・尿により同量を体外に放出している（図8・31）。水の汚染は、人体の生命維持にかかわる重大な問題である。

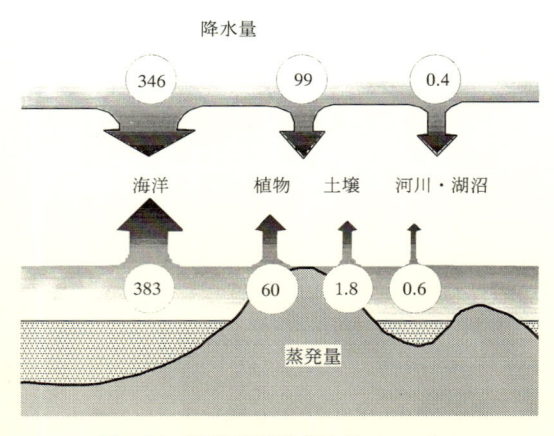

図8・30　年間の蒸発量・降水量〔単位 $10^{12} m^3$〕

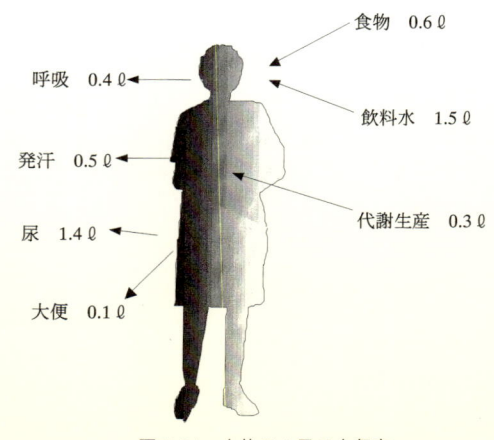

図8・31　人体の1日の水収支

3）治水・利水・親水

　人間は、都市や地域、および個々の建築の中で、水をコントロールし、さまざまに利用している。人間と水とのかかわりは、治水・利水・親水という言葉で表すことができる。

◆ **a　治水**　治水とは洪水・津波・高潮による被害の防止である。わが国の降水量は、年間平均で約1800 mmで世界平均の約2倍であり、川幅が狭く急流が多いので、洪水の被害が多い（図8・32）。四方を海に囲まれ、台風の襲来を受け、地震も頻発するため、高潮や津波の被害も多い。したがって、わが国は現在に至るまで、治水には多大な労力を費やしてきた。現代的問題としては、ゴルフ場やスキー場などの開発で森林が伐採され、山林の保水力が減少していること、山間部の宅地開発と道路舗装などで、不浸透面が拡大し、鉄砲水が発生すること、都市全体が不浸透面になり、集中豪雨時に都市型洪水が発生することなどがあげられる。

◆ **b　利水**　利水とは、生活用水・工業用水・農業用水としての水の利用と、発電・水運をいう。わが国は降水量は多いが、人口も多いので、一人当たりの降水量はそれほど多くはない（図8・33）。また、そのほとんどは早期に海に流れ去るので、水資源は貴重である（図8・34）。森林・大地の保水力を高めて水源を豊かにすること、生活排水・工場排水の適切な処理により、上水道水源の水質汚濁を防止すること、雨水利用システムを拡大することなど、水資源を保全するための留意点は多い。

◆ **c　親水**　親水とは、人と水とのふれ合いをいう。人は、建築・地域・都市のさまざまな場面で、流れる水・映す水など、水を用いた景観創出や空間演出を行い、水浴・水遊びなどのリクリエーションを楽しみ、やすらぎや清めなどの精神的影響を受けている。

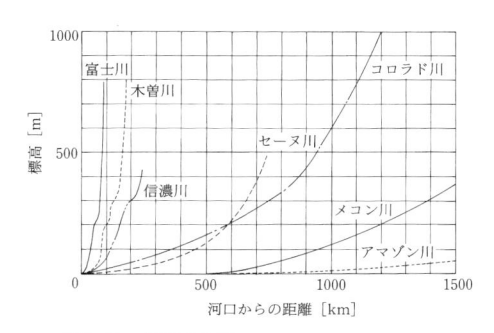

図8・32　河川の勾配（『図説地理統計』より作成）

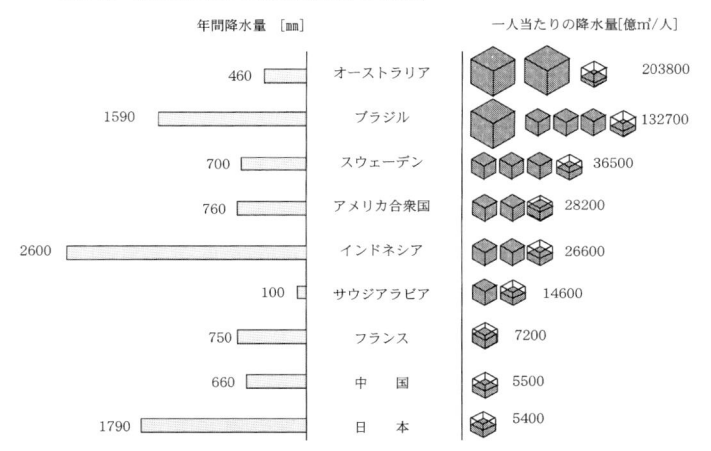

図8・33　年間降水量と人口一人当たりの降水量の比較

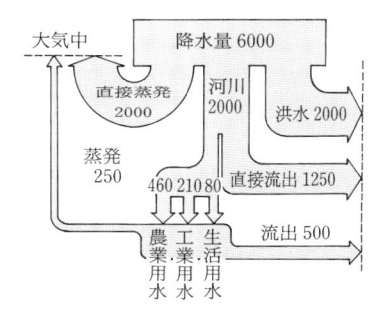

図8・34　日本の水収支〔単位：億m³〕
（(社)日本建築学会編『設計計画パンフレット29 建築と水のレイアウト』彰国社による）

2 都市の水循環

1）上水道の水質

　上水とは飲料水のことである。図8・35に示すとおり、湖沼や河川の水源から取水した原水は、浄水場で処理し、加圧して水道管で供給する。

　上水は、水道法による水質基準を満足しなければならない。しかし、水質基準は満足していても、高度処理が始まるまでは、夏季、琵琶湖や印旛沼などを水源とする地域では、水道水に「かび臭」が発生していた。これは湖沼にリンや窒素を含む排水が流入して富栄養化し、かび臭の原因となる物質を出すプランクトンや放線菌が増加していたためである。かび臭は、オゾンによる高度処理によって取り除かれたが、根本的には、生活排水などは処理して流すなど、水源の水質悪化を防ぐことが重要である。

　水道水中のトリハロメタンは、原水中のフミン質（有機汚染物質）が塩素や臭素などのハロゲンと結び付いた発ガン物質である。フミン質は土壌中や生活排水、下水処理水の中に存在するのでそれらを取水した上水の原水にも含まれており、消毒のために使用する塩素と反応してトリハロメタンが発生する。また、直接上水道の水源となることはないが、工場から流出したトリクロロエチレンなど[※]の有害物質が地下水を汚染するという深刻な事態も問題視されている。

2）下水道の流れ

　住宅や事務所・工場などで使用された水は、汚水・雑排水・特殊排水として放出される。汚水とは屎尿を含むもの、雑排水とは浴室・流しなどからの一般排水、特殊排水とは工場などから排出される有害物質を含む排水をいう。図8・36(a)、(b)に示すように公共下水道が備わった地域では、排水は下水道

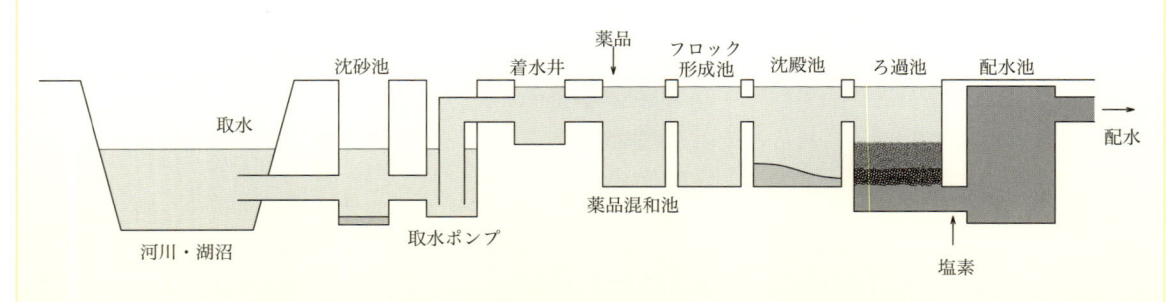

図8・35　上水道のしくみ

※　トリクロロエチレン、テトラクロロエチレンは、電子基盤の洗浄に使われるもので、発ガン性の疑いがある。水質汚濁防止法により、これらの物質の地下への浸透の禁止と、知事の地下水の常時監視が義務づけられている。

を通って終末処理場へ行き、処理されて河川や海に放流される。(a)は、汚水、雑排水を流す下水道に雨水を合流させる方式であり、(b)は、雨水を合流させない方式である。下水道のない地域では、屎尿浄化槽または合併処理浄化槽の設置が義務づけられ、敷地内で処理した水を河川などに放流する。(c)のように汚水のみを単独処理する屎尿浄化槽は、雑排水が未処理のまま河川に流入し水源を汚すことになり好ましくない。そのため、衛生上特に支障がないと認められる区域以外は、(d)のように合併処理浄化槽にしなければならない。なお、単に浄化槽といえば、合併処理浄化槽のことを指す。また、水質汚濁防止法により、工場などからの排水のうち有害物質にかかわる排水基準は表8・3のようになっている。

3) 下水道の問題点

合流式下水道は、降雨時の流量の95％が雨水であり、分流式の場合より処理場の負荷が高くなる。また、豪雨時には処理能力を超えるため、汚水を含む雨水を河川に放流することがあり、問題が多い。下水道は、大量で負荷も高く有害物質を含むおそれのある工場排水を受け入れているため、施設も巨大化し、工場側の都合により部分的に遊休化しているものもある。

そもそも下水道の目的の一つは、コンクリートとアスファルトにより雨水が地中に浸透しにくい都市において、洪水を防止するために、雨水を速やかに流下させることである。しかし、1時間当たりの雨量が50 mmを超える豪雨時には、地域によっては下水道から水が溢れ、都市型洪水をもたらすことがある。また、日常的には、下水道の継ぎ目から流入する地下水は、晴天日の処理下水量全体の20％以上にもなり、不浸透域の多い都市部の貴重な地下水が失われている。

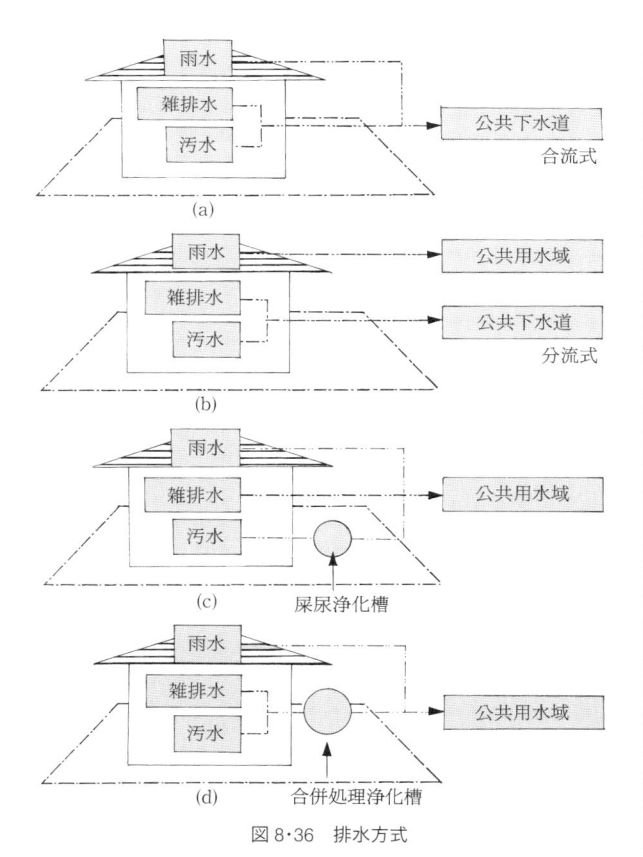

図8・36 排水方式

表8・3 有害物質にかかわる排水基準

有害物質の種類	許容限度
カドミウムおよびその化合物	0.03 mg/L
鉛、砒素、セレンおよびそれらの化合物 トリクロロエチレン テトラクロロエチレン ベンゼン	0.1 mg/L
六価クロム化合物、1,4―ジオキサン	0.5 mg/L
シアン化合物 有機燐化合物 1,1―ジクロロエチレン	1 mg/L
水銀およびアルキル水銀 その他の水銀化合物	0.005 mg/L
アルキル水銀化合物	検出されないこと
PCB	0.003 mg/L
ジクロロメタン チオベンカルブ	0.2 mg/L
四塩化炭素 1,3―ジクロロプロペン	0.02 mg/L
シマジン	0.03 mg/L
1,2―ジクロロエタン	0.04 mg/L
1,1,2―トリクロロエタン チウラム	0.06 mg/L
シス―1,2―ジクロロエチレン	0.4 mg/L
1,1,1―トリクロロエタン	3 mg/L
フッ素およびその化合物	8 mg/L (海域 15 mg/L)
ホウ素およびその化合物	10 mg/L (海域 230 mg/L)
アンモニア、アンモニウム化合物、亜硝酸化合物および硝酸化合物	100 mg/L

3 地域における水循環

1) 雨水の地下浸透

地域水循環の第1は、浸透性舗装や雨水浸透トレンチを使用して雨水を地中に流すことである（図8・37）。地下浸透によって地下水位の低下を防ぎ、緑地を保全し、地表面からの水分の気化によりヒートアイランド化を抑止し、地盤沈下や都市型洪水も防止できる。

2) 雨水の利用

飲料水、入浴、洗面、炊事、洗濯などに用いる水以外は、上水ほどの水質を必要としない。現在すでに、便所洗浄水、空調用冷却水、防火用水、洗車・散水用水として、また消毒することにより、プール、入浴、非常用飲料水として、雨水が利用されている。屋根面積が16000m²ある出雲ドームは、年間約13000m³の水をグラウンド散水や便器洗浄に利用している（図8・38）。都市部での雨水利用の拡大は、降雨時に大量の雨水が下水管に流れ込むことを防ぐという治水機能をもつことにもつながる。

3) 個別下水処理

2012年の下水道普及率は全国平均で約76％であり、100％を目指して建設が進められている。しかし、下水道はさきにあげたいくつかの問題点をもち、地域水循環の観点からは好ましいものではない。

個別下水処理は、住宅・集合住宅・学校・工場などの敷地内において排水を処理し、地下浸透させたり河川に放流したりするものである。処理方法は河川を汚さないよう、規模の大小を問わず汚水・雑排水の合併処理とするべきである。処理水は便所洗浄水として利用することもできる。このような処理水の利用は、さきにあげた雨水の利用とともに、上水・下水に対して中水利用という。

図8・37　浸透施設の施工例（住宅・都市整備公団建築部地下浸透工法パンフレットによる）

(a) 建築物の外観　　(b) 雨水使用システム

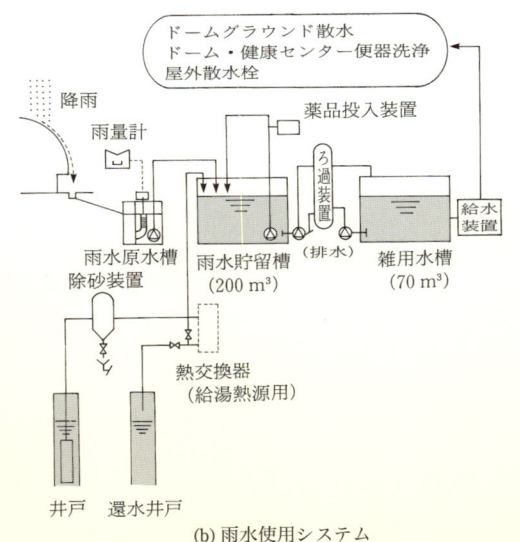

図8・38　出雲ドームの雨水利用（出雲ドーム提供）

4 親水空間の創造

1）水のかたち

水は人間の生活環境の中で、気体・液体・固体の三相間で状態変化する。気体の水（水蒸気）は人の温冷感に影響を与え、外部気候や室内気候を大きく左右する。液体の水は霧・雲・雨・河川・滝・湖沼池・海などとして存在する。視点を変えれば、煙る・流れる・吹き出す・落ちる・たまるなど、視覚的にさまざまな形態をとる。水は、静的な状態では水平を保ち、光を反射・透過し、物体を鏡映する。水に触れることで触覚にも作用し、動く水は音を伴う。水は溶解力や洗浄力が高いので、社寺の御手洗や滝に打たれるなど、精神的な意味での清めにもつながる。固体の水は雪や氷の形で存在し、美しい風景や季節感をかもし出す。

2）建築と水

古代から現在に至るまで、水は建築空間の内外に意識的にデザインされてきた。それらは、建築物自体を水に映すもの、建築物に水のある風景を視覚的に取り込むもの、建築物の内部に噴水や川などの水空間を演出するものなどがある。

インドのタージ・マハール廟（図 8・39）、スペインのアルハンブラ宮殿アラヤネスの中庭（図 8・40）、平等院鳳凰堂（図 8・41）などはいずれも水面への鏡映が美しい。水面は文字どおり水平面を形成し、建築物との境に明確なベースラインを与え、視覚的な安定感をもたらす。建築物とその鏡像は実態の空と鏡像の空という大きな空間の中の焦点に位置し、際立った存在になる。

図 8・39　タージ・マハル廟（庭瀬加奈子氏提供）

図 8・40　アルハンブラ宮殿アラヤネスの中庭

図 8・41　平等院鳳凰堂

図 8・42　西本願寺飛雲閣（武田雄二氏提供）

平安時代に完成した寝殿造では、上級貴族の場合一町（約120m四方）の敷地の中で、東に人工の渓流である遣水を流し、南に中の島のある大きな池をつくって海に見立てた。近世に建てられた西本願寺の飛雲閣は、池への鏡映も閣の中から見る風景も美しい（図8・42）。創建当時は、池の対岸から小舟で渡り、舟入の間から入るのが唯一のアプローチであった。まことに粋な演出である。

　京都の高瀬川の川沿いに建つTIMESⅠ・Ⅱは、ブティックやレストランが入る小さな商業ビルである。川がコンクリートで三面張りにされ、自然味を失い、川沿いの建築物が川を背に建つことが一般的となっている中で、この建築物は川面とのレベル差20cmほどのところにデッキを設け、親水性を高めている（図8・43）。

　富山県の太閤山ランドは、子供中心のリクリエーション施設で、園内の各部は水のかたちを強く意識した計画となっている。展望タワーには霧の発生装置があり、小高い丘の上に建つタワーの足元が霧に包まれている。池を渡る長い橋は浮橋になっており、噴水広場では子供たちが歓声をあげて走り回っている（図8・44）。

　地下街は無味乾燥になりがちなので、照明と水の演出は効果的である。地下街に、泉・池・川を設けることは一般的になっている。図8・45は、地下街に設けられたアクアマジックと呼ばれる水の輪くぐりで、道行く人々がしばし足を止めて見入っている。

図8・43　TIMESⅠ・Ⅱ

図8・44　太閤山ランド噴水広場

図8・45　アクアマジック

3) ウォーターフロント

　海岸線や河岸の水際(ウォーターフロント)の自然は美しい。伊根の舟屋などの漁村の風景も、海に生きる人々の生活が凝縮されていて美しい。しかし、都市近郊の水際は、工業化の中で殺風景な工場と倉庫群に埋め尽くされ親水性が失われていった。1980年代以降ようやくこれらの地域が商業・文化ゾーンとして生まれ変わりつつある(図8・46、8・47)。

　小樽では、1960年代後半に、流通の面で機能の低下した運河を埋立て、道路を拡幅する計画が立案され、それ以降20年間にわたり是非をめぐる論争が続いた。結局、運河の半分は埋立て、残りは、親水遊歩道(図8・48)を整備することで決着し、1990年に完成した。それを機に観光客が急増している。また、近江八幡、柳川など各地の掘割の再生・修景が行われ、観光スポットや市民の憩いの場所となっている(図8・49)。

図8・46　シーサイドももちマリゾン

図8・47　博多ベイサイドプレイス

図8・48　小樽運河 (北海道提供)

図8・49　近江八幡八幡堀

演習問題解答

⟨2-1⟩ 図2・6(b)より、乾球温度23℃、湿球温度19℃を結び、気流0.5m/sとの交点を見ると20℃となり、快適範囲である。

⟨2-2⟩ 湿り空気線図より、乾球温度20℃、湿球温度18.5℃の交点を右に水平に進み、グローブ温度26℃を示す直線との交点から相当湿球温度20.5℃を求め、図2・6(b)よりグローブ温度26℃と相当湿球温度20.5℃を結ぶ直線と、気流0.5m/sの曲線の交点から修正有効温度23℃となる。

⟨3-1⟩ $U = \dfrac{1}{\dfrac{1}{9}+\dfrac{0.03}{1.5}+\dfrac{0.15}{1.4}+\dfrac{0.02}{0.8}+\dfrac{1}{30}} = 3.37 \text{W/(m}^2\cdot\text{K)}$

熱貫流量 $Q = 3.37 \times 40 \times (20-0) = 2696.6$ W、室内側より屋外側に2696W移動する。

⟨3-2⟩ $U = \dfrac{1}{\dfrac{1}{9}+\dfrac{0.04}{1.3}+\dfrac{0.18}{1.1}+\dfrac{0.03}{0.051}+\dfrac{0.005}{0.18}+\dfrac{1}{41}} = 1.06 \text{W/(m}^2\cdot\text{K)}$

式 (3-9) に $U=1.06$ を代入すると、熱貫流量 Q は、

$Q = 1.06 \times 40 \times (20-2) = 763.2$ W

⟨3-3⟩ 例題4より $U = 2.04 \text{W/(m}^2\cdot\text{K)}$ である。式 (3-10) に各値を代入すると

$t_1 = 25 - \dfrac{2.04}{9} \times (25+5) = 18.2$ ℃

湿り空気線図（図2・16）より、室温25℃、湿度60％の空気の露点温度は、16.7℃である。したがって結露は生じない。

⟨4-1⟩ 式 (4-2) において、$K = 10 \times 2 = 20$ (mg/h)

$P_a = 0.15$　$P_o = 0.05$ であるから、$Q = 20 \div (0.15-0.05) = 200 \text{m}^3/\text{h}$

また、式 (4-1) により、$n = 200 \div (20 \times 2.5) = 4$ 回/h

⟨4-2⟩ 式 (4-3) において、$k = 68 \times 5 = 340$ W

$t_a = 25$ ℃　$t_o = 20$ ℃、$Q = 340 \div 0.34(25-20) = 200 \text{m}^3/\text{h}$

また、式 (4-1) により、$n = 200 \div (40 \times 2.7) = 1.9$ 回/h

⟨4-3⟩ まず開口部を合成する。 $\alpha A = \sqrt{\dfrac{1}{\left(\dfrac{1}{0.4 \times 1.6}\right)^2 \times 2}} = 0.453$

(1) 重力換気について考えると、

$Q = 0.453 \times \sqrt{\dfrac{2 \times 9.8 \times 2.7 \times (22-4)}{273+22}} = 0.81 \text{m}^3/\text{s}$

(2) 風力換気について、風速を次のように仮定して考えると、

・$v = 1$ m/s のとき、$Q = 0.453 \times 1 \times \sqrt{0.8-(-0.5)} = 0.52 \text{m}^3/\text{s}$

・$v = 2$ m/s のとき、$Q = 0.453 \times 2 \times \sqrt{0.8-(-0.5)} = 1.03 \text{m}^3/\text{s}$

以上のことから、$v = 1$ m/s のときは、重力換気が風力換気より大きく、換気経路はb〜aへと向かうことがわかる。また、$v = 2$ m/s のときは、風力換気が重力換気より大きいので、換気経路はa〜bへと向かうことになる。このように、両者の換気の向きが逆の場合には、お互い相殺することになる。また、同じ向きの場合には相加することになる。

⟨5-1⟩ 冬至日の均時差は、図5・13より1.86分である。式(5-12)を変形して日本標準時 T' を求める。

$T' = T - e - 4(L-135) = 10$ 時 -1.86 分 $-4 \times (134-135)$ 分 $= 10$ 時2分8秒

〈5-2〉

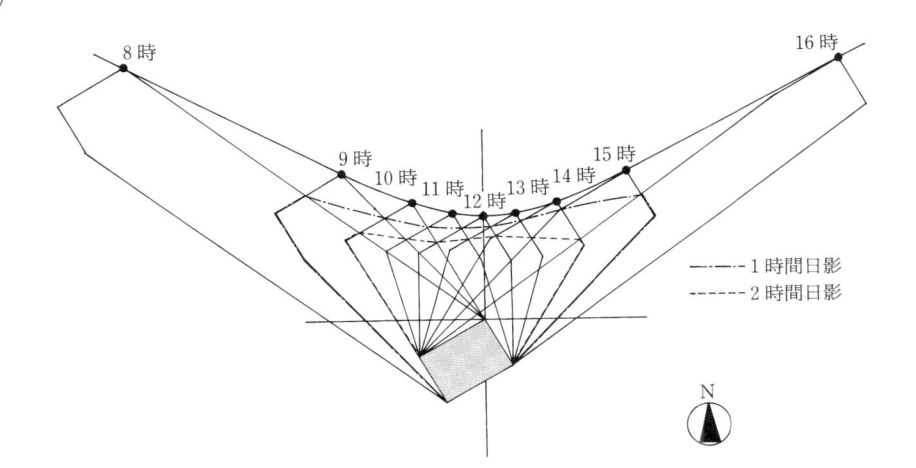

〈5-3〉 北緯 37°において、4時間の日照を得るための前面隣棟係数は、図 5·26 より 2.0 である。隣棟間隔 $d = 2.0 \times 15 = 30$ m

〈5-4〉 O 点は、建築物 A により 9 時から 11 時まで、建築物 B により、13 時から 14 時 30 分まで日影となる。

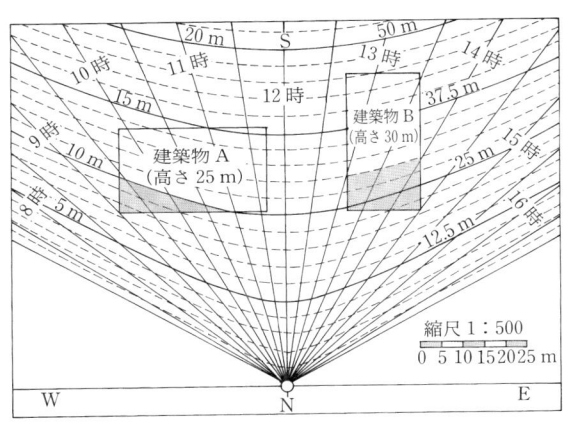

〈6-1〉 (1) 直接昼光率の計算

① 立体角投射率 U：窓を点線のように左右に分割する。

左側部分　$U_1 : X_0 = \dfrac{X}{Z} = \dfrac{6}{4} = 1.5$　　$Y_0 = \dfrac{Y}{Z} = \dfrac{3}{4} = 0.75$　よって $U_1 = 4.5$

　　　　　$U_2 : X_0 = \dfrac{X}{Z} = \dfrac{6}{4} = 1.5$　　$Y_0 = \dfrac{Y}{Z} = \dfrac{1}{4} = 0.25$　よって $U_2 = 0.7$

左側の立体角投射率 U_a は、$U_a = U_1 - U_2 = 4.5 - 0.7 = 3.8\%$

右側部分　$U_1 : X_0 = \dfrac{X}{Z} = \dfrac{2}{4} = 0.5$　　$Y_0 = \dfrac{Y}{Z} = \dfrac{3}{4} = 0.75$　よって $U_1 = 2.5$

　　　　　$U_2 : X_0 = \dfrac{X}{Z} = \dfrac{2}{4} = 0.5$　　$Y_0 = \dfrac{Y}{Z} = \dfrac{1}{4} = 0.25$　よって $U_2 = 0.4$

右側の立体角投射率 U_b は、$U_b = U_1 - U_2 = 2.5 - 0.4 = 2.1\%$

よって、全体の立体角投射率 U は、$U = U_a + U_b = 3.8 + 2.1 = 5.9\%$

② 窓の透過率 $\tau = 0.91$、保守率 $m = 0.80$、窓面積有効率 $R = 0.79$

③ 直接昼光率　$D_d = U \tau m R = 5.9 \times 0.91 \times 0.80 \times 0.79 = 3.39\%$

(2) 間接昼光率は例題 1 のとおり、$D_r = 0.97\%$

(3) したがって全昼光率は、$D = D_d + D_r = 3.39 + 0.97 = 4.36\%$　となる。

⟨6-2⟩ 所要照度 E = 700 lx、床面積 A = 80 m², ランプ光束 F = 6000 lm、照明率 U = 0.59、保守率 M = 0.70 これらを所要台数を求める式に代入して、

$$N = \frac{EA}{FUM} = \frac{700 \times 80}{6000 \times 0.59 \times 0.70} = 22.65 \fallingdotseq 23 \text{ 台}$$

照明器具の配置を考え、器具台数 N を N = 3×8 = 24 台とする。なお、設計照度は式(6-6)より、

$$E = \frac{FNUM}{A} = \frac{6000 \times 24 \times 0.59 \times 0.70}{80} = 743.4 \fallingdotseq 740 \text{ lx} \quad (\text{設計照度})$$

また、初期平均照度は $E_0 = \dfrac{E}{M} = \dfrac{743.4}{0.70} = 1062$ lx

となる。

次に、器具間隔最大限を S_A = 2.7 m、S_B = 2.8 m（器具のデータより）とし、器具間隔が S 以下に、壁際との間隔が器具間隔の1/2以下となるように配置を考えて図のように決める。

　器具間隔　横方向 1.25 m、縦方向 2.7 m（器具配置図より）。ゆえに、S_A > 1.25 m、S_B > 2.7 m、したがって、照度分布は良好である。

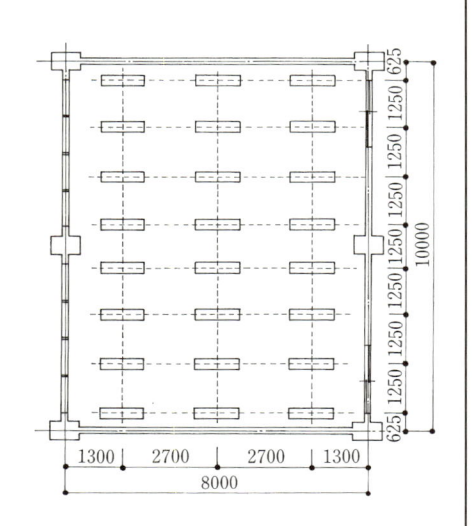

⟨7-1⟩ 図7・7を使って

①$L_1 - L_2 = 0$ より D = 3 dB　したがって 80 dB + 3 dB = 83 dB　　　<u>答 83 dB</u>

②3つ以上音源がある場合は、大きいレベルから順に合成する。

　90 dB と 89 dB について

　　$L_1 - L_2 = 1$ より D = 2.5 dB　したがって 90 dB + 2.5 dB = 92.5 dB

　次に 92.5 dB と 88 dB について

　　$L_1 - L_2 = 4.5$ より D = 1 dB　したがって 92.5 dB + 1 dB = 93.5 dB　<u>答 93.5 dB</u>

③90 dB と 80 dB について

　　$L_1 - L_2 = 10$ より D = 0.4 dB　したがって 90 dB + 0.4 dB = 90.4 dB

　次に 90.4 dB と 78 dB について

　　$L_1 - L_2 = 12.4$ より D = 0.2 dB　したがって 90.4 dB + 0.2 dB = 90.6 dB　<u>答 90.6 dB</u>

この結果より騒音源が多数あっても1つのものが他に比べて十分大きい場合は、他の騒音源の影響はほとんどないことがわかる。

⟨7-2⟩ 図7・8を用いて

　　$L_3 - L_2 = 5$ より F = −1.7 dB　したがって 60 dB − 1.7 dB = 58.3 dB　<u>答 58.3 dB</u>

⟨7-3⟩ TL = 40 dB を式 (7-7) に代入して

　　$40 = 10\log_{10}\dfrac{1}{\tau}$　　　$\log_{10}\dfrac{1}{\tau} = 4$

　　$\dfrac{1}{\tau} = 10^4$　∴ $\tau = 10^{-4} = \dfrac{1}{10000}$　　　　　　　　　　<u>答 $\tau = 10^{-4}$</u>

これは、$TL = 40\,\text{dB}$ の建築材に音が投射される場合、透過する音のエネルギーは入射した音のエネルギーの1万分の1であることを意味している。

〈7-4〉式（7-1）に代入して

$$L_{Aeq} = 10 \log_{10} \left\{ \frac{1}{50} (10^{59/10} \times 1 + 10^{60/10} \times 3 + \cdots\cdots + 10^{72/10} \times 3 + 10^{73/10} \times 1) \right\}$$

$$= 10 \log_{10} \left\{ \frac{1}{50} (10^{5.9} \times 1 + 10^{6} \times 3 + \cdots\cdots + 10^{7.2} \times 3 + 10^{7.3} \times 1) \right\}$$

（ ）内より 10^6 をくくって

$$= 10 \log_{10} \left\{ \frac{10^6}{50} (10^{-0.1} \times 1 + 10^{1} \times 3 + \cdots\cdots + 10^{1.2} \times 3 + 10^{1.3} \times 1) \right\}$$

下表により（ ）内を計算して

$$= 10 \log_{10} \left\{ \frac{10^6}{50} \times 274.8 \right\} \fallingdotseq 67\,\text{dB (A)}$$

10^x	$10^{-0.1}$	$10^{0.0}$	$10^{0.1}$	$10^{0.2}$	$10^{0.3}$	$10^{0.4}$	$10^{0.5}$	$10^{0.6}$	$10^{0.7}$	$10^{0.8}$	$10^{0.9}$	$10^{1.0}$	$10^{1.1}$	$10^{1.2}$	$10^{1.3}$	合計
10^x の値	0.79	1.00	1.26	1.59	2.00	2.51	3.16	4.00	5.01	6.31	7.94	10.00	12.60	15.85	19.95	—
度数	1	3	3	2	3	7	3	5	6	5	3	2	3	3	1	50
積	0.8	3.0	3.8	3.2	6.0	17.6	9.5	20.0	30.1	31.6	23.8	20.0	37.8	47.6	20.0	274.8

〈7-5〉

①図7・21より各オクターブバンドのA特性による補正量を求め、測定値に加算し補正値を求める。次に各オクターブバンドの補正値を、図7・7を使って合成する。ただし最大値から大きく離れている値（太字で書いた補正値）については影響が小さいため無視してもよい。

オクターブバンド中心周波数［Hz］	63	125	250	500	1000	2000	4000
測定値［dB］	40	43	39	38	40	41	37
A特性による補正量［dB］	−26	−16	−9	−3	0	+1	+1
補正値［dB］	**14**	**27**	**30**	35	40	42	38

$42 + 2 = 44\,\text{dB}$
$44 + 1 = 45\,\text{dB}$
$45 + 0.4 = 45.4\,\text{dB}$

答 45.4 dB

②測定値を図7・27のNC曲線上にプロットする（右図）。この結果すべての点を下回るのはNC-45の曲線であることがわかる。さらに表7・12の騒音の許容値について検討すると、レストランの適用値はNC-45であり、これを満足していることがわかる。

〈7-6〉測定結果を図7・32の「床衝撃音レベルに関する遮音等級」の上にプロットする（次頁の図）。この時、500 Hz で L-50 を 1 dB 超えているが、

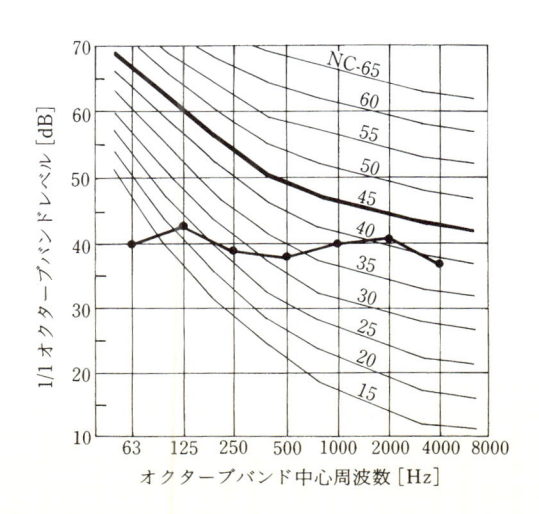

測定値から 2 dB 減じることができる（p.149 ※1 参照）ので、L-50 の性能を有する床構造と判断できる。さらに表 7・17 より、集合住宅の居室で重量衝撃源 L-50 の性能は、日本建築学会の適用等級の 1 級に相当し実用上問題のない遮音性能をもつ床構造であるといえる。

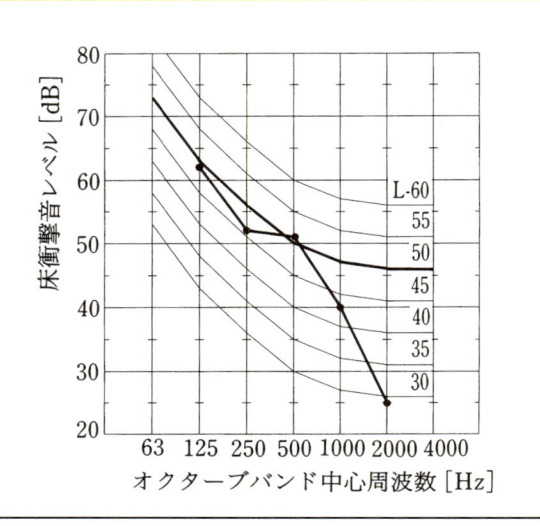

付表1　単位の接頭語

単位の倍数	接頭語	読み方
10^{18}	E	エクサ
10^{15}	P	ペタ
10^{12}	T	テラ
10^{9}	G	ギガ
10^{6}	M	メガ
10^{3}	k	キロ
10^{2}	h	ヘクト
10	da	デカ
10^{-1}	d	デシ
10^{-2}	c	センチ
10^{-3}	m	ミリ
10^{-6}	μ	マイクロ
10^{-9}	n	ナノ
10^{-12}	p	ピコ
10^{-15}	f	フェムト
10^{-18}	a	アト

付表2　ギリシャ文字の読み方

大文字	小文字	読み方
A	α	アルファ
B	β	ベータ
Γ	γ	ガンマ
Δ	δ	デルタ
E	ε	イプシロン
Z	ζ	ゼータ
H	η	イータ
Θ	θ	シータ
I	ι	イオタ
K	κ	カッパ
Λ	λ	ラムダ
M	μ	ミュー
N	ν	ニュー
Ξ	ξ	クシー
O	o	オミクロン
Π	π	パイ
P	ρ	ロウ
Σ	σ	シグマ
T	τ	タウ
Υ	υ	ウプシロン
Φ	ϕ	ファイ
X	χ	カイ
Ψ	ψ	プサイ
Ω	ω	オメガ

索引

〈あ〉

IPCC ……………………………… 10
アクティブ・ソーラー …………… 10
ASHRAE ………………………… 34
アスベスト ……………………… 59
アレルゲン ……………………… 59
暗順応 …………………………… 106
安全色 …………………………… 127
暗騒音 …………………………… 140
硫黄酸化物 ……………………… 58
一酸化炭素 ……………………… 58
ウェーバー・フェヒナーの法則 … 130
ウォーターフロント …………… 183
浮雲 ……………………………… 156
雨水利用システム ……………… 177
内断熱 …………………………… 49
永久日影 ………………………… 86
HIDランプ ……………………… 116
エコロジー ……………………… 10
NC曲線 ………………………… 145
エネルギー代謝量 ……………… 30
FFT分析器 ……………………… 141
LEDランプ ……………………… 117
煙突効果 ………………………… 68
音の大きさのレベル …………… 132
音の焦点 ………………………… 158
音の強さ ………………………… 129
音の強さのレベル ……………… 131
音の橋 …………………………… 135
音圧 ……………………………… 130
音圧レベル ……………………… 130
温室効果 ………………………… 164
温度差換気 ……………………… 67
温熱要素 ………………………… 31

〈か〉

外部気候 ………………………… 12
海陸風 ………………………… 24,76
カクテルパーティー効果 ……… 159
可視光線 ………………………… 79
ガス状汚染物質 ………………… 57
合併処理 ………………………… 179
乾き空気 ………………………… 52
換気 ……………………………… 61
換気回数 ………………………… 62
換気効率 ………………………… 65
環境基準 ………………………… 173
環境色 …………………………… 127
間欠騒音 ………………………… 142
桿状体 …………………………… 106
寒色 ……………………………… 125
間接照明 ………………………… 117
間接昼光率 ……………………… 109
機械換気 ……………………… 66,73
気候 ……………………………… 12

気候区分 ………………………… 13
気象要素 ………………………… 12
基調色 …………………………… 127
輝度 ……………………………… 105
輝度計 …………………………… 105
輝度対比 ………………………… 107
逆日影図 ………………………… 97
吸音率 …………………………… 136
吸音力 …………………………… 136
強制換気 ………………………… 73
強調色 …………………………… 127
共鳴器型吸音機構 ……………… 137
共鳴透過 ………………………… 135
局所換気 ……………………… 66,74
局部照明 ………………………… 118
均時差 …………………………… 83
均斉度 ………………………… 108,118
クールアイランド ……………… 160
クリーンルーム ………………… 73
クリモグラフ …………………… 23
グレア …………………………… 107
グローブ温度 …………………… 33
蛍光ランプ ……………………… 116
経時対比 ………………………… 125
傾度風 …………………………… 24
軽量床衝撃源 …………………… 148
建築化照明 ……………………… 123
建築基準法 …………………… 75,94,115
顕熱 ……………………………… 30
コインシデンス効果 …………… 135
高圧ナトリウムランプ ………… 117
公害対策基本法 ………………… 173
降水量 …………………………… 28
光井 ……………………………… 112
光束 ……………………………… 104
光束法 …………………………… 119
後退色 …………………………… 125
高断熱複層ガラス ……………… 102
光電池照度計 …………………… 105
光度 ……………………………… 104
高日射反射率塗料 ……………… 103
光幕反射 ………………………… 107
合流式 …………………………… 179
固体伝搬音 ……………………… 133

〈さ〉

採光 ……………………………… 109
採光有効面積 …………………… 115
彩度 ……………………………… 124
サウンドスケープ ……………… 175
ささやきの回廊 ……………… 158,175
残響時間 ………………………… 154
酸性雨 …………………………… 165
山谷風 ………………………… 24,76
色彩調節 ………………………… 127
色相 ……………………………… 124
自然換気 ………………………… 66

自然換気設備 …………………… 71
室温変動率 ……………………… 48
シックビル症候群 ……………… 60
実効放射 ………………………… 98
室指数 …………………………… 119
室内気候 ………………………… 12
質量則 …………………………… 134
視認性 …………………………… 126
島日影 …………………………… 86
湿り空気 ………………………… 52
遮音等級 ………………………… 147
遮熱高断熱複層ガラス ………… 102
臭気 ……………………………… 58
終日日影 ………………………… 86
収縮色 …………………………… 125
修正有効温度 …………………… 33
周波数 …………………………… 129
周波数分析器 …………………… 141
重量床衝撃源 …………………… 148
重力換気 ………………………… 66
受動喫煙 ………………………… 60
純音 ……………………………… 129
省エネルギー …………………… 79
衝撃騒音 ………………………… 142
照度 …………………………… 79,104
照度基準 ………………………… 118
照明率 …………………………… 119
シルエット現象 ………………… 122
真空ガラス ……………………… 45
進出色 …………………………… 125
親水 ……………………………… 177
真太陽時 ……………………… 83,95
振動 ……………………………… 138
振動規制法 ……………………… 173
浸透性舗装 ……………………… 180
浸透トレンチ …………………… 180
振動レベル計 …………………… 152
新有効温度 ……………………… 34
水銀ランプ ……………………… 116
錐状体 …………………………… 106
ステファン・ボルツマンの法則 … 36
絶対湿度 ………………………… 20
全天空照度 ……………………… 109
潜熱 ……………………………… 30
全般拡散照明 …………………… 117
全般換気 ……………………… 66,74
全般照明 ………………………… 118
前面隣棟係数 …………………… 87
騒音 ……………………………… 138
騒音規制法 ……………………… 173
騒音計 …………………………… 140
騒音レベル …………………… 141,144
相対湿度 ………………………… 20
相当外気温 ……………………… 101
相当湿球温度 …………………… 33
ソーラーハウス ………………… 51

側窓採光	112
外断熱	49

〈た〉

大気汚染	164
大気境界層	164
大気透過率	99
大気放射	98
太陽位置図	82,90
太陽高度	81
太陽定数	98
対流	36
多孔質型吸音機構	137
タスク・アンド・アンビエント・ライティング	123
暖色	125
単独処理	179
断熱材	42
蓄熱	50
治水	177
窒素酸化物	58
地物反射	98
中空層	45
昼光照明	79
昼光率	109
中水	180
中性帯	68
頂側窓採光	113
直射光	79,109
直接グレア	107
直接照明	117
直接昼光率	109
直達日射	98
通風経路	77
通風輪道	77
ディグリー・デイ	18
低周波空気振動	139
定常騒音	142
低放射ガラス	102
デッドスポット	158
天球	81
天空光	79,109
天空比	93,168
天空放射	98,100
天空率	92,168
伝導	36
天窓採光	112
等価気温	101
透過損失	134
透過率	134
同時対比	125
透湿性防水層	55
特定騒音	140
都市型洪水	177,179
トップライト	112
トリハロメタン	178
ドルノ線	79
トロンブ壁方式	51

〈な〉

内部結露	53
南中	81,82
二酸化炭素	57
日較差	17
日赤緯	81
日射	78,79
日照	78
日照鏡	113
日照権	78
日照図表	88
日照調整装置	79,80,102
音色	129
熱貫流抵抗	40
熱貫流率	40
熱効果	78
熱線吸収ガラス	101,114
熱線反射ガラス	101,114
熱伝達抵抗	38
熱伝達率	38
熱伝導抵抗	40
熱伝導比抵抗	37
熱伝導率	37
熱負荷	79
熱容量	17,47
年較差	17
能動喫煙	60

〈は〉

パークアンドライドシステム	165
配合色	127
ハイサーグラフ	23
ハイブリッド換気	73
白熱電球	116
バックグラウンド汚染	164
パッシブ・ソーラー	10,51
パワーレベル	132
反響	158
反射映像	108
反射音	156
反射グレア	107
PMV	35
ヒートアイランド	160
ヒートブリッジ	55
PPD	35
日影規制	78
日影曲線	84
日影時間図	85
日影図	85
光効果	78
日ざし曲線	84,88
比視感度	106
必要換気量	62
ヒューマン・ベンチレーション	61
表面結露	53
ビル風	166
ビル管理法	57

風圧係数	67
風洞実験	167
風力換気	66
不快指数	21
複合的汚染物質	60
複層ガラス	45,102
PSALI	122
浮遊粉塵	59
フラッターエコー	158
プルキンエ現象	106
プロセス・ベンチレーション	61
プロダクト・ベンチレーション	61
分流式	179
ペアガラス	45
平均太陽時	83
平均放射温度	34
壁体内通気	103
ヘルムホルツの共鳴機構	137
変動騒音	142
方位角	81
放射	36
防振装置	153
膨張色	125
保健衛生的効果	78
補色対比	126
ホルムアルデヒド	58

〈ま〉

膜・板振動型吸音機構	137
マスキング効果	159
マンセル表色系	124
明順応	106
明度	124
明瞭度	155
メタルハライドランプ	117
面積効果	126
モデリング	122

〈や〉

有効温度	32
融合効果	126
誘目性	126

〈ら〉

ライトアップ	171
利水	177
立体角投射率	109
リモートセンシング	162
粒子状汚染物質	59
流量係数	67
了解度	155
緑地率	163
隣棟間隔	87
レベルレコーダ	141
Low-E ガラス	102
労働安全衛生規則	75
露点温度	22,52

参考文献

1. 大村次郷『地下につくられた町・カッパドキア』(月刊「たくさんのふしぎ」通巻64号) 福音館書店
2. 窰洞考察団『生きている地下住居』彰国社
3. 若山滋/TEM研究所『世界の建築術—人はいかに建築してきたか』彰国社
4. 本多勝一『カナダ＝エスキモー』朝日新聞社
5. 秋岡芳夫監『建築の発明発見物語』国土社
6. 斎藤和雄編『環境科学—健康と環境』朝倉書店
7. 水越充治・山下脩二『気候学入門』古今書院
8. 高橋浩一郎『気象なんでも百科』岩波ジュニア新書
9. 倉嶋厚『暮らしの気象学』草思社
10. 浅井富雄・内田英治・河村武監『気象の事典』平凡社
11. 『気象のしくみ』ライフ人間と科学シリーズ、タイムライフブックス
12. 西内光・桑田晃『日本気候環境図表』保育社
13. ライアル・ワトソン/木幡和枝訳『風の博物誌』河出書房新社
14. 武内和彦『環境創造の思想』東京大学出版会
15. 竹内清秀・近藤純正『地表に近い大気』東京大学出版会
16. 国立天文台編『理科年表 平成7年版』丸善
17. 今井与蔵『絵とき建築環境工学』彰国社
18. 小玉祐一郎『住まいの中の自然』丸善
19. 牛山泉『さわやかエネルギー風車入門』三省堂選書
20. 鈴木秀夫・山本武夫『気候と文明・気候と歴史』朝倉書店
21. 鹿島出版会編『建物の断熱と結露防止の知識』鹿島出版会
22. 毎日新聞地方部特報班編『気候図ものがたり』毎日新聞社
23. 吉阪隆正『吉阪隆正集1 住居の発見』勁草書房
24. A.ラポポート/山本正三・佐々木史郎・大嶽幸彦訳『住まいと文化』大明堂
25. 宇宙からの眼編集委員会『宇宙からの眼』朝倉書店
26. 清家清・本間博文・八木幸二『住居I 住生活論』放送大学教育振興会
27. ㈳日本建築学会編『建築設計資料集成1. 環境』丸善
28. 『学研の図鑑 天気・気象』学習研究社
29. ㈳日本建築学会編『建築学便覧1計画 第2版』丸善
30. 坂本守正他『改訂新版 環境工学』彰国社
31. 児島武男他『現代建築環境計画』オーム社
32. 斎藤平蔵他『大学講座 建築計画』オーム社
33. 伊藤克三他『大学講座 建築環境工学』オーム社
34. 田中俊六他『最新 建築環境工学 改訂版』井上書院
35. 斎藤年忠他『建築環境工学の技術』明現社
36. 『新・世界大百科事典 昭和62年版』平凡社
37. 『世界大百科事典 昭和52年版』平凡社
38. 『環境科学大事典』講談社
39. 佐藤鑑『新訂 建築学大系22 室内環境計画』彰国社
40. 彰国社編『自然エネルギー利用のためのパッシブ建築設計手法事典』(絵内正道執筆部分) 彰国社
41. 木村建一編『建築環境学1』丸善
42. 藤井正一『住居環境学入門第2版』彰国社
43. 渡辺要『建築計画原論III』丸善
44. 日本建築学会編『設計計画パンフレット24 日照の測定と検討』彰国社
45. 田中授・柳瀬正敏『これだけは知っておきたい 日照計画の知識』鹿島出版会
46. 日本建築学会編『建築環境工学用教材 環境編』丸善
47. ㈳日本建築学会編『設計計画パンフレット30 昼光照明の計画』彰国社
48. 日本建築学会編『照明設計の計算法』丸善
49. 松下電工『照明設計資料』
50. 松下電工『照明の基礎』
51. 松浦邦男『建築照明』共立出版
52. ㈳日本建築学会編『建築物の遮音性能基準と設計指針』技報堂出版
53. ㈳日本建築学会編『設計計画パンフレット4 建築の音環境設計』彰国社
54. 田辺健雄他『新建築学大系33 劇場の設計』彰国社
55. 滝沢健児・今田和成編『集合住宅の設計要点集』彰国社
56. 建設省建築研究所監『住宅の防音と調音のすべて』建築技術
57. 建築思潮研究所編『建築設計資料48 コンサートホール』建築資料研究社
58. 桜井美政他『建築環境工学概論』明現社
59. 小島武男他『現代建築環境工学』オーム社
60. 長友宗重『建築設計講座 建築の音響技術』理工図書
61. L. L. Beranek『音楽と音響と建築』鹿島出版会
62. 清水建設テクニカルグループ編『建築の音響対策』丸善
63. 新環境管理設備事典編集委員会『騒音・振動防止機器活用事典』産業調査会
64. 汐見文隆『低周波公害のはなし』晩聲社
65. 大阪弁護士会編『騒音トラブル Q and A』都市文化社
66. 尾島俊雄『熱くなる大都市』日本放送出版協会
67. 尾島俊雄他『新建築学体系9 都市環境』彰国社
68. 木村建一他『新建築学体系8 自然環境』彰国社
69. 紀谷文樹他編『建築環境設備学』彰国社
70. 小原二郎監・松下電工ライフスケッチ研究室『インテリアのアメニティ設計』松下電工
71. 風工学研究所編『新・ビル風の知識』鹿島出版会
72. 沼田真『都市の生態学』岩波新書
73. 大阪市立環境科学研究所環境教育総合研究チーム「私たちのくらしと環境」大阪市環境保健局環境部環境管理課
74. 「環境GUIDE」大阪市環境保健局環境部環境管理課
75. 石井幹子『環境照明のデザイン』鹿島出版会
76. 小林享『移ろいの風景論 五感・ことば・天気』鹿島出版会
77. 産業調査会編『パブリックデザイン事典』産業調査会デザインセンター
78. ㈳日本建築学会編『設計計画パンフレット29 建築と都市の水環境計画』彰国社
79. 小林勇『恐るべき水汚染 合成化学物質で破壊される水環境』合同出版
80. 押田勇雄編ソーラーシステム研究グループ『都市の水循環』NHKブックス428
81. ㈳日本建築学会編『建築環境工学実験用教材』丸善

原典リスト

1) 吉田作松・篠木誓一『日本における月平均全天日射量およびその年々の変動度のマップ作成、天気25巻』(1978)、375〜398頁
2) 気象庁「日本気候図」(1970) より簡略化して作成。
3) A. Pharo Gagge, Yasunobu Nishi, G.Ralph, G. Nevins: The Role of Clothing in Meeting FEA Energy Conservation Guidelines, ASHRAE Transaction, No.2417
4) ASHRAE: Handbook of Fundamentals(1972)
5) 保温保冷工業便覧編集委員会編「保温保冷工業便覧」全国保温保冷工業協会
6) 渡辺要編『防寒構造』理工図書
7) ㈳日本建築学会編『建築設計資料集成1. 環境』丸善
8) ㈳日本建築学会編『設計計画パンフレット30 昼光照明の計画』彰国社
9) ㈳日本建築学会編『設計計画パンフレット16 採光設計』彰国社
10) 松浦邦男「各種窓ガラスの透過特性について」(日本建築学会論文報告集 No.63)
11) Hopkinson, R.G., Longmore, J.:Permanent supplementary artifical lighting of interiors, Trans. IES, London, Vol.24, No.3
12) ISO Recommendation R 226
13) C. M. Harris: JASA 35, No,1
14) 鈴木、前崎「緑地の都市気温におよぼす影響」日本林学会編講演集
15) 梅干野、竜谷、清家「スポット実験による環境材料の表面温度分布の解析」日本建築学会大会、学術講演梗概集

〈建築のテキスト〉編集委員会

● 編集委員長
　前田幸夫
● 編集委員
　植松清志
　植村典人
　大西正宜
　神野　茂
　小久保到
　増井久夫
● 執筆者
　大西正宜
　積光一吉
　辻尾育功
　出雄　隆
　水坂　寛
　山口繁雄

※　『初めての建築環境』は、1996年11月に初版を発行した。
　　本書はその改訂版である。

[改訂版]　初めての建築環境

2014年11月 1 日　第 1 版第 1 刷発行
2020年 7 月20日　第 2 版第 1 刷発行
2023年 3 月20日　第 3 版第 1 刷発行

著　者　〈建築のテキスト〉編集委員会
発行者　井口夏実
発行所　株式会社　学芸出版社
　　　　京都市下京区木津屋橋通西洞院東入
　　　　〒600-8216　電話 075・343・0811
　　　　http://www.gakugei-pub.jp/
　　　　E-mail　info@gakugei-pub.jp

イチダ写真製版／山崎紙工
装丁：KOTO DESIGN Inc. 山本剛史
イラスト：石田芳子

© 〈建築のテキスト〉編集委員会　1996、2014
Printed in Japan　ISBN978-4-7615-2581-1

JCOPY 〈(社)出版者著作権管理機構委託出版物〉
本書の無断複写（電子化を含む）は著作権法上での例外を除き禁じられています。複写される場合は、そのつど事前に、(社)出版者著作権管理機構（電話03-5244-5088、FAX 03-5244-5089、e-mail: info@jcopy.or.jp）の許諾を得てください。
また本書を代行業者等の第三者に依頼してスキャンやデジタル化することは、たとえ個人や家庭内での利用でも著作権法違反です。